大家学术

# 部次流别 以道统学

## 刘咸炘目录学论集

刘咸炘·著

生活·讀書·新知 三联书店

Copyright © 2018 by SDX Joint Publishing Company
All Rights Reserved.
本作品版权由生活·读书·新知三联书店所有。
未经许可,不得翻印。

**图书在版编目(CIP)数据**

部次流别 以道统学:刘咸炘目录学论集/刘咸炘
著.—北京:生活·读书·新知三联书店,2018.5
(大家学术)
ISBN 978-7-108-06072-3

Ⅰ.①部… Ⅱ.①刘… Ⅲ.①目录学史–中国–文集
Ⅳ.①G257-53

中国版本图书馆 CIP 数据核字(2017)第 194855 号

责任编辑 杨柳青
特约编辑 陈 岘
封面设计 米 兰
责任印制 黄雪明
出版发行 生活·读书·新知 三联书店
(北京市东城区美术馆东街22号)
邮 编 100010
印 刷 四川省南方印务有限公司
版 次 2018年5月第1版
 2018年5月第1次印刷
开 本 650毫米×900毫米 1/16 印张 23
字 数 265千字
定 价 68.00元

# 弁　言

李学勤*

日前听闻"大家学术"丛书第一辑的编选整理已经完竣，即将付印问世，我感到非常高兴。在这套丛书的策划过程中，四川师范大学段渝教授多次垂询我的意见，我也得以从他的讲述中获知其对这套书的设想，认识到这些确实是很有学术意义的好书，值得向广大读者做一推荐。

"大家学术"丛书是在所谓"国学热"日渐升温的当口诞生的。我由于参加《中国高校哲学社会科学发展报告》的工作，必须更多查阅学术界的资料，才发现"国学热"在不长的时间里，竟已发展到出人意料的局面。仔细想来，这本来是理所当然的，"国学"就是"中学"，亦即中国传统文化的核心部分。随着中国国势走向振兴，人们自然会增加对传统文化的关注，要求认识、继承和阐扬其中的精华，并将之推向世界。

北宋张载说："为天地立心，为生民立命，为往圣继绝学，为万世开太平。"常被视为中国学人的最高抱负。这里面"为往圣继

---

* 李学勤，清华大学教授，"夏商周断代工程"首席科学家、专家组组长，中国先秦史学会理事长，国际欧亚科学院院士。

绝学"，便可以理解为对传统文化学术的继承和发扬。前人已往，其学已绝，所以"继绝学"不能停留在前人固有的层次上，而是要于其基础上续做提高，日新又新。不过，正确地了解传统、分析传统，毕竟是继承并且创新的前提。

从这里我们可以看到学术史的工作是多么重要。事实上，在历史发展中每逢重大转折的时刻，每每有富于远见的学者出现，做出学术史的总结和探究。前人曾指出，战国晚期百家争鸣接近终局之时产生的《庄子·天下篇》，堪称这方面最早的范例。

20世纪中国学术史的奠基人，应推章太炎与梁启超。章太炎于这方面发轫较早，有关论作虽多，但未成专著。梁启超则在20年代先后撰成《清代学术概论》及《中国近三百年学术史》。在后一书开首，梁启超说："这部讲义，是要说明清朝一代学术变迁之大势及其在文化上所贡献的分量和价值。为什么题目不叫作清代学术呢？因为晚明的二十多年，已经开清学的先河，民国的十来年，也可以算清学的结束和蜕化。把最近三百年认作学术史上一个时代的单位，似还适当，所以定名为《近三百年学术史》。"后来钱穆先生1937年出版的书，尽管学术观点与梁氏不同，也用了同样的标题。

梁、钱两书都有相当重大的影响，我认为这主要是因为其所讲述的学术史，对当时学术界而言恰好符合需要。任何一个历史时期的学术，总是以前一时期的学术作为凭借的思想资料，从而有所变革、进步和创新。足知对前一时期学术史的了解，一定会有利于当代学术的前进，甚至应该说是促进学术新发展的必要条件。就梁启超到钱穆那个时代的学者而言，他们面对的问题与挑战，究其渊源，大都可上溯到清代前后的三百年，无怪乎《中国近三百年学术史》两种都不胫而走了。

今天的学人,所处时代已与梁、钱二氏不同。作为我们学术界先行和凭借的,不是清代,而是落幕未久的20世纪。比之清代,20世纪的历史更是风云变幻、波澜壮阔,人物更是群星灿烂、英杰辈出,为学术史的研究提供了十分辽阔的用武之地。为了看清当前学术文化的走向,推动新世纪学术文化的建设,不能不重视对20世纪学术的研究。这正是我近些年一直呼吁加强这一时期学术史工作的原因。

实际上,对20世纪学术的探讨研究,早已在很多学者的倡导支持之下展开了。在这里我想强调的是,这方面的工作还有必要在深度和广度上继续扩展,特别是我们考察20世纪的学术文化,眼界还有必要进一步拓宽。

20世纪的中国学术极其丰富多彩,不能只局限于一时一地,例如北京、上海的几处大学和机构。应该说,由于时势机运的流转变迁,很多地方在学术上曾形成学科或思潮的中心,那里的学者在多方面都做出了独特的成果和贡献。

四川就是这样。自古以来,蜀学有其脉络,虽说蜀道甚难,但蜀地学人影响被于天下。晚清以至民初,情形更是如此。特别是抗日战争爆发之后,学人云集,蔚为盛况,于四川文化发展开前所未有的局面。仔细探究四川的学术史传统,是非常有意义的工作。

"大家学术"丛书即是如此规划的。这套丛书第一辑即专门编选四川地区卓有建树的学人著作,加以介绍其思想成就的前言,便于读者阅读。现在第一辑所收作者,都是中国学术界公认的著名学者,无愧"大家"称号。他们大多著作等身,非短时间所能通览。这些选本足以帮助大家了解他们的学术概要,相信一定会受到欢迎。

这套丛书还将继续编印下去，分辑搜集、编辑全国各地20世纪著名学术大家的专题学术论著精粹，使之成为较为全面反映中国20世纪学术文化发展成就的窗口。

最后，希望四川学术界当前以20世纪学者为主，为撰著系统的20世纪四川的学术史做出准备，将来还可上溯到更早以至古代的蜀地学术，对中国传统文化研究的贡献就更大了。

于北京清华园

# 目　录

001　　　　序

001　　　　**目录学**
003　　　　弁　言
005　　　　著录第一
010　　　　存佚第二
028　　　　真伪第三
039　　　　名目第四
046　　　　篇卷第五
051　　　　部类第六
086　　　　互著别裁第七
095　　　　次第第八
098　　　　题解第九
103　　　　版本第十
117　　　　校勘第十一
127　　　　格式第十二

| | |
|---|---|
| 135 | 文字第十三 |
| 146 | 末论第十四 |

| | |
|---|---|
| 151 | **续《校雠通义》上册** |
| 153 | 通古今第一 |
| 155 | 治四部第二 |
| 160 | 外编第三 |
| 165 | 定体第四 |
| 169 | 《汉志》余义第五 |
| 175 | 溯郑荀王阮第六 |
| 179 | 明《隋志》第七 |
| 192 | 唐宋明《志》第八 |
| 200 | 纠郑第九 |

| | |
|---|---|
| 207 | **续《校雠通义》下册** |
| 209 | 《四库·经部》第十 |
| 216 | 《四库·史部》第十一 |
| 243 | 《四库·子部》第十二 |
| 256 | 《四库·集部》第十三 |
| 258 | 收俗书第十四 |
| 260 | 镕异域第十五 |
| 264 | 匡章第十六 |
| 270 | 序目第十七 |

| | |
|---|---|
| 273 | **旧书录** |
| 275 | 旧书录 庚申十二月 |
| | |
| 297 | **旧书附录** |
| 299 | 旧书附录 |
| | |
| 311 | **内景楼检书记**（节选） |
| 313 | 序　论 |
| 314 | 经　类 |
| 333 | 小学类 |
| | |
| 353 | **编后记** |

# 序

黎孟德

这本书，是从近代天才学者刘咸炘先生的巨著《推十书》中摘选出的一小部分。

咸炘先生虽然英年早逝，寿仅36岁，而于学无所不窥。所著《推十书》，已近千万字（包括已刊稿400万字；即将整理完毕之未刊手稿约400万字，从未面世，弥觉珍贵）。涉及哲学、史志学、诸子学、文艺学、校雠目录学等各个领域，并对西方哲学及艺文多有研究，其远见卓识，曾为梁漱溟、陈寅恪、蒙文通等大师激赏。本书所选，仅先生论校雠目录之文，且限于篇幅，未克全选。好在《推十书》（增补全本）全书的整理工作已大功告成，有识者可以一窥全豹。

咸炘先生为学，近承先祖槐轩，远绍浙东章学诚。章氏特重史学，倡"六经皆史"之说，故咸炘先生之学，于史学最为精审。章氏又是我国古代目录学之集大成者。咸炘先生在《推十书·文史通义识语》中说："先生之学，校雠、目录、史志、义例皆主于各如其分，所谓尽人以求合于天也。倡目录之学于目录学不讲之时，明史例文法于史例文法凡猥之时，救汉学委琐之弊，皆所谓前略后详，前无后创，前习后变。"其《校雠通义》为目录学专著。咸炘先生著《续校雠通义》《目录学》《历史目录学》《内景楼检书记》等,对目录学亦多有识见,多所发明。

章学诚《校雠通义·互著篇》说:"盖部次流别,申明大道,叙列九流百家之学,使之绳贯珠联,无少缺逸,欲人即类求书,因书究学。"皆可以视作目录学定义。它包含了两层含义:

第一,"部次流别"。章氏在《校雠通义》开篇即说:"校雠之义,盖自刘向父子,部次条别,将以辨章学术,考镜源流。"自汉代重视学术,广征图书以来,"书积如丘山"。后世书籍,更是越积越多,若不加以分类编辑整理,则根本无法阅读使用。刘向、刘歆父子校书秘阁,首创"七略"分类法,将文献分为"六艺略""诸子略""诗赋略""兵书略""术数略""方技略"六类,开创了我国目录学的历史。他们所编著的《七略》虽已亡佚,但为班固《汉书·艺文志》所继承,仅易"术数"为"数术"。晋荀勖编《中经新簿》,分典籍为甲、乙、丙、丁四部。梁元帝校定秘阁图书,就采用经、史、子、集的"四部"分类法了。此后,自《隋书·经籍志》始,《旧唐书·经籍志》、《新唐书·艺文志》、《崇文总目》、宋陈振孙《直斋书录解题》、晁公武《郡斋读书志》、郑樵《通志》等直至清代《四库全书总目》、张之洞《书目答问》等公私著录,基本上都沿用"四部"分类法。当然,"部次流别"仅仅是目录学的一部分,重要的还在"辨章学术,考镜源流"。

第二,"欲人即类求书,因书究学"。编辑目录的目的,还在于给读书之人指明一条求学途径。清王鸣盛在《十七史商榷》中说:"目录之学,学中第一紧要事,必从此问途,方能得其门而入。然此事非苦学精究,质之良师,未易明也。"又说:"凡读书最切要者,目录之学。目录明,方可读书;不明,终是乱读。"

咸炘先生于章氏《文史通义》而明读书之法，又编著《续校雠通义》17篇、《目录学》14篇等详论之。

校雠目录之学，至为艰深，非遍读群书，有学有识者不能为。咸炘先生前后，目录学著作不少，但大多简述历史，罗列书目，如咸炘先生《目录学·弁言》所言，"俗间亦有目录学之称，乃以多记书目为尚，是号横通，仅同老贾，不足为学也"。而咸炘先生《目录学》，分著录、存佚、真伪、名目、篇卷、部类、别裁互著、次第、题解、版本、校勘、格式、文字、末论14篇，是为目录学一完整讲章。总挈纲要，前无古人，实为筚路蓝缕之作。

叙述历史，比较古人目录异同，虽有功于后学，但其实是一件很简单的事，而能于古人目录之作，尤其是那些权威之作，如《汉书·艺文志》《隋书·经籍志》《旧唐书·经籍志》《新唐书·艺文志》《通志》《四库全书总目》《书目答问》等，纠谬辨误，独下己意，未精研子史，旁及艺文，精思附会，不辍披览者，恐怕是不能赞一词的。咸炘先生《推十书》中，此等文字，信手可拈。其《历史目录学》，仅就史部而言，于《隋志》《四库》《书目》等多所纠核。如言《四库提要》史部之书不当以正史为主；章氏附纪事本末体于杂史为太轻；《隋志》《华阳国志》误入霸史；《新唐志》改霸史为载记不妥；斥《新唐志》于新增之书随意分隶，不可为法；明张氏《书目答问》于纪事本末后立古史一门为学者之言，非统合著录之通法。精见卓识，随处可见，令人有如行山阴道中，目不暇接之感。读者自可随文披检。

《推十书》未刊稿中，有《内景楼检书记》。据《序论》所言，咸炘先生自言是"欲仿《提要》体，故备述其书卷目录"。其中采注他人评论，论体例，考版本，可与已刊稿中之《旧书别录》参互阅读。

咸炘先生（1896—1932），姓刘，字鉴泉，号宥斋，四川成都人（原籍双流，今已归入成都）。幼聪慧，5岁即能为文，9岁即知自学，弱冠后已多有撰述。22岁即任尚友书院塾师。后历任敬业学院、成都大学、四川大学教授。1932年因偶感风寒而不幸逝世。其平生所著，统归于《推十书》，凡231种，1169篇，475卷，约800万字。其中约400万字曾经成都古籍书店据已刊本影印出版，原书未作标点，质量很差，漫漶缺失，错讹尤多，至不可卒读，仍有约400万字从未面世。此书被教育部确定为人文社科重点研究基地重大项目，列入《巴蜀文献集成》之中，为继《槐轩全书》之后的第二辑。我受命点校整理《推十书》已刊稿部分，历时三年有余。这部卷帙浩大（包括已刊稿和未刊稿），被浙江张孟劬称为"目光四射，如珠走盘，自成一家之学者也"的巨著，已与读者见面。阅者当知先生之学广博无涯，不仅在校雠目录而已。

# 目 录 学

# 弁 言

本课名目录学，一名古书校读法。此二名范围不同，不能相掩。所谓目录学者，古称校雠学，以部次书籍为职，而书本真伪及其名目篇卷亦归考定。古之为此者，意在辨章学术，考镜源流，与西方所谓批评学者相当，中具原理。至于校勘异本，是正文字，虽亦相连，而为末务。其后任著录者，不能具批评之能，并部次之法，亦渐失传。至宋郑樵、近世章学诚乃明专家之说。而版本之重，始于明末；校勘之精，盛于乾、嘉。于是目录之中，有专重版本之一支焉。要之，目录学者，所以明书之体性与其历史者也。

至于古书读校之法，则谓通其文字，明其意旨。通文字则正讹补脱，必资多本，此关于目录学者也。而亦有不资版本者，其在一字，则资于文字学、声韵学，其在字群，则资于文法学、修辞学，皆不在目录学范围中矣。明意旨则定体达例，必知部次，此关于目录学者也。至于事关考证，则所资者广，群学分门，各有读法。普通读书之法，则为格言理论，皆不在目录范围中矣。

由上观之，目录学固古书校读法之一，而古书校读法则不止此。今之所讲，尽目录学范围所有，而于古书校读法之在范围外者，则惟略及通文字之法焉，以防滥也。

此学所究事类殊繁，昔人考辑，俱有专书，而总挈纲要之作，则尚未有。今之编述，似因实创，故糅合专门之书，整齐贯串，略其事证，而详其义例。益以此课本为读书门径，亦必如是，而后为目录之学也。俗间亦有目录学之称，乃以多记书名为尚，是号横通，仅同老贾，不足为学也。

本书凡十四篇，分为二编，其目如下。

上编：一著录、二存佚、三真伪、四名目、五篇卷、六部类、七互著别裁、八次第、九题解。

下编：十版本、十一校勘、十二格式、十三文字、十四末论。

诸篇之文，多裁旧说，己意造文，十不四五，志在传宣，不愿窃袭也。戊辰二月，匆匆始事，倩徒分抄，十日稿具，仅得成书。类例粗张，自知文词不洁，征引未周，修补化裁，以待他日。

# 著录第一

著录之事，官府则始于汉，私家则始盛于宋。书籍源自上古，而著录之事无闻，《隋书·经籍志》曰：古者史官既司典籍，益有目录以为纲纪。《文献通考·经籍考》首引《周官》太史掌六典，藏约剂之贰诸文，为官府藏书之始，然皆政事之守，如后世之档案耳。盖三代以上，固无私家著述，文书之始，本止治事之规条与记事之簿籍。《庄子》称老聃为守藏史，所藏盖亦此类。及官学变为私学，诸子争鸣，著作始多。秦从李斯之言，非博士官所职，天下有藏《诗》、《书》、百家语者，皆杂烧之。《史记·秦始皇本纪》。汉改秦之败，大收篇籍，广开献书之路，建藏书之策，置写书之官。成帝使谒者陈农求遗书，诏光禄大夫刘向及步兵校尉任宏、太史令尹咸、侍医李柱国等校之。向卒，子歆卒父业，总群书而奏其《七略》。《汉书·艺文志》。此官录之始也。自是以降，代代有之，私家之簿，则始梁阮孝绪，然其时未有摹印之法，人以藏书为贵，人不多有。叶梦得《避暑录话》。及唐、五代始有雕版，得本较易。宋初士大夫乃多藏书，如荆州田氏、邯郸李氏，皆有书目，此私录之始盛也。

将明著录之义，先辨簿目之体。明胡应麟《经籍会通》曰：

书之有目，体制虽同，详厥品流，实分三种。吴、尤诸氏，但录一官之藏者也；按：唐吴兢《西斋书目》、宋尤袤《遂初堂书目》皆是家藏。正下文所谓鸠集者，非官藏，此语有误。隋、唐诸史，通志一代之有者也；《古今书录》《群书会记》，并收往籍之遗者也。雅士鸠集，以广见闻；馆阁校雠，以存故实。目录之纂，例不可无。近人周贞亮、李之鼎同编《书目举要》，罗列现在簿目，凡分十一类：一曰部录，二曰编目，三曰补志，四曰题跋，五曰考订，六曰校补，七曰引书，八曰版刻，九曰未刊，十曰藏书约，十一曰释道目。今按：胡氏所举三例虽略，而明周氏所分则有未析，部录与编目二名颇嫌相滥。按其所收，不过部录较广而整，编目则较简略而已。既非以官私分，亦不以现藏与否为别，考订校补中多收札记，非簿目之伦。其所收录亦每互相混滥，今分为四类稍较明晰。一曰总目：总录现存之书，如《文献通考·经籍考》是也。二曰藏目：仅就一时所有录之，公如《七略》及宋之《崇文总目》《秘书省续编阙书目》①、明之《文渊阁书目》，私如宋晁公武《郡斋读书志》、陈振孙《书录解题》皆是也。其记一时所见，如浙江采进书录、杨守敬《日本访书志》亦入此类。三曰专目：如宋高似孙《史略》《子略》，近朱彝尊《经义考》、王国维《曲录》及释、道二《藏》目录之专一门，郡邑志篇之专一方，近人补史《艺文志》之专一代，皆是也。四曰选目：以意别择，或主学之门径，如张之洞《书目答问》，或专记佳本，如毛扆《汲古阁秘本书目》② 是也。若《四库提要》则本是藏目，而兼选目，又别立存目，则总目之例也。至周氏所谓题跋，乃选目之支流，诸类亦皆有解题。解题

---

① "编"后脱"到四库"三字，当为《秘书省续编到四库阙书目》。（全书注释均为编者所加。）

② "阁"后脱"珍藏"二字。

得失，说在第九篇。考订、版刻皆然，不关簿录之大体，引书限于一书，所引用与未刊书，皆当附四类之后，而性质实与选目近。校补则校勘记也，与藏书约及论藏书故实法式之书。如叶昌炽《藏书纪事诗》、叶德辉《书林清话》等，皆目录学之书，而实非簿目也。至于史、志，则有当辨者。《汉书·艺文志》全本《七略》，增入一二而已。《隋书·经籍志》亦据当时官藏录之，皆是藏目。《旧唐书·经籍志》据《开元四部目》书之，亦是藏目。《新唐书·艺文志》增加《旧志》所未收。及《宋史·艺文志》，则全录一代所有，竟是总目矣。唐刘知几《史通》始议史志录所藏之非，谓古之所制，我有何力，前志已录，而后志仍书，篇目如旧，频繁互出，何异以水济水。凡撰志者，宜除此篇。必不能去，当变其体。宋孝王《关东风俗传》亦有《坟籍志》，其所录皆邺下文儒之士，校雠之司，所列书名，惟取当时撰著，习兹楷则，庶免讥嫌。近代修《明史》，止录明人著述，其序谓前史兼录古今载籍，以皆其时柱下所有，明季秘书既亡，焦竑《经籍志》不可凭，前代陈编无从记载，是非用刘说也。而论史者遂多称之，以为可法，然识者皆不以为然。杭世骏《千顷堂书目·跋》云，黄俞邰征修《明史》，为此书，以备《艺文志》采用，横云山人王鸿绪删去宋、辽、金、元四朝，刺取其中十之六七为史志。史馆重修，仍而不改，失俞邰初旨矣。元修三史，独阙艺文，全在《明史》纲罗。如《后汉》《晋》不列此志，《隋志》独补其阙，不必定在其朝也。又曰：其中宋人著作，系《宋史·艺文志》所未取，非复出也。此《跋》见《拜经楼题跋》。按：康熙初修时，倪灿分修《艺文志》，亦兼载四代，而被删去。后卢文弨抄出三代，为《宋史·艺文志补》及辽、金、元《艺文志》。乾隆重修《明史》时，全祖望亦移史馆，札子争之。大要谓古人于艺文一门，必综汇历代所有，不以重复繁冗为嫌者，盖古今四部之存亡所由见焉。《汉志》所有，至隋而佚其半。《隋志》所有，至唐而佚其半。其卷数或较前志而少，则书之阙可知，或较前志而多，则书之搀改失真可知。《鲒埼亭集》。彭元瑞亦谓《元史》不立《艺文志》，《明史》仅载明人著述，而五百年古经籍存亡之可见者，惟《文渊阁书目》。《知圣道斋读书跋》。此二论较杭氏尤精。杭氏止论史志续补前代之法，全、彭则明其于存佚之关系，然此论明胡应麟已发之，其《经籍会通》曰：艺文之为志也，虽义例仍乎前史，实纪述咸本于当时。往代之书存没，非此无以考；今代之蓄多寡，非此无以征。刘知几以为附赘悬疣，雷同一律，而大讥《隋志》之非者。疏卤之谭，匪综核之论，即《后汉》一书艺文无志，而东京一代典籍茫然，他可概矣。此论尤明。一代史志，本记一代所藏，非记一代所著，是以谓之《艺文志》《经籍志》。六艺群经，后世岂有所作邪？宋孝王之书，限于一地，固非一代之例。以此知方志、经籍、艺文志当改名《著述志》。若近世考据家所补诸《艺文志》，如钱大昭、侯康、曾朴之于后汉、三国，金门诏之于辽、金、元，此自旨征一代，非遂可以补史篇之阙也。由此以言，则史志乃总目，而补志乃专目也。

前人簿目多藏目，而总目、专目、选目则少，故类次任意，体例不整，校雠之学，日以芜秽。章学诚《乙卯札记》曰：隋《众经目录》，乃合沙门及学士等撰，极有条理。观其分别五例，后世著录之儒，不能及也。一曰单本。二曰重翻。是一书而传写或刊刻不同，应在①别本之例也。三曰别生。是裁篇别出之例也。四曰疑伪。是伪书应别著之例也。五曰阙本。是佚书存目之例也。

---

① "在"，《乙卯札记》作"载"。

后世别本之书，文字苟无大歧，不复别为著录，抄本犹可言也。版本流传，一书数刻，而著录不与分明，则印本优劣无从辨矣。疑伪之书，众所共知，而一体与正书同著，亦少分别之义。至于前代逸书，后录一概删去，则亡书再出，或伪造逸书，后人鲜所依据，皆不可不慎也。隋、唐之际，《七略》《别录》诸书具在，故二氏著录，犹得依仿为之。自唐以后，校雠之学失传，而著录之法遂失古人之指矣。按：专门之目，类例必精，郑樵之论，于此而验，固不必《七略》而始能也。所举伪书、逸书、异本、别裁四例，下文分说之。

## 存佚第二

著录者，所以保全书籍也，故必先议藏与求。

郑樵《通志·校雠略·编次必谨类例论》曰：学之不专者，为书之不明也。书之不明者，为类例之不分也。有专门之书，则有专门之学；有专门之学，则有世守之能。人守其学，学守其书，书守其类。人有存没而学不息，世有变故而书不亡。以今之书校古之书，百无一存，其故何哉？士卒之亡者，由部伍之法不明也。书籍之亡者，由类例之法不分也。类例分，则百家九流，各有条理，虽亡而不能亡也。巫医之学，亦经存没，而学不息。释、老之书，亦经变故，而书常存。彼能全其书者，专之谓矣。此论谓守于专门也。章学诚《校雠通义》引申而论治书之法，其《校雠条理篇》曰：纪载传闻，诗书杂志，真讹纠错，疑似两淆。又书肆说铃，识大识小；歌谣风俗，或正或偏。其或山林枯槁，专门名家，薄技偏长，稗官脞说，其隐显出没，大抵非一时征求所能汇集，亦非一时讨论所能精详。凡若此者，并当于平日责成州县学校师儒讲习，考求是正，著为录籍，略如人户之有版图。载笔之士，果能发明道要，自致不朽，愿托于官者听之。如是则书掌于官，不致散逸，其便一也。事有稽检，则奇邪不衷之说，淫波邪荡之词，无由伏匿以干禁例，其便二也。求书之时，按籍而稽，无劳搜访，其便三也。中书不足，稽之外府，外书讹误，正以中书，交互为功，同文称盛，其便四也。此为治书之要，当议于求书之前者也。

又《藏书篇》曰：孔子欲藏书周室，说虽出于《庄子》，然藏书之法，古有之矣。太史公抽石室金匮之书，成百三十篇，则谓藏之名山，副在京师。然则书之有藏，自古已然，不特佛、老二家有所谓《道藏》《佛藏》已也。郑樵以谓性命之书，往往出于《道藏》，小学之书，往往出于《释藏》。夫儒书散失，反能得之二氏者，以二氏有藏以为之永久也。夫《道藏》必于洞天，而《佛藏》必于丛刹，然则尼山泗水之间，有谋禹穴藏书之旧典者，抑亦可以补中秘之所不逮欤？按：明曹学佺已言二氏有藏，吾儒无藏，欲修《儒藏》，与之鼎立。近世阮元沿此意创焦山、灵隐两书藏，规制甚详。

书之不能无佚，势也。隋牛弘上表，请开献书之路，述自秦至梁书经五厄：一为秦皇之焚，二为莽末之烬，三为后汉迁都之散亡，四为刘、石乱晋之失坠，五为梁元帝失江陵时之焚烬。胡应麟谓六朝之后，复有五厄：一为大业广陵之烬，二为天宝安史之灰，三为广明黄巢之乱，四为靖康女真之祸，五为绍定蒙古之师。古今藏书数目大略，胡氏《经籍会通》考之最详。

收拾散亡，乃有求书之法，郑氏论之最详。其言曰：求书之道有八：一曰即类以求，二曰旁类以求，三曰因地以求，四曰因家以求，五曰求之公，六曰求之私，七曰因人以求，八曰因代以求。当不一于所求也。凡星历之书，求之灵台郎。乐律之书，求之太常乐工。灵台所无，然后访民间之知星历者。太常所无，然后访民间之知音律者。眼目之方多，眼科家或有之；疽疡之方多，外医家或有之；紫堂之书多亡，世有传紫堂之学者；九曜之书多亡，世有传九星之学者。《列仙传》之类，《道藏》可求。此之谓即类以求。凡性命道德之书，可以求之道家；小学文字之书，可以求之释氏。如《素履子》《玄贞子》《尹子》《鬻子》之类，道家皆有；如《仓颉篇》《龙龛手鉴》，郭逄《音诀图》《字母》之类，释氏皆有。《周易》之书，多藏于卜筮家；《洪范》之书，多藏于五行家。且如邢璹《周易略例正义》，今《道藏》有之。京房《周易飞伏例》，卜筮家有之。此之谓旁类以求。《孟少主实录》，蜀中必有。《王审知传》，闽中必有。《零陵先贤传》，零陵必有。《桂阳先贤赞》，桂阳必有。《京口记》者，润州记也。《东阳记》者，婺州记也。《茅山记》必见于茅山观，《神光圣迹》必见于神光寺。如此之类，可因地以求。《钱氏庆系图》可求于忠懿王之家，《章氏家谱》可求于申公之后。黄君俞《尚书关言》虽亡，君俞之家在兴化。王棐《春秋讲义》虽亡，棐之家在临漳。徐寅《文赋》，今莆田有之，以其家在莆田。潘佑《文集》，今长乐有之，以其后居长乐。如此之类，可因家以求。礼仪之书、祠祀之书、断狱之书、官制之书、版图之书，今官府有不经兵火处，其书必有存者，此谓求之公。书不存秘府，而出于民间者甚多，如漳州吴氏，其家甚微，其官甚卑，然一生文字间，至老不休，故所得之书，多蓬山所无者。兼藏书之家例有两目录，所以示人者，未尝载异书，若非与人尽诚尽礼，彼肯出其所秘乎？此谓求之私。乡人李氏，曾守和州，其家或有沈氏之书，前年所进褚方回《清慎帖》，蒙赐百匹①，此则沈家旧物也。乡人陈氏，尝为湖北监司，其家或有田氏之书，臣尝见有荆州田氏目录，若迹其官守，知所

---

① 《通志》"匹"后有"两"字。

由来，容或有焉。此谓因人以求。胡旦作《演圣通论》，余靖作《三史刊误》，此等书卷帙虽多，然流行于一时，实近代之所作。书之难求者，为其久远而不可迹也，若出近代之人手，何不可求之有？此谓因代而求。明祁承㸁《澹生堂藏书训约藏书训略》第二条略曰：余于八求之外，更有三说。书有亡于汉者，汉人之引经多据之。亡于唐者，唐人之著述尚有之。亡于宋者，宋人之纂集多存之。即从其书各为录出，不但吉光片羽①，自足珍重，所谓举马之一体，而马未尝不立于前也，是亦一道也。又如一书之中，自宜分析，《水经》一书，《注》乃侈于其《经》，后人但知郦《注》，而桑《经》之名反隐。又如《世说》词旨本自简令，刘孝标《注》援引精核，可与《世说》各为一本，以称快书。如此之类，析而为两，使并存于宇宙间，是亦一道也。若夫世家所秘，省郡所藏，即同都共里，尚难兼收，况粤有刻而吴未必知，蜀有本而越未能遍，如此者更多。海内通行之书，大都此数十百种耳。倘一概求之，千里邮至，重值市归，乃开箧已有，有不索然者乎？余谓梓行之书，其叙往往载于各集。今以某集有序某书若干首，某书序刻于何年，存于何地，采集诸公序刻之文，录为一《目》，自知某书可从某地求也，某书可向某氏索也。异本日集，重复无烦，又是一道也。按：郑氏八求，前四甚精，中三亦周，末一条则人人皆知不足为一法也。祁氏三说，第一为辑佚，第二则止著录之法，不得为求书法。至于旁考别集，据叙列目，此则可以补簿录之疏，亦因地因人之细目也。

郑樵《亡书出于民间论》曰：古之书籍，有上代所无而出于今民间者。《古文尚书音》，唐世与宋朝并无，今出于漳州吴氏。

---

① "羽"，《澹生堂藏书训约藏书训略》作"毛"。

陆机《正训》,《隋》《唐》二《志》并无,今出于荆州田氏。《三坟》自是一种古书,至熙、丰间始出于野堂村校。按漳州吴氏《书目》,算术一家有数件古书,皆三馆四库所无者,已收入求书类矣。又《师春》二卷、《甘氏星经》二卷、《汉官典仪》十卷,《京房易钞》一卷,今之所传者,皆出吴氏。应知古书散落人间者,可胜计哉,求之之道未至耳。胡应麟《经籍会通》曰:渔仲之言,其意甚美。然《三坟》自是毛渐伪作,《师春》是宋人集《左传》卜筮事为之,《甘氏星经》要亦天官家后人所补,《正训》自是辛德源作,宋人因其目①补之,而谬题以陆机,盖藏书者好事之过,务多得以侈异闻,而伪者得乘隙欺之,不可不辨。按:胡说甚核。大抵散落人间,亦必有传授端绪,若都无所见,则其伪不疑。严可均《辑典语叙》曰:孙观察族子柱的者,言绍兴人王理堂游幕山左,携有宋写《典语》残本二卷,其言信否,无以知之。古书佚而复出,如《大唐郊祀录》之类,非三十年前人所得见。而余尤希冀者,阎百诗校《困学纪闻》,引傅山②云:谢承《后汉书》,永乐中有刻本传。不谩言也。杨用修、王元美集,屡引《修文殿御览》,钱受之《书目》亦载之。邢佺山语余云:汉中府张姓有藏本。邢不谩言也。汤球校《十六国春秋》,纂录《自叙》云以《修文御览》校。吴翔寅跋汤书,引用严氏此语,且曰是嘉、道间尚有传本。汤先生时当承平,歙士大夫家多藏书,或得借校,故叙目中深以为幸。自经兵火,此本岂复在天壤间邪?《太平御览》即据《修文御览》增订而成,然鲍刻《御览》与此本多有异同。按:严、汤之说,皆未可信,吴淑注进《事类赋》,

---

① "目",《经籍会通》作"自"。
② 《铁桥漫稿》"山"后有"子"字。

在淳化时已云谢书遗逸。《困学纪闻》原《注》亦云谢承书见《文选注》，是宋时已无传本。王谟辑本《序》、孙志祖辑本《自序》及汪辉祖《叙》、严元照《复杨传九书》，皆据此谓世传明永乐间有刊本，方从哲以内阁本携归德清。又潞庄王氏曾藏元大德本，青浦许氏有写本者，皆不可信。西北少文人，古书易沉晦，傅、邢言似可信。若流至东南，则藏书校书者，宁无一人见者？汤氏之友，不过俞正燮、汪文台诸人，而皆略不道及是书，何也？吾疑汤氏即本《太平御览》，当时自有一本，溯源而称此名。钱氏所藏亦然，其与鲍刻不同，自是版本之殊耳。

郑樵《亡书出于后世论》曰：古之书籍，有不出于当时，而出于后代者。按：萧何《律令》、张苍《章程》，汉之大典也，刘氏《七略》、班固《汉志》全不收。按：晋之《故事》即汉之《章程》也，有《汉朝驳议》三十卷、《汉名臣奏议》三十卷，并为《章程》之书，至隋、唐犹存，奈何阙于汉乎？刑统之书，本于萧何《律令》，历代增修，不失故典，岂可阙于当时乎？又况兵家一类，任宏所编，有韩信《军法》三篇，《广武君①》一篇。岂有韩信《军法》犹在，而萧何《律令》、张苍《章程》则无之？此刘氏、班氏之过也。孔安国《舜典》不出于汉而出于晋；《连山》之《易》不出于隋而出于唐。应知书籍之亡者，皆校雠之官失职矣。按：此说亦未审。奏议、章程，体本迥殊。叔孙通所定《礼仪》，《七略》本未收，《汉书》明言其与《律令》同，藏于理官，法家又复不传，汉典寝而不著，可知本非中秘所有。向所校只据中秘，故无之耳。萧何《律令》、张苍《章程》正是一类。韩信《军法》则以军府藏之，而校兵书者，乃步兵校尉任宏，故得

---

① 《通志》无"君"字。

录耳。若《舜典》《连山》则伪迹昭著，何可信也？务求不择，民受作伪之欺，郑氏亡书复出之论，不可据也。

祁氏又曰：书籍，与代日增而亦与代日亡之物也。概按籍而求，固已有虚用其力者矣。乃有实同而名异者，有名亡而实存者，有得一书而即可概见其余者，有得其所散见而即可凑合其全文者，又有本一书也，而故多析其名以示异者。如颜师古之《南部烟花》即《大业拾遗》也，李绰之《尚书谈录》即《尚书故实》也，刘轲之《帝王历歌》即《帝王镜略》也。此所谓实同而名异者也。如蔡蕃节《太平广记》之事而为《鹿革事类》，《广记》在，《鹿革事类》即湮轶，可也。如司马温公之编《资治通鉴》也，先具丛目，次修长编，删削成书，《通鉴》行，则丛目、长编废，弗录可也。此所谓名亡而实存者也。又如汉人之谈经在训诂，读注疏，而汉之释经可概也。晋人之词旨尚隐约，阅《世说》而晋之谈论可想也。所谓得其一而概可见其余者也。如《北梦琐言》《酉阳杂俎》之类，今刊本虽盛行矣，然悉据《太平广记》之所载，更有溢其全帙之外者。此所谓得其所散见而即可凑合其全文者也。至如陶弘景之《真诰》，而析以诡秘之目，又如近日偶从友家借得《比事摘录》一卷，中所引用如毕辜、厉陬等录，初不晓其何书，及按其文，乃知即《余冬序录》，所以分别卷帙者也。此所谓故析其名以示博者也。按：祁氏此论，有得有失，实同名异及析名，说详后《名目篇》，散见凑合即辑佚之说，亦说见后。概见之说，甚为疏谬，推其言，则读史及类书已足，书皆可不求矣。名亡实存，说始郑樵，稿本可废，而重编节抄，则不可概废也。郑樵《书有名亡实存论》曰：书有亡者，有虽亡而不亡者，有不可以不求者，有可以不求者①。

---

① "可以不求者"，《通志》作"不可求者"。

《文言略例》虽亡，而《周易》具在。汉、魏、吴、晋《鼓吹曲》虽亡，而《乐府》具在。《三礼目录》虽亡，可取诸《三礼》。《十三代史目录》虽亡，可取诸《十三代史》。常宝鼎①《文选著作人名目录》虽亡，可取诸《文选》。孙玉汝《唐列圣实录》虽亡，可取诸《唐实录》。《开元礼目录》虽亡，可取诸《开元礼》。《名医别录》虽亡，陶隐居已收入《本草》。李氏《本草》虽亡，唐慎微已收入《证类》。《春秋括甲子》虽亡，不过起隐公至哀公甲子耳。韦嘉《年号录》虽亡，不过起汉后元至唐中和年号耳。《续唐历》虽亡，不过续柳芳所作至唐之末年，亦犹《续通典》续杜佑所作至宋初也。《毛诗虫鱼草木图》盖本陆玑《疏》而为图，今虽亡，有陆玑《疏》在，则其图可图也。《尔雅图》盖本郭璞《注》而为图，今虽亡，有郭璞《注》在，则其图可图也。张频《礼粹》出于崔灵恩《三礼义宗》，有崔灵恩《三礼义宗》，则张频《礼粹》为不亡。《五服志》出于《开元礼》，有《开元礼》则《五服志》为不亡。有杜预《春秋公子谱》，无顾启期《大夫谱》可也。有《洪范五行传》，无《春秋灾异应录》可也。丁副《春秋三传同异字》可见于杜预《释例》、陆淳《纂例》。京相璠《春秋土地名》可见于杜预《地名谱》、桑钦《水经》。李腾《说文字源》，不离《说文》。《经典分毫正字》，不离《佩觽》。李舟《切韵》乃取《说文》而分声。《天宝切韵》即《开元文字》而为韵。《内外转归字图》《内外传钤指归图》《切韵枢》之类，无不见于《韵海镜源》。书评、书论、书品、书诀之类，无不见于《法书苑》《墨薮》。唐人小说，多见于《语林》。近代小说，多见于《集说》。《天文横图》《圆图》《分野图》《紫微图》《象度图》，但一

---

① "常宝鼎"，《通志》作"常鼎宝"。

图可该。《大象赋》《小象赋》《周髀星述》《四七长短经》《刘石甘巫占》，但一书可备。《开元占经》《象应验录》之类，即《古今通占鉴》《乾象新书》可见矣。李氏《本草拾遗》《删繁本草》，徐之材《药对》《南海药谱》《药林》《药论》《药忌》之书，《证类本草》收之矣。《肘后方》《鬼遗方》《独行方》《一致方》及诸古方之书，《外台秘要》《太平圣惠方》中尽收之矣。纪元之书，亡者甚多，不过《纪运图》《历代图》可见其略。编年纪事之书，亡者甚多，不过《通历》《帝王历数图》可见其略。凡此之类，名虽亡而实不亡也。章学诚曰：郑论其见甚卓，然亦有发言太易者。如云郑玄《三礼目录》虽亡，可取诸《三礼》，则今按以《三礼正义》，其援引郑氏《目录》，多与刘向篇次不同，是当日必有说矣，而今不得见也，岂可曰取之《三礼》乎？又曰：《十三代史目》虽亡，可取诸《十三代史》。考《艺文》所载《十三代史目》，有唐宗谏及殷仲茂两家。宗谏之书凡十卷，仲茂之书止三卷，详略如此不同，其中亦必有说，岂可曰取之《十三代史》而已乎？其余所论，多不出此，若求之于古而不得，无可如何，而旁求之于今有之书，则可矣。如云古书虽亡而实不亡，谈何容易邪？章氏之论精矣，盖著述之事，贵在宗旨，若其文辞，固多相类。章氏《文史通义·说林篇》三军将帅、舟车乘者、品物工师、金石炉锤、财货良贾、药毒医工，六譬详矣。班固取司马迁之文而自成其《汉书》；朱熹节司马光之书而自成其《纲目》。岂得谓孙玉汝《实录》即与官修实录同邪？抄书各有弃取，则《三礼义宗》虽存，而《礼粹》仍亡也。编书有义例，则《说文》虽存，而《字源》仍亡也。《文言略例》重在略例，岂得徒执本文而谓其存邪？今传之《尔雅图》多不可信，则止据郭璞《尔雅注》，未遂可见《尔雅图》也。今之取《说文》而分声者有数家而各不同，则止据《说文》,未遂可见李舟《切韵》也。

书诚有名亡而实不亡者,有二类焉。一则他书中全载之。如吕祖谦《古周易音训》之在朱氏《本义》中,吴棫《诗补音》之在王质《诗总闻》中是也。金履祥《尚书说》在其所著《通鉴前编》中,而人乃惜《表注》之略。《岳飞遗文》十卷,全载于其孙珂所作《金陀粹编》中,而后人知各掇辑而未已,毕疏也。一则因徒、友而存。古书师徒之说不分,《文史通义·言公篇》已言之。《关尹》《列子》之宗旨,恃《庄子》以见。今《列子》乃伪书。今传《鬼谷子》,即苏秦之书也。不特古书为然,后世亦有之。唐啖助、赵匡之说《春秋》,在其徒友陆淳书中。元黄泽之说《春秋》,在其徒赵汸书中。又有因敌而存者,王安石之《字说》已亡,而杨时集中有《辨》一卷,可见其略。李觏《常语》非《孟子》之文,今本不存,而余允文《尊孟辨》中具录之。此亦求书者所当知也。

章氏曰:若求之于古而不得,无可如何,而求之今有之书,则又有采辑补缀之成法,不特如郑樵所论已也。昔王应麟以易学独传王弼,《尚书》止存《伪孔传》,乃采郑玄《易注》《书注》之见于群书者,为《郑氏周易注》《郑氏尚书注》。又以四家《诗》独《毛传》不亡,乃采三家诗说之见于群书者,为《三家诗考》。嗣后而好古之士踵其成法,往往缀辑逸文,搜罗略遍。今按:纬候之书往往见于《毛诗》《礼记注疏》及《后汉书注》,汉、魏杂史往往见于《三国志注》,挚虞《流别》及《文章志》往往见于《文选注》,六朝诗文集多见采于《北堂书钞》《艺文类聚》,唐人载籍多见采于《太平御览》《文苑英华》。一隅三反,充类求之,古逸之可采者多矣。按:辑佚之事,近代为盛。始自惠栋之治汉经义,后乃罩及四部,章宗源且专以此为业。上溯其原,实不始于王应麟。叶德辉据宋黄伯思《东观余论·相鹤经·跋》，云从《意林》《文选注》抄出，大略谓辑佚当以此为鼻祖，然实不止此。宋世所传唐人小说及唐以上人文集卷数，多与原书不合，校以他书引，往往遗而未录，盖皆出于宋人掇拾而成，此即辑佚之事也。今传唐人小说多本《说郛》，而《说郛》中本多辑古佚书，吾疑此类多是辑本，此语若信，则陶宗仪当为辑佚大家矣。胡应麟曰：亦有宋世不存，而近时往往迭出者，又以拾抄类书得之。此说可证也，但皆不著明为辑耳。

辑佚者所取资最多者，曰三注、四大类书。三注者，《三国志注》《水经注》《文选注》也。四大类书者，《北堂书钞》《艺文类聚》《太平御览》《太平广记》也。顾此举其著者言之耳，因类以求，取资者广。孙诒让于《春秋集解·纂例》赵匡说中，得《竹书纪年》遗文七事，缪荃孙于《苏诗》施注《天中记》中，得《意林》逸文二条。皆他人辑本所未采，盖又出于因类以求之外矣。赵圣传辑《左传》服《注》，谓《公羊》《周官》《仪礼》疏皆六朝旧本，所引《左传注》多是服《注》。此则得间于无形，尤为巧矣。

据类书以辑佚，又有当知者，胡应麟曰：《意林》所引书，考《隋志》存者不过十之三，自余皆梁世所有。马氏所录，自是从庾仲容《子抄》纂出。《太平御览》所引书目，非必宋初尽存，大率晋、宋以前得之《修文御览》，齐、梁以后得之《文思博要》，而唐人事迹则得之本书者也。此说是也。《四库总目》徐铉《稽神录》下曰：《读书志》载百五十事，今本反有一百七十四事，又《拾遗》十三事，疑是录全载《太平广记》中，后人录出成帙。而三大书征引浩博，所列诸书①凡一名叠见者，《太平御览》皆作又

---

① "书"，《四库提要》作"事"。

字,《文苑英华》皆作前名字,《广记》皆作同上字。其间先后相连,以甲蒙乙者,往往而是,或缘此多录数十条也。按:此弊《御览》尤甚,盖其书失校已久,讹舛甚多,条件颠倒,则此书之又曰移于彼书矣。吾读诸家之辑佚书,每见引自《御览》者词意不类,时代不合。后因检寻道教故事,翻《御览》道教类,则见所引道经,乃有记道士之事者,所引传记复有道经之文,始知又曰之讹,不可复理。此亦辑佚者所当知也。

吾旧撰《辑佚书纠缪》,具录于下。

辑书非易事也,非通校雠、精目录,则讹舛百出。近世此风大盛,而佳者实少。有最多者为章宗源、马国翰、黄奭。世称马窃章,而黄书亦多取孙星衍本,然章氏《隋志考证》今存者颇审备,马、黄则多疏矣。摘而论之,以明辑书之弊。

第一曰漏。此弊人皆知之,而能免者实少。如马辑颜延之《庭诰》,泛采逸文,而不录本传所载长篇。辑《古今乐录》,于《乐府诗集》所引,半取半不取。则不可解者也。

第二曰滥。凡有二端①,一曰臆断附会。此弊最易犯而最隐,如马骕《绎史》载《吕览》《农书》四篇,谓盖古农家野老之言,本是疑词,马氏遂据采以当《野老书》。《别录》称《尹都尉书》有种瓜、芥、葵、蓼诸篇,马遂采《齐民要术·种瓜》诸篇为《尹都尉书》。因《汉书·律历志》引《易传》有辰有五子之语,遂录其文,以当《古五子》且并录其下文《易》九厄、《传》九厄之说,实与推五子无关也。因《汉书·天文志》载十八妖星有五残,遂录其文当《五残杂变星书》,余星固非五残也。因邹衍论五德相胜,遂取《吕览·应同》言五德语为邹书,不知论五德者

---

① 《辑佚书纠缪》有三端,"三曰臆定次序",于此归入"第四曰陋"一节。

不胜取也。又如录匡衡疏说《孝经》为《后氏说》，古经说本师、弟不别，后说不必为后著文，此固可通。至于《孝经》邢《疏》所引旧说与诸家说，则本无主名时代，而悉以当《安昌侯说》，何也？又《通典》所引六朝诸人论礼之文，多出何承天所辑《礼论》，故止标名，马氏则概取以充其所著书，谯周则入《然否论》，束皙则入《五经通论》，袁准则入《正书》，此名实不相符也。《易》，孟、虞二氏各有异文，《释文》所载甚明白，以虞氏本皆为孟氏本，亦未可也。宓子有书，《景子》亦说宓子语，以古书记宓子言行皆为《宓子》，而独取《韩诗外传》《淮南》二条入《景子》，又不知何以别之也。又如《韩诗》有《故》，有《内传》，有《说》。诸引《韩诗》者多未分别。马氏所辑《内传》犹限于明标传者，《故》《说》则全为臆断矣。又《鲁诗》悉归于《故》，黄氏则悉归《传》。安知其无《说》文？《齐诗》悉归于《传》，安知其无《故》文？《吕览》引《李子》，安知不为悝，而必以当《李氏春秋》？马氏所辑太多，徒充种类，此弊最甚。黄氏差少，然如颜真卿《韵海镜源》逸文无存，黄氏乃以《干禄字书》分韵以当之。二人虽叔侄，而《字书》《韵书》已各成体，宁得断为彼此相同？且即以《字书》分韵列之，而全无训说，则辑如未辑耳。

二曰本非书文。《国策》《说苑》本辑群书古子之文，非辑者自撰。《贾子新书》本其疏草，贾、徐、二严对策，即其书，以之当逸文，犹可说也。至于朱建说籍闳孺寥寥数语，而以当《平原君书》，已觉未安。东京以后，书皆自作，乃以《魏志》所载王肃对问当《正论》，王基对问当《新书》，此皆随口之语，非如他书答问之成文，以当书篇，殆不可也。其尤可笑者，《三国志》裴《注》引陆氏《异林》载一怪事，云从父清河太守说如此。谓口说耳。而马氏遂以入陆云《新书》，直欺人矣。又有本非专书，目录不见，而徒夸多种，遂妄立名目者。如束皙校《汲冢书》，撮叙大略，而马氏名之为《汲冢书抄》，并以诸书引古文纪年者皆入之。常景《鉴戒象赞》、李谧《明堂制度论》、元行冲《释疑论》，俱本非一书。虞溥《厉学》，虽见《御览》引用书目，彼目固兼数单篇也，尽列为书，无乃太张皇乎？

第三曰误。此弊生于不考。凡有二端：一曰不审时代。《史记索隐》引《鲁连子》，下云：共，今卫州共城县。乃司马贞加按。《艺文类聚》引刘向《别录》：《尹都尉书》有《种葱篇》，下云曹公既与先主云云。显系又引一书，而马氏遂连抄入《鲁连子》《尹都尉书》。《宋书·州郡志》连引称《太康地记》。王隐云盖合二书言之。而黄氏辑《太康地记》，悉抄入之，遂使太康三年之书，而有太康七年改合浦属国都尉为宁浦之事。《续汉志·注》引《博物记》，即张氏《博物志》佚文。杨慎误连读上文《蜀都赋·注》唐蒙所造为句。马氏据辑唐蒙《博物记》，以为是汉武时之唐蒙，不悟所引诸文乃有曲城相刘洪及中兴以来都官从事多出之河南之语。又如邯郸淳《笑林》之后，复有一《笑林》。《御览》《广记》及殷芸《小说》引《笑林》，乃有吴沈珩、张温二条，非淳所及也，不可据为淳书。又有云汉人适吴。亦似三国末语。孙星衍谓汉、唐之律纲目本于李悝，因以《唐律》条文抄充《法经》，不悟纲目虽沿而条文已改，遂使李悝书中有制使、刺史、天尊、菩萨之名，此尤可笑者也。《阴阳书》者，本是统名，诸书甄引多不详著，马氏乃以诸称阴阳书及历法者统为一编，而冠以唐吕才所定。诸篇之序，亦太混矣。

二曰据误本、俗本。《意林》《傅子》与杨泉《物理论》互讹，孙氏、黄氏辑《物理论》，据而不察，则《傅子》入之矣。《御览》传写多讹，尤不可恃。如《古今乐录》，陈沙门智匠撰，而《御览》引其文，称隋文帝云云。若此之类，所在有之。

第四曰陋。此弊生于无识，凡有三端：一曰不审体例。《艺文类聚》引董仲舒说上重粟语，阎若璩《困学纪闻笺》以为是《春秋决狱》遗文。马氏从之。不悟《决狱》遗文皆设甲乙之事，此自《繁露》诸篇之佚耳。又如马辑何承天《礼论》，以《通典》所载承天驳难入之，又辑荀万秋《礼杂抄略》，以《通典》所载万秋议奏入之。按：《礼论》乃是纂录旧说，非自定己文，以此当彼，殆不免误。乐资《春秋后传》，本纪事之书，《玉海》引《春秋后传》，皆说经语，必别一书，而黄氏牵入乐书，亦非也。

二曰不考源流。马辑谯周《五经然否论》，以诸书所引谯周《礼祭集志》及诸论礼之文入之，不知谯周曾继蔡邕、董巴而撰《汉志》，诸文或是彼文，不尽《然否论》也。

三曰臆定次序。马辑《韩氏易传》谓盖宽饶引五帝官天下一语，当是《系词》苟非其人二句下说。余萧客《古经解钩沉》以褚少孙引《春秋大传》说社语属庄公二十五年鼓用牲于社下。按：古传说多依经起义，不必专说某句，强配者不知体例也。余书此弊尤甚。马辑《圣证论》，置五色帝及孟子字、火浣布三事于末，云不知于经何属，附载于后。不悟《圣证论》本非依经之作也。汪继培辑《尸子》，严可均辑桓谭《新论》，皆望文而定其属何篇，亦未安也。上说诸弊皆其大者，至于复异不删，剪裁未当，尤其易见者，汪继培辑《尸子》，别录《存疑》一卷。叶德辉辑《傅子》，别为《订误》一卷，最为慎密，能以为法，庶几可免于诸弊矣。

郑樵《编次必记亡书论》曰：古人编书，皆记其亡阙。所以仲尼定《书》，遗篇具载。王俭作《七志》已，又条刘氏《七略》及二汉《艺文志》、魏《中经簿》所阙之书为一志。阮孝绪作

《七录》已，亦条刘氏《七略》及班固《汉志》、袁山松《后汉志》、魏《中经》、晋《四部》所亡之书为一录。隋朝又集①梁之亡书。自唐以前，书籍之富者，为亡阙之书有所系，故可以本所系而求，所以书或亡于前，而备于后，不出于彼，而出于此。及唐人收书，只记其书，不记其亡，以致后人失其名系，所以崇文四库之书，比于隋、唐，亡书甚多，而古书之亡尤甚焉。又曰：古人亡书有记，故本所记而求之。魏人求书，有《阙目录》一卷，唐人求书，有《搜访图书目》一卷，所以得书之多也。此处原文阙字。下诏并书目一卷，惜乎行之不远，一卷之目，亦无传焉。臣今所作《群书会记》，不惟简别类例，亦所以广古今而无遗也。按：郑氏所见甚当，而引王、阮以为例，则欺人之言也。王、阮之书，宋世已亡，樵不得见。王志《目录》，今存《隋书·经籍志》叙中，阮录《叙目》，今存《广弘明集》中，何尝有阙书之录邪？自刘氏《七略》以降，皆据现存著录。《隋志》本通五代，名曰《五代史志》，故取阮《录》之书，注为梁有，实非记亡书也。记亡书固可行，然当视其体。总目、藏目本据现存，专目、选目则兼记佚，自昔皆然。如郑氏言，当云总目、藏目皆宜用专目之例耳。但此当别为一目，不宜混杂于存书。郑氏所作《艺文略》直抄《唐志》与《崇文目》，明焦竑《国史经籍志》又并抄旧目，皆兼收佚书，而不著佚字，遂若宋世已亡之书，至明犹存。后人因不信其书，是欲使佚者如存，而反使存者如佚矣。胡应麟曰：马氏《通考》独记存书，而异时阙佚之篇，靡从考究。郑氏古今并载，本属大观，而读者眩于名实，代之有无、家之藏蓄反不可知。是也。

---

① "集"，《通志》作"记"。

时至今日，欲并记亡书，固甚难矣。古目之存者，何须复录？其不见于目者，群书浩瀚，又采录难周。故识者多画境为专门之目，朱氏《经义考》实创斯例，谢氏《小学考》、章氏《史籍考》踵之。《经义考》分存、佚、未见、阙四例。《史籍考·释例》曰：存佚，必实见而著存，知其必不复存而著佚。然亦有未经目见，而述者称见其书，确凿可信，则亦判存。又有其书久不著录，而言者有征，则判未见。如后汉谢承之书，宋后不复录，而傅山谓某家有藏本，曾据以考《曹全碑》，虽琴川毛氏疑之，然未可全以为非，则亦判为未见，所以志矜慎也。又如古书已亡，或丛书刻其畸篇残帙，本非完物，则核其著录而判阙。亦有其书情理必当尚存，而实无的据，则亦判为未见。他皆仿此。孙诒让《温州经籍志·叙例》曰：目录别存佚，自唐《开元释教录》始。朱氏沿厥旧规，增成四目，存佚之外，有曰阙者，简篇俄空，世无完帙也。有曰未见者，弃藏未绝，购觅则难也。四者旷分，实便检斠，然存阙并凭目验，不虑讹踳。惟未见与佚，虽著录有无，足为左契，而时代迁易，未可刻舟。朱书之例，原始明代，还于国初，志录所存，若偶未见，并不注佚。今去朱氏几二百年，上溯胜朝，尤为辽邈，岂无玮篇珍帙，晦而复显，昔艰寻购，今则通行。而隐秘之书，湮没已久，传播殆绝，无事存疑。故此篇未见之书，所据藏目，断自昭代，明人所纪，并入佚科。原注：凡明时有刊本者，虽国朝诸目未经著录，亦注未见。又黄氏《千顷堂书目》所收明人书至博，然多存虚目，不必真有藏本。故虽时代匪遥，其不详卷帙者，并注曰佚。更有书非目睹，而传帙确存。如《四库全书》庋储天府释、道两家，各有专藏，不必经览，即定为存。此二说皆甚密，可为专目之法。张之洞《书目答问》于今人未刊之著述，确知已成书者，亦附录其名，以便寻求，且冀有好事者刊行之，亦选目之良法也。

群书之中有逸书，存书之中有逸文，经、子有逸篇，史或有录无书，人知之矣。唐人小说及六朝、唐人文集，以类书校之，多有遗篇零条，在今所传本外者，此由今本原是辑成，抑或原集本有所弃也。至于版刻既盛之后，子、史专行之书，宜若不当有逸矣。而书之有足本、不足本之异者，犹为不少，盖篇简有完阙，版刻有先后，初刻或非定本，重翻或据残书，必凭多本，乃克补完。又有行本皆同，而亦有逸文者。如司马光《涑水记闻》、苏辙《龙川略志》校以《八朝名臣言行录》，元本所引多溢出今本之外，此则徒凭异本，不足为功，更当广采，以期完备。若夫篇卷之阙，有旁求他书以补之法，孙星衍《廉石居藏书记》谓曹学佺《天下名胜志》可以补《太平寰宇记》《舆地纪胜》之阙卷。浙江局刻《续通鉴长编》，据杨仲良《长编纪事本末》以补哲宗，虽不复旧观，要为胜于俄空矣。至于诸书序跋，则刻本佚脱尤多，盖宋、明一书重刻必有序跋，陈言累积，人多厌而删去。然其于版刻源流，或有序述，刊落则难稽考。至于郑氏《诗谱》之《序》、杜氏《春秋集解·后序》，《续汉书·志》刘昭《注》之《序》，宋本已多阙之，其重要不下于书文也。

# 真伪第三

胡应麟《四部正讹》曰：凡赝书之作，情状甚繁，约而言之，殆十数种。有伪作于前代而世率知之者，风后之《握奇》、岐伯之《素问》是也。有伪作于近代，而世反惑之者，卜商之《易传》、毛渐之《连山》是也。有缀古人之事而伪者，仲尼倾盖而有子华、柱史出关而有尹喜是也。有挟古人之文而伪者，伍员著书而有《越绝》、贾谊赋鹏①而有《鹖冠》是也。有传古人之名而伪者，尹负鼎而《汤液》闻、戚饭牛而《相经》著是也。有蹈古书之名而伪者，汲冢发而《师春》补、《梼杌》纪而楚史传是也。有惮于自名而伪者，魏泰《笔录》之类是也。有耻于自名而伪者，和氏《香奁》之类是也。有袭取于人而伪者，法盛《晋书》之类是也。有假重于人而伪者，子瞻《杜解》之类是也。有恶其人伪以祸之者，僧孺《行纪》之类是也。有恶其人伪以诬之者，圣俞《碧云》之类是也。按：辨伪之书，惟胡氏能挈纲要，所举例有小误，不足为病。此所论约为缀古事、挟古文、传古人名、蹈古书名四例，是其体别也。惮自名、耻自名、假重、祸之、诬之五例，是其意

---

① "鹏"，《四部正讹》作"鹏"。

别也。意又有二，胡氏未举。一曰求利，如隋刘炫伪造《连山》《鲁史》以应当时之购求《北史》是也。一曰济私。如汉儒造谶，窜于纬中，以为当时之符命。王肃因攻郑康成，遂窜乱《家语》，以助其自立之说是也。

胡氏又曰：有本非为伪，人托之而伪者。《阴符》不言三皇，而李筌称黄帝之类是也。有书本伪，人补之而益伪者，《乾坤凿度》及诸纬书之类是也。又有伪而非伪者，《洞灵真经》本王士元所补，而以伪《亢仓》。《西京杂记》本葛稚川所传，而以伪刘歆之类是也。又有非伪而实伪者，《化书》本谭峭所著，而宋齐丘窃而序传之，《庄注》本向秀所作，而郭子玄取而点定之之类是也。又曰：《元经》出阮逸，世以即阮逸也。《孔丛》出宋咸，人以即宋咸也。朱紫阳以《麻衣》出戴师愈，黄东发以《文子》出徐灵府，宋景濂以《关尹子》出孙定，王元美以《元命包》出张昇。独《三坟》亡谓出毛渐者，余知其渐出无疑也，渐作《三坟序》，其词实浅陋与书合，故核伪书者，核所出之人，思过半矣。又曰：凡核伪书之道，核之《七略》，以观其源；核之群志，以观其绪；核之并世之言，以观其称；核之异世之言，以观其述；核之文以观其体；核之事以观其时；核之撰者，以观其托；核之传者，以观其人。核兹八者，而古今赝籍亡隐情矣。大率秦、汉以还，书若三《易》、《三坟》、《六韬》、《七纬》、《关尹》、《子华》、《素书》、《洞极》、《李靖问答》、《麻衣心法》、武侯诸军法、王氏诸经，全伪者也。《列御寇》《司马法》《通玄经》，真错以伪者也。《黄石公》《鹖冠子》《燕丹子》，伪错以真者也。《管仲》《晏婴》《文中》，真伪错者也。《元包》《孔丛》《潜虚》，真伪疑者也。《鬻熊》，残也。《亢仓》，补也。《繁露》，讹也。皆不得言伪也。《素问》《握奇》《阴符》《山海》，其名伪也，其书非伪也。《穆天子传》《周书》《纪年》，其出晚也，其书非伪也。即以伪乎，非战国后也，余无足辨矣。按：胡氏所定真伪，虽不皆当，而八核之说则甚明。惟第一、二、三、四，可并为"核之著录""核之他书"二条。核人之说，亦未可凭。所举宋咸、徐灵府诸例，皆无证之冤狱也。至于托之而伪、补之而伪、伪而非伪、非伪实伪及真错以伪、伪错以真、真伪疑与残补讹晚诸说，皆分析至细，为近世辨伪者所未审。虽然，犹未畅也，吾撰《伪书谳绪论》，明辨伪之法尤详析，具录于下。

考伪书之事，盛于近二百年，自《七略》著依托之名，众经目录，有疑伪之目，柳子厚尝辨诸子，韩退之亦有识古书真伪之言。特著录家考证尚未详悉，学人亦罕致力，其专著一书，则始于明胡应麟之《四部正讹》。阎若璩《古文尚书疏证》出，而此事始重。姚际恒依附阎氏，因撰《古今伪书考》，世多称之，然未见胡书，详亦不逮，尤多武断未究之说。及《四库提要》出，而此事始大明，审定之功多矣。当时古文家，如姚姬传辈，沿韩之论，习柳之体，亦喜辨伪书，而多以词气为断，迨今文经学家之末流，谓六艺皆孔子所造，孔子遂为作伪之宗，居今日而按古书，几于无书不伪矣。夫经说固偏畸，而词气亦虚幻，皆不如考证之可凭，然考证者不皆详慎，又不皆有校雠之识，往往于不伪者疑所无疑，而于实伪者亦证非其证，故在前代则患误伪为真，在今日反患诬真为伪，在前代失在考证太疏，在今日反失在考证太密，此不可不亟辨也。

夫欲辨伪书，当先明伪书二字之义。伪者，不真之称。伪书者，前人有此书而已亡，或本无此书，后人以意造伪书而冒其名，实非其人之作也，苟于此例有不具，则不在伪书之科。而昔之论者多囫囵不析，往往以非伪为伪。章学诚《淮南洪保辨》曰：古人有依附之笔，有旁托之言，有伪撰之书，有杂拟之文，考古之士当分别观之。依附之笔，门人弟子为其学者，辗转附益，或得其遗，或失其旨，或离其宗，各抒其所见也。旁托之言，诸子著书，因寄所托，标其风旨，有所称引，人即传为其人自著。《艺文》所著诸子九流，刘、班《注》谓似依托者，多不出此二种，皆非有心于造伪也。伪撰之书，后世求书悬赏，奸人慕赏造伪，与上二者不同。杂拟之文则始于文人托兴寓意，其后词科取士，因以命题，古人所无，始于六朝，非惟与伪造不同，亦与前二者迥不类也。按：此说犹止大略，今更详之。凡非伪而疑于伪，昔皆误以为伪者，有六类焉。

一曰事之乖谬。古史不详，传闻多异，子家寓言，尤多失实，严可均《书说苑后》曰：向所类事，与《左传》及诸子间或时代抵牾，或一事而两说、三说兼存，《韩非子》亦如此。良由所见异词，所闻异词，所传闻异词，浅学之徒少所见，多所怪，生二千载后而欲画一二千载以前之人之事，甚非多闻阙疑之意。朱一新《无邪堂答问》亦曰：诸子书发摅己意，往往借古事以重其说，年岁舛谬，事实颠倒，皆所不计。或且虚造伪事，如巢、许洗耳、挂瓢之类，乃借以讥战国攘夺之风，并非实事，故太史公于许由事深致疑词，庄生所谓寓言十九也。后世为词章者亦多此体，至刘子政作《新序》《说苑》，欲以感悟时君，取足达意而止，亦不复计事实之舛误。此论是也，吾于《考信论》已详之。此于前例，仅当一造字而已，然事虽伪而书则非伪也，苟以所言之误而疑其人之非，则乖矣。

二曰文有附益。凡一书流传写刊，经历固非一手，注识之语，每误入于正文，续书之事，常延及于后代。如《史记》续书之事，后世犹有。如州县志书，常有续刻数叶加入者，若注识则古书皆写本，故易混于正文，后世刻本则不易混矣。又或原本残逸，笃古者缀舍而误入他书之文，如《尹文子》。好事者改窜而妄加一己之意，如《列子》。其心虽异，乱真则同。此于前例，仅当非其人之所作而已，然书中有伪，而书固不尽伪也，倘因一节而概疑全体，则过矣。

三曰传述。章学诚曰：古未尝有著述之事，著述自战国而始专。春秋之时，管子尝有书矣。然载一时之典章政教，则犹周公之有官礼也。记管子之言行，则习管氏法者所缀辑，而非管氏所著述也。《文史通义·诗教》。又曰：诸子思以其学易天下，而语言文字未尝私其所出。先民旧章，存录而不为识别者，《幼官》《弟子》之篇，《月令》《土方》之训是也。辑其言行，不必尽其身所论述者。管仲之述其身死后事，韩非之载其李斯驳论是也。《庄子·让王》《渔父》之篇，苏氏谓之伪托。非伪托也，为庄氏之学者所附益耳。苟足显其术而立其宗，而援述于前与附衍于后者，未尝分居立言之功也。又曰：汉初经师，师授渊源，专于宗支谱系。《公》《穀》之于《春秋》，后人以谓假设问答，不知古人先有口耳之授而后著之竹帛焉。诸儒著述成书之外，别有微言绪论，口授其徒，而学者神明其意，推衍变化，著于文词，不复辨为师之所诏与夫徒之所衍也。而人之观之者，亦以其人而定为其家之学，不复辨其孰为师说、孰为徒说也。取足以通其经而传其学，而口耳竹帛未尝分居立言之功也。《言公》。孙星衍亦曰：凡称子书，多非自著，《晏子春秋序》。诸子之文皆没世之后，门人小子撰述成书。《孙子略解叙》。严可均亦曰：古书不必手著，《鹖子叙》。先秦诸子，皆门弟子，或宾客，或子孙撰定，《书管子后》。此之所论汉前之书皆然。后世亦偶有之，如啖助、赵匡说在陆质书中，黄泽说在赵汸书中是也。虽有主名，而本非所作，无所谓冒，本成家言，则传述师说，无所谓造，此不当以伪论。而论者以时事词气绳之，则犹认家谱为始祖之著述矣。

四曰依托。章学诚曰：百家之学，多争托于三皇五帝之书，书固出于依托，旨亦不尽无所师承。《书教》。又曰：古未尝有著述之事，兵家之有《太公阴符》，医家之有《黄帝·素问》，农家之有《神农》《野老》，先儒以谓后人伪撰而依托乎古人，其言似是，而亦有所未尽也。盖末数小技，造端皆始于圣人。官守师传之道废，通其学者述旧闻而著于竹帛焉。中或不能无得失，要其所自，不容遽昧也。以战国之人而述黄老之说，是以先儒辨之文词而断其伪托也。古初无著述，而战国始以竹帛代口耳，实非有所伪托也。《诗教》。此之所论求数家言尤多，至今犹然，他书则无，然如袁康之《越绝》托于子贡，亦此类也，特不多耳。虽本无其书，而旨有所出，言有所承，无所谓造，亦无所谓冒也。此亦不得为伪，而论者以时事词气绳之，则犹认词状为告者之亲笔矣。

五曰补阙，惜古书之阙而以己意补之，岂惟书非其书，亦且旨非其旨，此宜无所逃于作伪之罪矣。然明称曰补，补者有人，既非冒名，亦不自讳。如白居易补《汤征》，王士元补《亢仓子》，董汉策补《计然子》。此而为伪，则束晳乃《笙诗》之黎丘矣。

六曰托古。己意不自抒而托古人以言之，岂惟本无此书，抑且本无此说，此宜无所逃于作伪之罪矣。然自说不嫌造说，借名非同冒名，如宋濂《燕书》、徐渭《于陵子》。此而为伪，则《盗跖》为庄周之失主矣。章氏论李陵《答苏武书》、鬼谷子《与苏张书》即此类，见《言公》下。

凡此六类，最宜详察，知附益则知真中有伪，知依托则知伪中有真，辨析及此，斯为善读书矣。一、二两类，人所共知，五、六两类，知而多忽，三、四两类，则章氏特发，孙、严略窥，外此诸人皆不了也。而世之称为伪者，此二类乃独多，其误在不明古人著述之情状。古所谓某人之书，止是某人之说，即称某作，抑或止是某所发明，详拙作《补言公篇》。非即某属其词而书之简也。后世著述，乃定主名，自书己意，负其责而不可假借，既习于此，乃执以例推古人，而疑伪遂多矣。上观汉、隋二《志》于子、集诸书，多止以人冠书名，或下注人名，亦不加编撰之字。后之读书者，既误执某书为某人作，而编目录者，又必注某书为某撰某编，于是《管子书》有西施，不能著管仲撰，《商鞅书》有孝公，不能著商鞅撰矣。《吕氏春秋》《淮南鸿烈》出自宾朋，与者非一，不能著吕不韦、刘安撰矣。乃创为疑伪之题，曰旧本题某人撰，实则旧本焉有此题？题自明，人之亡，何足为据？既已费此周章，又不能充其类，幸而六经、《语》、《孟》以昭著而不题名，倘用此例，必曰旧本题孔某撰、孟某撰，其不爽然自失、哑然自笑乎？明乎口耳竹帛流传之故，乃破书名人名拘泥之非。言伪书者，子部最多，而纷纷之辨，几若古子无非伪本，皆此某人撰一题误之耳。于此豁然，则辨书之道，思过半矣。

盖凡论古书，必以辨宗旨体例为先，而时事词气次之，不独古子为然也。考据家以核时代为良方，而不知辨宗旨；古文家以审词气为长技，而不知辨体例。夫徒核时代，徒审词气，则同时之书，固可以互淆，伪古之作，亦足以售眩。何怪《尹文子》杂田骈之说，无人致疑，贾谊《书》较孟坚所删，反如不及邪？如前所举一、二两类，已不可专辨时代，三、四两例，更不可凭词气，五、六则自当视同自作，诸法皆不可施矣。又有考据家尝以为证而实不足为证者，凡有三端：一曰史志不载。自《七略》校雠，止据中秘，虽叔孙之《礼》、萧何之《律》，亦不在也。马怀素亦言《隋志》所书，亦未详悉，或古书近出，前志阙而未论。《旧唐书》。唐、宋以后，遗阙尤多，岂得以修史者一时所见为备哉？

二曰篇卷不同。《七略》多止数其篇，《隋志》每别数其录，如云某书几卷，录一卷，后来书目目录或入卷，或竟不数。唐行卷，子卷短而多，宋后叶装卷长而少，详《日本访书志》。或分或并，歧异多矣。此固无关于真伪也。三曰他书文同。诸子传记，每多互存，或传述同源，或裁证己说，杂家本属兼收，古言不私一己。韩非、太史，且以互异之事并载一篇，先后莫分，盗主莫辨，奚可据以定真伪乎？

若夫以一己之好恶，而臆定其人，不当有此，如《提要》辨《群辅录》。以一己之从违而臆定其人，不当说此，如沈涛辨《论语》孔《注》。是乃以是非高下混为真伪之准，如行南北而计东西，尤不足论。至乃以辑本为伪书，如《十六国春秋》。以抄本为伪书，如《英雄记》。伪之名愈滥，而伪之义愈迷，是则凡所不取，悉归之伪可矣，复何辨乎？

胡氏所谓非伪而实伪者，乃冒名之事。冒名有二，一为窃人之书以为己有。如郭象窃向秀之《庄子注》，此已非窃，别有辨。宋齐丘窃谭峭之《化书》，人所咸知也。近世如秦嘉谟窃洪饴孙之《世本辑》，李调元窃屈大均之《广东新语》而改其名为《南越笔记》。至任大椿《小学钩沉》之窃丁杰、戴震《水经注校》之窃赵一清、严可均《全上古至隋文》之窃孙星衍、黄汝成《日知录集释》之窃李兆洛，则事涉疑似，有辨其诬者，姚大荣辨严之诬，文见《中国学报》。盖或为同学相资，或为后袭前说也。一为假人之名，则胡氏所谓假重祸人诬人者也。近张时为《界轩集》，有拟奏疏，请凡假名著书，视杀人之罪加等，即谓此类。然假名固不皆如是，近代有势者多属其宾客著书，而自居其名。如纳兰成德《陈氏礼记集说补正》实陆元辅撰。方苞说。谷应泰《明史纪事本末》实徐倬撰。郑元庆说。高士奇《春秋地名考略》实徐善撰。朱彝尊说。傅泽洪之《行水金鉴》，郑元庆为之也。黎世序之《续行水金鉴》，俞正燮、董士锡为之也。松筠之《新疆识略》，徐松为之也。谢启昆之《小学考》《广西通志》，胡虔为之也。毕沅之书，大抵其宾客所为，不似阮元之《十三经校勘记》《经籍籑诂》明著分修之人也。非独著述如是，校勘亦然。钱熙祚所刻之书，顾观光、张文虎所校也。伍崇曜所刻之书，谭莹所校也。叶树藩所刻之《文选》，朱子培所校也。此校者皆不止谠正文字，且为考纂题跋，而钱、伍书之校勘记、跋语，则不署张、顾、谭之名，仅伍书记谭校一行而已，朱之事则知者少矣。凡此皆如吕不韦、刘安之例，非魏泰之类也。又有异者，归安吴兰庭，平生著书皆不居名，而以假人，且尝以已说署其友之名，严元照说。是岂可以杀人之罪科其假名者邪？私书独撰，犹且如是，况在官集众之作乎？集众修史，始自东汉，班固与修《东观汉记》，而《汉记》劣于《汉书》，亦不辨孰为固之笔。不似唐修《晋书》，犹知《列传》出颜师古、孔颖达，天文、律历、五行《志》出李淳风。宋修《唐书》，犹知《纪》《表》《志》出欧阳修，《传》出宋祁也。与修《明史》者，多存其稿于集中，而今本《明史》何人删成，则不可考矣。集众编书，始于唐武后，近世所编书首，具列衔名，虽著录者皆用总裁之名，犹可知《周易折中》出李光地，《诗义折中》出孙嘉淦，《三礼义疏》出方苞、吴绂辈。然纂修之人不一。《通鉴辑览》杨述曾之力为多，则非观其墓志不知矣。《四库》分纂则衔名类列，不知何类属何人，惟正史类出邵晋涵，礼类出任大椿，子部出周永年，佚见他说耳。私撰之书，虽集众力而无衔名，仅秦蕙田《五礼通考》所列参订者即撰人，尚可考耳。此皆类于假者也。私人之书，又有同学互资之例。如彭元瑞、刘凤诰之《五代史记注》，俞正燮之功为多，正燮自言。黄汝成、严可均之诬，即由是也。又有因人之书而又有变易者。如《明史稿》实万斯同书，而王鸿绪复加删窜以刻之。《十三经注疏·正字》实浦镗书，而沈廷芳复加审订以刻之。虽失真加精，功罪不同，要不得遂以窃科之也。夫著书自有责任，同学者止同其所究，集众者但以财势合，其意见尤多不同，非若古者专门师说之可相合也，故主名重焉。而其变异难考，若此著录者，不可不知也。

胡氏又曰：凡四部书之伪者，子为盛，经次之，史又次之，集差寡。凡经之伪，《易》为盛，纬候次之。凡史之伪，杂传记为盛，璅①次之。凡子之伪，道为盛，兵及诸家次之。凡集，全伪者寡，而单篇列什借名窜匿甚众。祁承爜曰：经不易伪，史不可伪，集不必伪，而所伪者多在子。按：经之《易》为盛者，以《易》流为术数。而术数之书，本多传述、依托之体也。史之杂传记为盛者，以其挟恩怨也。子之道为盛者，子本多传述依托，而道家之流最广也。大抵经有传授，史本实事，皆不易伪。为子家多古书术数，止重所言之法诀，而二类又本传述依托之体，说理之文，可恣己意，故伪者独多。至于文集，则人人可为，不必作伪，然亦有伪者，则书贾假本，以应搜求。宋以后文集繁多，熟悉者稀，故其欺易售。如卢文弨所说以《刘过集》为《苏过集》，以《吴师道集》为《苏舜钦集》，此类甚多，颇难察觉，然止改名冒充而已，固非作伪之例也。

群书之中，有非本真之书，一书之中有非本真之文。颜之推《家训·书证篇》曰：或问《山海经》夏禹及益所记，而有长沙、零陵、桂阳、诸暨，何也？答曰：典籍错乱，非止于此，譬犹《本草》，神农所述，而有豫章、朱崖等郡县名。《尔雅》周公所作，而云张仲孝友。仲尼修《春秋》，而《经》书孔丘卒。《世

---

① "璅"，《四部正讹》作"琐说"。

本》左丘明所书，而有燕王喜、汉高祖。《仓颉篇》李斯所造，而云汉兼天下。《列仙传》刘向所造，而《赞》云七十四人出佛经。《列女传》亦向所造，其子歆又作《颂》，终于赵悼后，而传有更始、韩夫人、马后及梁夫人嫕，皆由后人所羼，非本文也。按：此所说尚当分别，所谓禹、益、神农、周公作者，本不知古书体例者所定，《左氏》续《经》及《列女》续《传》，人知为续。《仓颉》《世本》，汉人屡续，亦甚昭著。独《列仙传》虽非刘向所著，实出东汉人手，《序》中之文，乃六朝僧徒所益，此乃真有意为伪也。乃唐以来之书，亦有窜乱错人之文，但多是编刻之讹，非如窜古书者之别有私计耳。近世辑佚书者，往往连抄他书之文，四库馆自《永乐大典》辑出之宋人文集尤多，此弊劳格《读书杂识》曾屡纠之。世行本韦绚《刘宾客嘉话录》，《四库提要》指出中有李绰《尚书故实》之文，吾细案之，又有刘悚《隋唐嘉话》之文，盖是书本宋人自《太平广记》抄出。《广记》引二书皆出《刘公嘉话》，故致混耳。至若商维浚《稗海》以《齐东野语》之半入《癸辛杂识》中，则由所得本阙佚而混之也。

# 名目第四

章氏《文史通义·繁称篇》曰：古人著书，往往不标篇名。后人校雠，即以篇首字句名篇。不标书名，后世校雠，即以其人名书，此见古人无意为标榜也。其有篇名、书名者，皆明白易晓，未尝有意为吊诡也。然而一书两名，先后文质，未能一定，则皆校雠诸家易名著录，相沿不察，遂开歧异。初非著书之人自尚新奇为吊诡也。有本名质而著录从文者，有本名文而著录从质者，有书本全而为人偏举者，有书本偏而为人全称者，学者不可不知也。本名质而著录从文者，《老子》本无经名而书尊《道德》、《庄子》本以人名而书著《南华》之类是也。本名文而著录从质者，刘安之书本名《鸿烈解》而《汉志》但著《淮南》内外、蒯通之书本名《隽永》而《汉志》但著《蒯通》本名之类是也。书名本全而为人偏举者，《吕氏春秋》有十二纪八览六论而后人或称《吕览》、《屈原》二十五篇《离骚》其首篇而后世竟称《骚赋》之类是也。书名本偏而为人全称者，《史记》为书策记载总名而后人专名《太史公书》、《孙武》八十余篇有图有书而后人即十三篇称为《孙子》之类是也。此皆校雠著录之家所当留意。又《校雠通义·辨嫌名篇》曰：《太史》百三十篇今名《史记》，《战国策》

三十三篇初名《短长语》，《老子》之称《道德经》，《庄子》之称《南华经》，《屈原赋》之称《楚辞》，盖古人称名朴，而后人入于华也。自汉以后，异名同实，文人称引，相为吊诡者，盖不少矣。《白虎通德论》删去德论二字，《风俗通义》删去义字，《世说新语》删去新语二字，《淮南鸿烈解》删去鸿烈解，而但曰《淮南子》，《吕氏春秋》有十二纪、八览、六论，不称《吕氏春秋》而但曰《吕览》，盖书名本全而援引者从简略也，此亦足以疑误后学者已。又曰：欲免一书两名，误认二家之弊，则当深究载籍，详考史传，并当历究著录之家，求其所以同异之故，而笔之于书。又曰：郑樵精于校雠，然《艺文》一《略》，既有《班昭集》，而复有《曹大家集》，则一人而误二人矣。晁公武善于考据，然《郡斋》一集，张君房《脞说》而题为张唐英，则二人而误为一人矣。此则人名字号之不一，亦歧误之端也。然则校书著录，其一书数名，必当历注互名于卷帙之下。一人而有多字号者，亦当历注其字号于字名之下，庶乎无嫌名歧出之弊矣。按：考定书名，自非易事，即章氏所说，已有未精，《淮南》之书只名《鸿烈解》之一字，乃高诱《注》名。《七略》著录从质，以其出于淮南，故题《淮南》。其书非出一人，故不曰淮南王，而章氏乃谓但称淮南，不知为人名、地名。见《校雠通义·汉志诸子篇》。夫人可名书，地不可名书乎？至称《淮南子》，乃宋后之误，淮南非号也，系之以子，殊不可通，亦非从简之例也。《白虎》之书，本名《通义》，《通德论》者，宋后之讹，详刘师培《白虎通义源流考》。章说亦是失考。至于《世说新语》，则旧名《世说新书》《四库提要》。以刘向已有《世说》，故以《新书》别之。昔胡应麟言：陆贾有《新语》，顾谭亦有《新语》；贾谊有《新书》，虞喜亦有《新书》；桓谭有《新论》，夏侯湛、华谭、刘昼各有《新论》；崔寔有《政论》，王肃亦有《政论》。以为六朝好学汉，此亦误也。当时子家名《新书》者尚多，凡谓《新书》，皆谓新出之书，犹今书坊言新著耳，非标其书之义也。故《贾子新书》《刘子新论》必当以人连称，后世著录者，去姓而独存《新书》《新论》之名者，误也。异名不明，非特易重复，且有因而致伪作之疑者。如《七略》之《别字》十三篇，即今《方言》钱大昕说。《苏秦书》即今《鬼谷子》，唐乐壹《注》说。《宰氏》即今《范子计然》，马国翰说。不详考者，遂以《七略》所无而斥今书为伪矣。

刘向校书，多定其名，由古书多本无名，如《国策》。歧异不得不定。若后世书名，皆本其作者自定，著录者自当从其本号，辄灭辄增，皆非所宜。宋以来坊刻诸书，多冠以新雕、新修、校正诸字，繁冗诚属可厌，然如重言、重意、纂图、互注、增广、详注等字，皆关书之体例，所以异于他本，固不可得而灭。故近世版本家书目，皆具录原题，乃至并新雕、新修等字而亦录之，亦详慎之道也。常见书肆中簿记、笺题、书名皆为三字本，四字以上者则减之，本两字者，则加纸色地名一字以足之，割裂不通，殊堪笑噱，因知《白虎通》《风俗通》之称，正是此类。坊贾固不足责，乃著录家亦不免此弊，如薛居正等所修《五代史》，本无旧字，与班固《汉书》之本无前字正相同也。班氏不能预对范《书》而为前称，人皆知之，乃于薛《书》则仍留旧字，正使欧阳所撰亦名《五代史》，亦可以薛修、欧修别之，况欧书本名《五代史记》乎？马永卿《嬾真子录》减去录字，谭献遂讥其冒子之称为夸矣。赵希鹄《洞天清禄集》，《四库提要》录为《洞天清录》，则减而且讹矣。《越绝》本无书字也，《太玄》本不称经也，加之似无害，然已失其本意矣。

书名有本不定者，文集是也。陈士廉《子集流别考》曰：标立集名，始于齐、梁。张融有《玉海集》《大泽集》《金波集》；谢朓有集，有逸集；梁武帝有诗赋杂文集、别集；梁元帝有集，有小集；王筠有《中书集》《临海集》《左佐集》；江淹有前集、后集；江总亦有前、后集。唐、宋以下，名目愈杂：或以年名，如《长庆》《元丰》之类；或以地名，如杨炯《盈川集》、独孤及《昆陵集》之类；或以官名，如《阮步兵集》《陈拾遗集》之类；或以干支名，如《樊南四六甲乙》《钱希白甲乙集》之类；或以职掌名，如崔龈《制诰集》、令狐楚《章奏集》之类；或以丛书名，如陆龟蒙《笠泽丛书》、韦庄《幽居杂编》之类；或以所历之地名，如李德裕《姑臧集》、杨亿《武夷集》之类。倾异标新，莫可穷诘。他若王勃①之《雕虫集》、温庭筠之《握兰集》、司空图之《一鸣集》、徐夤之《探龙集》、沈颜之《聱书》、卢积之《曲肱编》，诙诡纤巧，无足取焉。按：陈氏所论，多未明究，谢朓、梁武、梁元、江淹、江总止是一集，分名制诰、章奏，正如诗赋、杂文，非以职掌也。姑臧自标郡望，武夷乃其里居，非所历也。盈川、昆陵乃所官之地耳。盖唐以前之集，正如周、秦诸子，自张融、王勃、白居易诸例外，大抵皆本无集名，故《隋志》所录，及唐人集序之题，皆云某代某官某名集而已。若曹子建、阮步兵诸号，皆后人所称，非其本所定。宋以降始皆定名，然犹多以官谥字号封国里居为名，质朴无华。斋堂亭馆之称，起自南宋末。故人之称之，亦往往不一。《韦苏州集》亦云《韦江州集》，《吕衡州集》亦称《吕和叔集》，《徐骑省集》亦曰《徐文公集》，《李盱江集》亦曰《李直讲集》，此皆沿自宋本，非近人所意改。《四库》著录皆依史志，聊取画一耳，非皆原定而不可改也。

---

① 《雕虫集》作者实为王勃之弟王助。

叶德辉《书林清话》曰：明人刻本有一种恶习，往往刻一书而改换头面，节删易名。如唐刘肃《大唐新语》，冯梦祯刻本改为《唐世说新语》，先少保公谓叶梦得。《岩下放言》，商维濬刻《稗海》本改为郑景望《蒙斋笔谈》，郎奎金刻《释名》，改作《逸雅》，以合五雅之目，全属意造，不知其意何居。按：明以来刻书改易，名目极多，且谬者此尚未举。《四库提要》所言伪归有光《诸子汇函》，屈原谓之玉虚子，宋玉谓之鹿谿子，陆贾谓之灵阳子，贾谊谓之金门子；伪徐一夔《艺圃搜奇》所收《醴泉笔录》即江休复《嘉祐杂志》，苏轼《格物粗谈》即《物类相感志》，俞琰《月下偶谈》即《席上腐谈》；胡文焕《格致丛书》摭王应麟《困学纪闻》论诗之语，即名曰《玉海纪诗》，又摭马端临《经籍考》论诗数段，即名曰《文献诗考》；闵景贤《快书》所收《会心编》改名《秋涛》，《醒言》改名《光明藏》。凡此皆由明人好短书而不考证，故刻书者以此射利耳。书贾射利，亦有改换名目之事，如抄《元文类》中《经世大典》为《皇元征缅录》《招捕总录》，阮元且受其欺矣。

古今著录于书名大抵参差，惟《四库全书》为齐整，然讹者犹多。《平津馆鉴藏记》载洪颐煊谓《后汉书·方术传注》引《汉武外传》文，俱作内传，外传即内传下卷，编《道藏》者误分题耳，此得之他书者也。推此例而审之，书名之当正者，殆犹不少也。

章氏《校雠通义·汉志·兵书篇》曰：书有同名而异实者，必著其同异之故，而辨别其疑似焉，则与重复互注裁篇别出之法，可以并行而不悖矣。兵形势家之《尉缭》三十一篇与杂家《尉缭子》二十九篇同名，兵阴阳家之《孟子》一篇与儒家之《孟子》十一篇同名，《师旷》八篇与小说家之《师旷》六篇同名，《力牧》十五篇与道家之《力牧》二十二篇同名，兵技巧家之《伍子胥》十篇与杂家之《伍子胥》八篇同名。著录之家，皆当别白而条著者也。若兵书之《公孙鞅》二十七篇与法家之《商君》二十九篇名号虽异，而实为一人，亦当著其是否一书也。按：此或为别裁，或为互著，在别录中自必分明。后世书同名甚稀，惟断代纪传之书，如诸家《后汉书》，诸家《晋书》，萧常、郝经之《续后汉书》。宋世官爵封号之集，如王珪、张纲之《华阳集》，刘挚、傅察之《忠肃集》，吕本中、吕祖谦之《东莱集》。偶有同者耳。一书有统名、分名，著录者亦当详核。如：陈氏《三国志》本名《魏书》《吴书》《蜀书》，毛本犹题《魏书》，殿本乃悉改作《志》；元王祯《农书》三种，曰《农桑通诀》《百谷谱》《农器图谱》，《四库》止称《农书》，则与秦氏《农书》相混矣。

郑樵《见名不见书论》曰：编书之家，多是苟且，亦有见名不见书者，有看前不看后者。《尉缭子》，兵书也，班固以为诸子类，置于杂家，此之谓见名不见书，隋、唐因之，至《崇文目》始入兵书①类。按《汉朝驳议》《诸王奏事》《魏臣奏事》《魏台访议》《南台奏事》之类，隋人编入刑法者，以隋人见其书也，若不见其书，即其名以求之，安得有刑法意乎？按《唐志》见其名为奏事，真以为故事也，编入故事类。况古之所谓故事者，即汉之章程也，异乎近人所谓故事者矣，是之谓见名不见书。按《周易参同契》三卷、《周易五相类》一卷，炉火之书也。《唐志》以其取名于《周易》，则以为卜筮之书，故入《周易》卜筮类，此亦谓见名不见书。今按兵家、杂家皆有《尉缭》，章氏疑本非一书，是也。况今《尉缭》又是伪书，《隋志》之因班《志》，正由见真本

---

① "书"，据《通志》补。

杂家之《尉缭》耳。其余所论，则是著录家望名隶书，正如诂训家之望文生训，文字有假借，书名亦有隐晦，文字有讹谬不正，书名亦有乖错不安也。著书者已不尽明通精密，况重以歧异乎？

# 篇卷第五

叶氏《书林清话》曰：称书为一册，由简策而来。古书以众简相连而成册，今人则以线装分订而成册。宋世装订有以一卷为一册者，有以数卷为一册者，视其书之厚薄为之。卷子因于帛，帛之为书便于舒卷，故一书为之几卷。凡古书以一篇作一卷，卷之心必转以圆辊，如车轴然，故一书谓之几轴。以上撮叶氏语，其文考证甚详，今不具录，以其无关校雠也。

章氏《文史通义·篇卷篇》曰：《易》曰，《艮》其辅，言有序。《诗》曰，出言有章。古人之于言，求其有章有序而已矣。著之于书，则有简策。标其起讫，是曰篇章。孟子曰，吾于《武成》，取二三策而已矣。是连策为篇之证也。《易·大传》曰，二篇之策，万有一千五百二十。是首尾为篇之证也。左氏引《诗》，举其篇名，而次第引之，则曰某章云云。是篇为大成，而章为分阕之证也。要在文以足言，成章有序，取其行远可达而已。篇章简策，非所计也。后世文字繁多，爰有校雠之学。而向、歆著录，多以篇卷为计。大约篇从竹简，卷从缣素，因物定名，非有他义也。而缣素为书，后于竹简，故周、秦称篇，入汉始有卷也。第彼时竹素并行，而名篇必有起讫，卷无起讫之称，往往因篇以为卷。故《汉志》所著几篇，即为后世几卷，其大较也。然《诗经》为篇三百，而为卷不过二十有八。《尚书》《礼经》亦皆卷少篇多，则又可知彼时书入缣素，亦称为篇。篇之为名，专主文义起讫，而卷则系乎缀帛短长，此无他义，盖取篇之名书，古于卷也。故异篇可以同卷，而分卷不闻用以标起讫。至于班氏《五行》之《志》、《元后》之《传》，篇长卷短，则分子卷。是篇不可易，而卷可分合也。嗣是以后，讫于隋、唐，书之计卷者多，计篇者少。著述诸家所谓一卷，往往即古人之所谓一篇。则事随时变，人亦出于不自知也。惟司马彪《续后汉志》八篇，分卷三十，割篇徇卷，大变班《书》子卷之法，作俑唐、宋史传，失古人之义矣。至于其间名小异而实不异者，道书称弓，即卷之别名也，元人《说郛》用之。蒯通《隽永》称首，则章之别名也，梁人《文选》用之。此则标新著异，名实固无伤也。唐、宋以来，卷轴之书，又变而为纸册，则成书之易，较之古人，盖不啻倍蓰已也。古人所谓简帙繁重，不可合为一篇者，今则倍其书而不难载之同册矣。故自唐以前，分卷甚短。六朝及唐人文集所为十卷，今人不过三四卷也。自宋以来，分卷遂长。以古人卷从卷轴，势自不能过长。后人纸册为书，不过存卷之名。则随其意之所至，不难巨册以载也。以纸册而存缣素为卷之名，亦犹汉人以缣素而存竹简为篇之名，理本同也。然篇既用以计文之起讫矣，是终古不可改易，虽谓不从竹简起义可也。卷则限于轴之长短，而并无一定起讫之例。今既不用缣素而用纸册，自当量纸册之能胜而为界。其好古而标卷为名，从质而标册为名，自无不可，不当又取卷数与册本，故作参差，使人因卷寻篇，又复使人挟册求卷，徒滋扰也。夫文之繁省起讫，不可执定，而方策之重，今又不行。则篇自不能孤立，必依卷以连编，势也。卷非一定而不可易，既欲包篇以合之，又欲破册而分之，使人多一检索，于离合之外，又无关于义例焉，不亦扰扰多事乎？故著书但当论篇，不当计卷。必欲计卷，听其量册短长，而为铨配可也。不计所载之册，而铢铢分卷，以为题签著录之美观，皆泥古而忘实者也。《崇文》《宋志》间有著册而不详卷者，明代《文渊阁目》则但计册而无卷矣。是虽著录之阙典，然使卷册苟无参差，何至有此弊也。按：此论最为精详，虽版本家不及也。篇卷之参差，乃文义起讫与物质起讫之参差也。篇、卷、册，皆物质起讫之名。若文义起讫，则本无定名，惟所谓首者，乃为适合，章则为大起讫中一小起讫之名。而古人罕用，皆借用篇字，盖依文之起讫以定物之起讫也。然是二者固不能无参差，即彼时殆亦不尽相符，此有数证。《诗》三百，每诗文甚少，一联简止写一诗，则三百短联无乃太烦，孔子止言《诗》三百，汉人乃言三百篇，《七略》则止记卷，不知在竹简时究分几联。一也。方策每联不能太多，帛每轴亦不能太长，而文之一起讫，则有时颇长。如《士礼》十七篇，《春秋》襄公、昭公二篇，《周官》六篇，以一简二十余字计之，见后《文字篇》。当有数百简，毋乃烦重难胜耶？二也。此类长文固亦不多，如《尚书》、《戴记》、《论语》、诸子书，则一联不过繁，不过少，然《论语》、《戴记》、诸子皆零条，每条多不过数百字，其分篇止是计简策之能胜而为之，非依文义，是乃物质起讫包文义起讫，亦非相符也，后人读诸子者，每直以一篇为一文，强贯串之，由不审此。三也。古人写书不易，而文亦简，故文义起讫超于物质起讫者究少。后世刻印装折，可以多容，文字亦日长，则物质起讫亦恒包文义起讫矣。

曾朴《补后汉书艺文志叙录》曰：古书著之简册者为篇。写之绢素者为卷。《汉志》录书，篇、卷并存，裴松之《三国志·蜀志·秦宓传注》引《中经簿》，《孔子三朝记》八卷、《目录》一卷,余者所谓七篇,范《书》《方术传注》引今书《七志》,有《武王须臾》一卷,《师旷》六篇。据此,则《中经》《七志》亦皆有篇有卷,至《七录》而后始有卷无篇。

杨守敬《日本访书志》曰:《玉篇》《太平御览》卷页数少,盖沿卷子本之旧,以卷子本不过长也。古书分合,以唐、宋为一大关键,盖由卷子改折子之故。今存北宋本尚多旧式,南宋则面目全非。此唐、宋《志》所以违异,而《崇文总目》又多不同于《读书志》也。按:此说甚是,由此可知古书之卷,宜后减于前,并卷固不始于明人,若卷增于前,必是后人所妄析也。刘向校书,合众本而定著篇数,盖古书零散,向之校乃兼编辑之事,故别定次第,除其重复。后世著录,不可沿以为例。

数目之字,最易讹误。三脱一画,则为二矣,十四之倒,便为四十。簿目之书,徒列名数,又人所厌观而易忽者,故历代簿目篇卷多有歧异,必须目检本书,互相校正。《四库》所录,于此颇详。若悬据旧文,妄生异论,大不可也。

郑樵《阙书备于后世论》曰:古之书籍,有不足于前朝而足于后世者。观《唐志》所得旧书,尽《梁书》卷帙,而多于隋,盖梁书至隋,所失已多,而卷帙不全者又多,唐人按王俭《七志》、阮孝绪《七录》搜访图书,所以卷帙多于隋。而复有多于梁者,如《陶潜集》,梁有五卷,隋有九卷,唐乃有二十卷。诸书如此者甚多,孰谓前代亡书不可备于后代乎?章学诚曰:是则然矣。但竟以卷帙之多寡,定古书之残缺,则恐不可尽信也。且如应劭《风俗通义》,劭自序实止十卷,《隋书》亦然,至《唐志》乃三十卷。又非有疏解家为之离析篇第,其书安所得有三倍之多乎?然今世所传《风俗通义》乃属不全之书,岂可遽以卷帙多寡,定书之全不全乎?此说是也。陶潜之集,今所传固北齐阳休之定本,唐以来所同也，安得有二十卷耶？郑氏此语，正由未审卷册变易及数目易讹之故。且如郑氏所撰《通志·艺文略》，大抵抄写《唐志》及《崇文总目》，非皆目睹，而今所行《通志》所载书之卷数与《唐志》《崇文》不同处甚多，使执此而谓郑氏所得较前有减有增，郑氏能信之乎？卷帙之多寡，不足以定书之存佚，至今日而尤甚，盖刻书者于卷数多有并省析增。宋、明以来，于书又有节删，如陈继儒《宝颜堂秘笈》刻《春渚纪闻》，止其前半五卷，此固望而知其不足者也。商维濬《稗海》中之《云溪友议》十二卷，反不及三卷本之足，此岂易知乎？《孔丛子》七卷并为三卷，《易林》十六卷并为四卷，卷大减而文固无损也。朱氏《八朝名臣言行录》世传宋本乃李衡纂要，文大减而卷固无损也，此岂易知乎？卷既不足以检，则惟恃篇，而杂记之书、零条之体，本不成篇，则其完阙，非多本比较，无由知矣。《世说新语注》，人知明袁氏本之异于王世贞所删矣，乃杨守敬言日本古抄残本，其《注》较明本为尤多。之之《文选》李《注》亦本自《六臣注》录出。书有节抄之本，始自六朝，直至宋世，犹有似丛书而实书抄者，如晁氏《谈助》、陶氏《说郛》是也。明人刻书，往往删减其文，如陈继儒《秘笈》中之《野客丛书》是也。批点之风，起于宋世，因取警要每与删节相连，如刘辰翁所批点《王荆公诗注》是也，节抄、批点本属体类之事，亦考篇卷者所当知也。

# 部类第六

部类一事，于目录学中最为重要，盖所谓辨章学术，考镜源流，关诸群学，此为最大。中有原理，辨论所聚，非如他件之仅有考证成例而已也。部中分类，类分子目，明揭之中，复有暗叙，支条流派，繁密比于律例。而前世官私著录，各用己意，离合分并，亦颇烦乱。欲以一章一段详之，势所不能，校雠专家之业，废晦有年，亦无专书尽其条贯。鄙蒙于此，夙尝究心，尝撰《续校雠通义》二十篇，上溯刘氏父子、郑、荀、王、阮，中正历代史、志，纠郑匡章，斟酌纪、张。于诸部目，一一质定，然犹未敢以为定论。今兹讲述，仅能叙其源流及部类大略而已，若欲专究详及细目，则吾书具在，或有取也。《续校雠通义》二册，上海书坊有代售。

郑樵《编次必谨类例论》曰：十二野者，所以分天地之纲，即十二野不可以明天。九州者，所以分地之纪，即九州不可以明地。《七略》者，所以分书之次，即《七略》不可以明书。欲明天者，在于明推步；欲明地者，在于明远迩；欲明书者，在于明类例。又曰：类书犹持军也，若有条理，虽多而治，若无条理，虽寡而纷。类不患其多也，患处多之无术耳。又曰：一类之书，当集在一处，不可有所间也。又曰：古之编书，以人类书，何尝以书类人？又曰：《七略》惟兵家一略，任宏所校分权谋、形势、阴阳、技巧为四种书，又有《图》四十三卷，与书参焉。观其类例，亦可知兵，况见其书乎？

刘歆《七略》：《别录》一曰《辑略》，乃诸类之序。二曰《六艺略》，分《易》、《书》、《诗》、《礼》、《乐》、《春秋》、《论语》、《孝经》、小学九种。三曰《诸子略》，分儒、道、阴阳、法、名、墨、纵横、农、杂、小说十家。四曰《诗赋略》，赋分三类，又杂赋、歌诗，凡五种。五曰《兵书略》，分权谋、形势、阴阳、技巧四种。六曰《术数略》，分天文、历谱、五行、蓍龟、杂占、形法六种。七曰《方技略》，分医经、经方、房中、神仙四种。其《别录》之文已佚，而目在《汉书·艺文志》中。魏郑默制《中经》，荀勖又因著《新簿》，分为四部：一曰甲部，纪六艺及小学等书。二曰乙部，有古书子家、近世子家、兵书、术数。三曰丙部，有史记、旧事、皇览簿、杂事。四曰丁部，有诗赋、图赞、汲冢书。东晋初，著作郎李充总没众篇之名，但以甲乙为次，自尔因循，无所变革。宋王俭别撰《七志》：一曰《经典志》，纪六艺、小学、史记、杂传。二曰《诸子志》，纪古今诸子。三曰《文翰志》，纪诗赋。四曰《军书志》，纪兵书。五曰《阴阳志》，纪阴阳图纬。六曰《术艺志》，纪方技。七曰《图谱志》，纪地域及图书。其道、佛附见，合九条。又作九篇条例，编乎首卷之中。梁普通中，阮孝绪更为《七录》：一曰《经典录》，纪六艺。二曰《纪传录》，纪史传。三曰《子兵录》，纪子书、兵书。四曰《文集录》，纪诗赋。五曰《技术录》，纪数术。六曰《佛录》。七曰《道录》。以上俱见《隋书·经籍志·叙》。诸书今俱亡佚，惟阮氏《目录》在《释藏·广弘明集》中。唐修《隋书·经籍志》，则沿李充以降四部之目，经分十种，史分三十种，子分四十种，集分三种。道、佛二家，录其大纲附四部之末。自此以降，官目史志皆沿四部，但细目分合多寡不同。直至乾隆修《四库全书提要》，乃稍齐整，其《例》曰：自《隋志》以下，门目大同小异，互有出入，亦各具得失，今择其善而从。又曰：焦竑《国史经籍志》多分子目，颇以臆订为嫌。今酌乎其中，琐节概从删并。所定经分十类，史分十五类，子分十四类，集分五类。其中如礼、小学、地理、诏令、奏议、传记、政书、目录、天文、算法、术数、艺术、谱录、杂家、小说，皆于类中更分子目。此目一定，世之言著录者多遵用之。光绪中，张之洞作《书目答问》，以是选目之体，又稍变通，然大体无改也。

今论部类，不能细数古今同异之故，仅列《七略》至《隋志》变迁，为表如下。

| 刘歆《七略》 | 郑默、荀勖《中经簿》 | | 王俭《七志》 | 阮孝绪《七录》 | 《隋志》四部 |
|---|---|---|---|---|---|
| 六艺 | 甲 | 六艺及小学 | 经典 六艺 小学 史记 杂传 | 经典 | 经 |
| | 丙 | 史记旧事杂事 | | 纪传 | 史 |
| 诸子 | 乙 | 子家兵书术数 | 诸子 | 子兵 | 子 |
| 诗赋 | 丁 | 诗赋图赞 | 文翰 | 文集 | 集 |
| 兵书 | | | 军书 | | |
| 术数 | | | 阴阳 | 技术 | |
| 方技 | | | 术艺 | | |
| | | | 图谱 | | |
| | | | 别录释道 | 佛道 | 附录佛道总目 |

《隋志》以后，《四库》以前，亦有不用四部法者。宋初李淑《邯郸图书志》于四部之外，更立艺术、道书、书、画四类。郑樵《通志·艺文略》则分十二类：一经、二礼、三乐、四小学、五史、六诸子、七星数①、八五行、九艺术、十医方、十一类书、十二文。郑寅《书目》则分七类：一经、二史、三子、四艺、五方技、六文、七类。此皆有独见而实未安。明人所立则尤疏谬。祁承爜《澹生堂藏书目》首《庚申整书略例四条》，前二条曰：一曰因。因者因四部之定例也，多寡适均，惟荀氏之四部称焉。陆文裕公之藏书分十三则，一录经，次录性理，又次录史，录古书，录诸子，录文，录诗，录类书，录杂史，录杂录②，录韵书，录小学，医药，录杂流，而以宸章令甲别为制书。沈少司空稍为部署，而首重王言，故一曰制，二曰谟，三曰经，四曰史，五曰子，六曰集，七曰别。别者，道其所道，非圣人之所谓道也。八曰志，九曰类，十曰韵字，十一曰医，十二曰杂。虽各出新裁，别立义例，然而王制之书，不能当史之一，史之书，不能当集之三。多者则丛聚而易淆，寡者又寂寥而易失，总不如经、史、子、集之分简而尽。一曰益。益者，非益四部之本无也。而似经似子之间、亦史亦玄之语，类无可入，则不得不设一目以汇收。十许卷之中，约千万之事，既非正史之叙述，亦非稗史之琐言，故益以约史者一。性理诸儒论学之语，皆六经之注脚，岂可与诸子并论？故于经解之后，益以理学者二。代制出于王言，非臣子所敢自擅，经筵关乎主德，非讲义之所例观。然两者皆无专刻，惟各取本集之所载，而特附其名目于制诏、经解之内，故益代言筵者三。丛书

---

① "星数"，《通志》作"天文"。
② "杂录"，《澹生堂藏书训约》作"志"。

之目，既非旁搜特采，以成一家之言，复非别类分门，以为考览之助，合经史而兼有之，采古今而并集焉，断断非类家所可并收，故益以丛者四。文有滑稽，诗多艳语，搜耳目未经见之文，摘古今所共赏之句，非可言集，而要亦集之余也，益余集者五。按：此所引陆树声①《江东书录》最为无理，古书不知何指，史外复有杂史，小学外复有韵书，至以小学、医药并为一类。其说曰：不幼教者不懋成，不早医者不速起，其道一也。此真太任意矣。茅元仪《白华楼书目》分九学十部。九学者，一经学、二史学、三文学、四说学、五小学、六兵学、七类学、八数学、九外学。十部者，即九学而加以世学。其说曰：世学不可以示来世，然时王之制，吾先人以兹名于世。茅氏所学甚博，而所列与沈节甫略同，而较沈氏为明整。祁氏仍依四部，固是，然止以多寡适均为言，则大谬矣。部类自有大小，定位不可以书多而增、书少而减也。其所议益，自第四外，皆非无归者，止别细目可也。诸家之同病，在尊王制，而其可取者，则在别出类书。然大体皆不周备，可见明世此学之荒，无惑乎《四库提要》一出，而人皆遵之也。

　　《提要》之后，亦有不用四部法者。孙星衍《孙祠书目》分十二部：经学第一，小学第二，诸子第三，天文第四，地理第五，医律第六，史学第七，金石第八，类书第九，词赋第十，书画第十一，小说第十二。强汝询《佩雅堂书目》分三十类：一《易》、二《尚书》、三《诗》、四《仪礼》、五《周官》、六《礼记》、七《春秋》、八《四书》、九《乐》、十《尔雅》、十一正史、十二编年、十三儒家、十四农家、十五法家、十六兵家、十七道家、十八名家、十九天文、廿地理、廿一六书、廿二九数、廿三医书、

---

① 《江东藏书目录》为明人陆深所作，此误为陆树声。

廿四卜筮、廿五目录、廿六谱系、廿七小说、廿八文集、廿九诗集、卅词集。其意皆有可取，而其法皆不可用。

章学诚《和州志·艺文书·叙例》曰：六典亡而为七略，是官失其守也。七略亡而为四部，是师失其传也。《周官》之籍富矣，保章天文，职方地理，虞衡理物，巫祝交神，各守成书，以布治法，即各精其业，以传学术，不特师氏、保氏所谓六艺、《诗》、《书》之文也。《司空篇》亡，刘歆取《考工记》补之。非补之也，考工当为司空官属，其所谓记，即《冬官》之典籍，犹《仪礼》十七篇为《春官》之典籍，《司马法》百五十篇为《夏官》之典籍，皆幸而获传后世者也。当日典籍具存，而三百六十之篇，即以官秩为之部次，文章安得散也？衰周而后，官制不行，而书籍散亡，千百之中，存十一矣。就十一之仅存，而欲复三百六十之部次，非凿则陋，势有难行，故不得已而裁为七略尔。其云盖出古者某官之掌，盖之为言，犹疑辞也。欲人深思，而旷然自得于官师掌故之原也。故曰六典亡而为七略，官失其守也。虽然，官师失业，处士著书，虽曰法无统纪，要其本旨，皆欲推其所学，可以见于当世施行。其文虽连缀，而指趣可约也。其说虽谲诡，而驳杂不出也。故老、庄、申、韩、名、墨、纵横，汉初诸儒犹有治其业者，是师传未失之明验也。师传未亡，则文字必有所本。凡有所本，无不出于古人官守，刘氏所以易于条其别也。魏、晋之间，专门之学渐亡，文章之士，以著作为荣华。诗赋、章表、铭箴、颂诔，因事结构，命意各殊。其旨非儒非墨，其言时离时合，裒而次之，谓之文集。流别之不可分者一也。文章无本，斯求助于词采。纂组经传，摘抉子、史，譬医师之聚毒，以应时取给。选青妃紫，不主一家，谓之类书。流别之不可分者二也。学术既无专门，斯读书不能精一，删略诸家，取便省览。积渐相沿，后学传为津逮。分之则其本书具在，合之则非一家之言，纷然杂出，谓之书抄。流别之不可分者三也。会心不足，求之文貌，指摘句调工拙，品节宫商抑扬。俗师小儒，奉为模楷，裁节经传，摘比词章，一例丹铅，谓之评选。流别之不可分者四也。凡此四者，并由师法不立，学无专门，末俗支离，不知古人大体，下流所趋，实繁且炽。其书既不能悉付丙丁，惟有强编甲乙。而欲执七略之旧法，部末世之文章，比于枘凿方圆，岂能合乎？故七略流而为四部，是师失其传也。闻以部次治书籍，未闻以书籍乱部次者也。汉初诸子百家，浩无统摄，官礼之意亡矣。刘氏承西京之敝，而能推究古者官师合一之故，著为条贯，以溯其源，则治之未尝不精也。魏、晋之间，文集类书无所统系，原《注》：魏文帝撰徐、陈、应、刘之文，都一集，挚虞作《文章流别集》①，集之始也。魏文帝作《皇览》，类书之始也。专门传授之业微矣。而荀、李诸家，不能推究七略源流，至于王、阮诸家，相去逾远。其后方技、兵书合于子部，而文集自为专门，类书列于诸子。唐人四部之书，原《注》：四部创于荀勖，体例与后代四部不同，故云始于唐人也。乃为后代著录不祧之成法，而天下学术，益纷然而无复纲纪矣。盖七略承六典之敝，而知存六典之遗法。四部承七略之敝，而不知存七略之遗法。是七略能以部次治书籍，而四部不能不以书籍乱部次也。且四部之借口于不能复七略者，一曰史籍之繁，不能附《春秋》家学也。夫二十一史，部勒非难，至于职官、故事之书，谱牒、记传之体，或本官礼制作，或涉儒杂家言，不必皆史裁也。今欲括囊诸体，断史为部，于是《仪注》不入礼经，职官不通六典，谟、诰离绝《尚书》，史评分途诸子。原《注》：史评皆诸子之遗，入史部，非也。变乱古人

---

① 原本脱"集"字，据《文史通义》补。

立言本旨，部次成法，以就简易，如之何其可也？二曰文集日繁，不列专部，无所统摄也。夫诸子百家，非出官守，而刘氏推为官守之别。则文集非诸子百家，而著录之书，又何不可治以诸子百家之识职乎？夫集体虽曰繁赜，要当先定作集之人。人之性情，必有所近，得其性情本趣，则诗赋之所寄托，论辩之所引喻，纪叙之所宗尚，掇其大旨，略其枝叶，古人所谓一家之言，如儒、墨、名、法之中，必有得其流别者矣。原《注》：如韩愈之儒家、柳宗元之名家、苏轼之纵横、王安石之礼家。存录其文集本名，论次其源流所自，附其目于刘氏部次之后，而别白其至与不至焉，以为后学辨途之津逮，则卮言无所附丽，文集之敝，可以稍歇。家法既专，其无根驳杂，类抄、评选之属，可以不烦而自治。是著录之道，通于教法，何可遽以数纪部目之属，轻言编次哉？但学者不先有窥乎天地之纯，识古人之大体，而遽欲部次群言，辨章流别，将有希于一言之是而不可得者，是以著录之家，好言四部而惮闻七略也。

《校雠通义·宗刘篇》曰：七略之流而为四部，如篆隶之流而为行楷，皆势之所不容已者也。史部日繁，不能悉隶以《春秋》家学，四部之不能返七略者一；名、墨诸家，后世不复有其支别，四部之不能返七略者二；文集炽盛，不能定百家九流之名目，四部之不能返七略者三；抄辑之体，既非丛书，又非类书，四部之不能返七略者四；评点诗文，亦有似别集，而实非别集，似总集而又非总集，四部之不能返七略者五。凡一切古无今有，古有今无之书，其势判如霄壤，又安得执七略之成法，以部次今日之文章乎？然家法不明，著作之所以日下也。部次不精，学术之所以日散也。就四部之成法，而能讨论流别，以使之恍然于古人官师合一之故，则文章之病，可以稍救，而七略之要旨，其亦有补于古人矣。二十三史皆《春秋》家学也，本纪为经，而志、表、传、录亦如《左氏传》例之与为始终发明耳。故刘歆次《太史公》百三十篇于《春秋》之后，而班固《叙例》亦云作《春秋考纪》十二篇，明乎其继《春秋》而作也。他如《仪注》，乃《仪礼》之支流，职官乃《周官》之族属，则史而经矣。谱牒通于历数，记传合乎小说，则史而子矣。凡此类者，即于史部叙录申明其旨，可使六艺不为虚器，而诸子得其统宗，即《春秋》家学虽谓今日不泯可也。名家者流，后世不传，得辨名正物之意，则颜氏《匡谬》，邱氏《兼明》之类，经解中有名家矣。墨家者流，自汉无传，得尚俭、兼爱之意，则老氏贵啬，释氏普度之类，二氏中有墨家矣。讨论作述宗旨，不可不知其流别者也。汉、魏、六朝著述略有专门之意，至唐、宋诗文之集，则浩如渊海矣。今即世俗所谓唐、宋大家之集论之，如韩愈之儒家、柳宗元之名家、苏洵之兵家、苏轼之纵横家、王安石之法家，皆以生平所得见于文字，旨无旁出，即古人之所以自成一子者也。其体既谓之集，自不得强例以诸子部次矣。因集部之目录而推论其要旨，以见古人所谓言有物而行有恒者，编于《叙录》之下，则一切无实之华言，牵率之文集，亦可因是而治之，庶几辨章学术之一端矣。类书自不可称为一子，隋、唐以来之编次皆非也。然类书之体亦有二，其有原委者如《文献通考》之类，当附史部故事之后。其无原委者，如《艺文类聚》之类，当附集部总集之后，不得与子部相混淆，或择其近似者，附其说于杂家之后可矣。抄书始于葛稚川，然其体未杂，后人易识别也。唐后史家无专门别识，抄撮前人史籍，不能自擅名家，故《宋志》艺文史部创为史抄一条，亦不得已也。嗣后学术日趋苟简，无论治经业史，皆有简约抄撮之工，其书既不能悉畀丙丁，惟有强编甲乙，弊至近日流传之残本《说郛》而极矣。其书有经有史，其文或墨或儒，若还其部次，则篇目不全；

若自为一书，则义类难附。凡若此者，当自立书抄名目，附之史抄之后可矣。评点之书，其源亦始锺氏《诗品》、刘氏《文心》，然彼则有评无点，且自出心裁，发挥道妙，又且离诗与文而自别为书，信哉其能成一家言矣。自学者因陋就简，即古人之诗文而漫为点识批评，庶几便于揣摩诵习，而后人嗣起，以致相习成风，几忘其为尚有本书者，末流之弊，至此极矣。然其书具在，不得不①尽废之也。且如《史记》百三十篇，正史已登于录矣，明茅坤、归有光辈复加点识批评，是所重不在百三十篇，而在点识批评矣，岂可复归正史类乎？谢枋得之《檀弓》、苏洵之《孟子》、孙鑛之众事②《毛诗》，岂可复归经部乎？凡若此者，皆是论文之末流，品藻之下乘，岂复有通经习史之意乎？编书至此，不必更问经、史部次，子、集偏全，约略篇章，附于文史评之下，庶乎不失论辨流别之义耳。凡四部之所以不能复七略者，不出以上所云，然则四部之与七略，亦势之不容两立者也。七略之古法终不可复，而四部之体质又不可改，则四部之中，附以辨章流别之义，以见文字之必有原委，亦治书之要法。

《续校雠通义·通古今第一》曰：古曰七略，今曰四部，章先生明四部之不可复为七略，而欲人存七略之意于四部中，诚善矣。乃其撰《和州志·艺文书》，一用七略旧法，而以史部诸目七略所无者，别为纪载一目。又强编文集于儒、杂二家，仅能胜于郑樵，而不能弥其偏缺。又其所收书少，门目不备，未有折衷。夫七略经数变而后成四部，同异纷然，四部之势已成，万不能复于七略，章先生之所定，未可用也。若仍用四部法，但于叙录略加数语，

---

① "不得不"，《文史通义》作"亦不得而"。
② 《文史通义》无"众事"。

而不问四部分目之当否,七略旧法之何在,则又空言而已矣。吾今用四部而治以七略,所以通之者,明四部之无异于七略耳。七略之大义明,即以为四部之大义,而吾之四部乃真与七略合,而非俗之四部矣。七略之大义云何?六艺统群书,诸子、兵书、术数、方技别出为小宗,诗赋则诗之流,而以书多别出者也。六艺,干也。诸子、兵书、术数、方技,支也。诗赋,附干之小支也。诸子、兵书、术数、方技出干为支,犹之旁宗,别立门户也。诗赋则附干之支,犹之正宗之中,有一室焉,人繁而异宫也。班孟坚可谓知刘氏意矣,名志曰艺文。艺者,六艺也。文者,该诸子以下,凡著述皆统名为文也。加艺于文,见文之皆本于艺也。《隋书·经籍志》以经易艺,以籍易文,其犹知班氏意乎?四部之大义云何?以史、子为干。六艺者,干之根也。别为经部,但收附经之传记,六艺之流,则归之史焉,别出则子焉。文集者,由诗赋一略而扩大之,兼收六艺之流者也,则殿焉,是干之末也。譬之于人居,史为大宗,子为小宗。经则庙也,集则小宗而又杂居者也。经、史者,七略之六艺;子者,七略之诸子;兵书、术数、方技、集者,七略之诗赋。如此,则四部犹七略也,何必如章氏分裂史部诸目,强编文集,而后为七略肖子哉?要之,昔之视四部为平列,今之视四部则史、子为主,经在上而集在下。盖天下之文,以内容分,不外三者:事为史,理为子,情为诗。以体性分,则不外记载与著作。史,记载也。子、诗则著作也。诗不关知识,知识之所在,则史与子而已。天下之学惟事理,故天下之书惟史、子矣。集则情文而兼子、史之流者也,经则三者之源也。此四部之大义也。六艺者六部最古之书耳,何以能统群书邪?盖后世之群书,六艺已具其雏形。六经皆史,古人不离事而言理。史之于经,如子之于父。子之于经,如弟之于师。吾于《中书》

申章先生之说已详矣。《书》《春秋》《礼》之流，为史甚明。《易》虽言理，而意在藏往知来。《诗》虽言情，而意在观风俗。其用皆与史同。若论其体，则《易》之流为术数，《诗》之流为诗赋，别为一略，以情文与事理并立也。术数与方技、兵书不与诸子同编者，固由专门各校，亦以其体实微与诸子殊也。章先生谓为虚理、实事之分，其立名不甚显白，且易与史、子之别相混，此当借西方之名以名之曰通理与应用之分。盖诸子皆言大理，举一义以贯众事，即阴阳家亦非止言术数之理。兵书、方技、术数则局于一事者也。故六艺外之五支，凡分三类焉，而皆统于六艺，此七略之大义也。

《治四部第二》曰：七略、四部之大义既明，则可以七略法治四部矣。治之云何？一曰尊经，二曰广史，三曰狭子，四曰卑集。何谓尊经？经既以尊而别出为部，部中所收，当限于经之传说，人人所知，奈何自《隋志》以后，皆以律吕之书入于乐也。宋郑寅《七录》，经部不收乐书，曰：仪注、编年不附《礼》《春秋》，则后之乐书，固不得列于六艺。此论甚卓。既为四部，凡六艺之流，皆入史、子部，而独存律吕于经部，亦可谓不善学七略矣。譬之伯仲皆析居，而季独守宗祠，此得为平乎？《四库提要》又以私仪注概附《礼经》，名曰通礼、杂礼书。此又非《隋志》所有矣。《隋志》仪注一门在史部，惟说三礼者乃附于经，彼虽不明于乐，而犹明于礼也。《提要》乃曰：公私仪注，《隋志》皆附之礼类，是太诬矣。《提要》又曰：朝廷制作，事关国典，隶史部政书。私家仪注，无可附丽，汇为杂礼书，附礼类，犹律吕书皆得入乐类也。此真妄也。凡书当论其体，同为仪注，何分公私？必若所言，兵家者，司马之流；法家者，司寇之流。兵、政、律例既入政书，何不竟以兵家、法家附于《周礼》，曰此私也邪？仪注之体，非诡异也，何谓无可附丽邪？故去礼、乐之妄附，而经尊矣。何谓广史？六经之流，皆入史部，苟非诗赋、子兵、方技、术数，无不当入史部。许慎曰：史，记事者也。记实事者皆史也。何为乎谱录、杂记乃入子部邪？《隋志》史部纯洁无淆杂，而门目未备，条而别之，极其精，则史广矣。或曰：昔人皆谓史部自《春秋》一类而充大之，今谓六艺之流入史，章先生未之言也。曰：谓史出《春秋》，特见史部首纪传，而迁《书》，《七略》附《春秋》耳。官礼流为政书，《礼经》流为仪注，《军礼》《司马法》流为军政，《尚书》入于《春秋》而为杂史之源，何一不入于史？使就《七略》之书，而以四部法分之，六艺所附，无一不在史部也。独《易》流为术数，《乐》流为乐律，《诗》流为词赋，下流浸广，别为专部耳。故明乎六艺之流，而史广矣。章先生撰《和州志·艺文书》，全用七略法，以诏令、奏议入《尚书》，琴调谱入《乐》，仪注入《礼》，年历、纪传入《春秋》。而别立纪载一门，分地理、方志、谱牒、目录、故事、传记、小说、传奇八目。其言曰：后世仪注入史，是以《仪礼》为虚器。荀勖、阮孝绪分出史传，不得统纪。地理、方志以下，《周官》各有掌故，尽归六艺，则部次繁而难条别。《春秋》家学不可亡，马、班以下不得别立史部。特立史部，则全夺六艺，传业无复源流。或曰：章先生此法，可谓能存古而不戾今矣，何不从之，而必治四部乎？曰：章法未可从也，既不欲源流分裂，则纪载类诸书，莫非源于六艺而成家学，何又别之邪？仪注之于《仪礼》，军政书之于《司马法》，工政书之于《考工记》，类也。仪注附《仪礼》，则军政、工政皆当附官礼，何又别为故事乎？若用七略，则纪载类中皆当条归六艺。若别立纪载，则年历、纪传、仪注、琴调皆当离六艺，二者不可兼。今既患概归之繁，而又偏举此数者以附于六艺，是为小六艺，非为表六艺也。《七略》盖以《军礼》《司马法》与《仪礼》并矣,但见《仪礼》遂附仪注,不见五礼之全,遂别故事于六艺,此可为通论乎?从吾之法,经部为源,史部为流,申明源流,众知史部之皆出六艺官守,奚必附六艺为一部而后明,又何至如章氏所谓全夺传业乎?金石一类,资考实迹,专立史部,自可附入。章氏别立纪载,反无所归而别为一类殿末,使与六艺、诸子诸类大小不称,前无所系,亦可见不通今之弊矣。故曰四部万不能复为七略,不得不治四部也。何谓狭子?子者能成一家言者也。九流既衰,成家之学已少,兵书、术数、方技合并,后世子部已广,何为乎谱录、杂记类书皆入子部乎?杂记非有宗旨,而多记事,岂得为子?此章先生所谓纷然以儒家、杂家为龙蛇之菹也。小说者扬厉多风,非质实记事,以传记为小说,而小说之义亡矣。若夫谱录之书,自昔入史部无异辞。尤袤妄分门目,遂与史部目录歧而为二,何可从也?凡若此类,剔而去之,则子狭矣。夫史、子之别甚显也。盖实事与虚理,记载与著述之分也。

### 史子轇轕

| 技术与谱录 | 政论与制度 | 子 |
|---|---|---|
| | | 史 |

章先生于六艺、诸子二略,得官师二义,此以子、史之源言也。子、史之体,则不以是分。盖后之史,已不必为官书,而儒家中或有官撰功今之书矣。然即实事、虚理、记载、著述之分,亦有史、子相出入者,如政书中之议论及前所谓应用之术是也。刑法,制度也,而有律学。如近世绍兴人之传。礼,制度也,而有礼

学。六朝与玄、文、史并立。至于今则有生计学、政治学，此皆与兵书相类者也。乐亦制度，而流为乐律专门，正如《易》之流为术数专门也。六经虽皆史，而《易》《乐》之传则别矣。依四部之成例，推上文之大义，则律学、礼学、乐学之书当入制度，而兵学、术数则又入子部，是非同类而歧出邪？虽六经为史、子之宗，足以统之，而子、史二干，不已淆乎？《四库》刑法、兵制在政书，而律学入法家，兵学入兵家，典礼在政书，而礼学又附经部，是两歧也。乐制不入史部而入经部，而俗乐又入子部艺术，则三部皆混矣。将全入制度欤？则兵书、术数、方技莫非官守，皆当移入史矣。将入诸学于子部欤？则诸制度又不可入子，是一类书而分两部矣。郑樵尝于经、史、子外，别立礼类、乐类、食货类，而星数、五行、艺术、医方亦皆别为类，此可从邪？礼、乐、兵立类，则刑、工亦当立类，是将取国之制度悉分立之。如《通典》《文献通考》之例，以是与经、史、子、集并立，伦邪？不伦邪？章先生谓诸子与兵、术、方三略有虚实之分，合之者为非，当仍分之，此可从邪？于此三类，则得之矣。于礼、乐、刑又何以处之邪？四部法之败缺，盖在是矣。虽然，此无伤也，四部之法，不必更张也。盖世间诸事端，罔非官有制而私有学，而言事不离理，言理不离事，史有宗旨亦似子，子须征实亦资史，犹之记载之文，或参议论，议论之中亦有记载，固不可以严划者也。《书》《春秋》之流以记实为主，九流之流以陈大旨为主，固纯乎其为史、子矣。彼礼学、律学虽有专家之业，而其说固依于制度，未有舍制度而空陈大理者。且亦无技巧之相传，如兵、术、方之类也，是以制度为主者也，固当入之史。兵书虽与兵制出入，而权谋、形势、阴阳、技巧与编制营伍之法终不相同，是固可分别入两部也。术数、方技虽有官守，而皆专门技术，民间传用，官书特因而定之耳，固与礼、刑之为儒者通讲者不同矣。是以技巧为主者也，固当入之子。乐有制度，然其状实与兵、术、方同，而不与礼、刑类，是亦当入之子部。由是以谈，礼学、律学附礼、乐①而入史部，乐与兵、术、方及诸艺<small>书画、篆刻之类</small>。并立于子部，仍次九流之后，以示纯理、应用之分。兵之制度在史，乐之制度入子，斯亦皎然不混矣，不必更张四部而别立门目也。何谓卑集？汉、隋二《志》时，集中无子、史专书，后世文集之滥，章先生详言之矣。然既有此部，已成万不可反之势，知其为下流所归可也。章先生欲条其能成家者，著于《叙录》以杜滥，其意善也。而其撰《和州志·艺文书》竟以儒者文集入之儒家，其余入之杂家，自谓能明古者立言之旨，而不自知其谬也。九流既衰，后世皆貌儒术，不成家者十之八九，非兼儒、墨，合名、法，如古之杂家也。其成家者亦未易别其为儒、道、法、纵横也。必强定之，及皮相而以为儒，难名而以为杂，固必然之势，以儒、杂二家为龙蛇之菹，非自言之而自蹈之乎？且后世文集虽甚杂，诗赋之流究犹多而为主，既用七略，而不得不列诗赋专集，而诗赋多者，反以为文集而溷入杂家，其不可从明矣。章氏又谓宋郑寅《七录》去集之部目，所见过于郑樵。此亦误也。寅与樵俱变集称文，徒更其名耳，何优何劣邪？要之，集本卑名，非复《七略》诗赋之旧。既已卑矣，多容何害？必附诸子，不至于强凿不止也。

《外编第三》曰：七略义例所有，虽七略无其书，亦可治也。七略义例所无，强编四部之中，而四部以芜，七略以乱，此则不可治也。

收之不可，弃之不能，惟有别为外编，使与四部离立。亦如

---

① "乐"，《续校雠通义》作"律"。

章氏之修方志，三书之外，别为丛谈，不使混于经要也。章氏举四部之不能反七略者五端，而各为之计。一曰史部不能悉隶《春秋》。二曰名、墨后世无支别。三曰文集不能定百家九流之名目。四曰抄辑之体非丛书，又非类书。五曰评点诗文，似别集而非，似总集而又非。夫史之所包本广，文集不可强分，已说于上。名、墨无传，然尚有其书，可分立部目也。所患乎不能复古者，在增古所无，难于位置耳。若减古所有，固不足病，不必如章氏以考证书释道家附会名、墨也。所患者，抄辑、类书、评点三者耳。尚不止此，吾为增之。一曰杂记，二曰考证书，三曰蒙求。除评点可如章氏说，其余五者，当统为外编，以附于四部。类书一门，章氏谓有原委者，如《文献通考》之类，当附史部故事。无原委者，如《艺文类聚》，当附集部总集，或择其近似者，附于杂家之后。胡应麟已有此说，然未尽也。《文献通考》意主典章，固可入之故事。《艺文类聚》意在辑文，固可入之总集。然类书不特此两种也。类书源于《皇览》《初学记》《北堂书钞》《太平御览》，皆非有意于辅史辅文也，其所立门类，兼该甚广，非专于典章与艺文也，则将何归乎？小小摘比，尤不可殚举。或主益词章，搜求秀艳；或取便翻检，纲罗数名。其体甚大，不比抄摘之短书；其用亦宏，不比考史之谱录。若不别立一门，强配必滋弊矣。抄书与类书不同，章氏别之甚当，此有数例：抄辑群书，删为简本，如《说郛》之类，一也。纂录杂记，依类分编，二也。摘比华采，略分门类，抄一书，如洪迈①《两汉博闻》；抄群书，如《俪府字锦》②；限一体，如诗赋、四六之类，三也。此三种，六朝已有，

---

① 《两汉博闻》为北宋杨侃所编。
② 《俪府字锦》，疑《韵府字锦》之讹。

《隋志》附之杂家小说中，其纯取格言、小说，自当归于儒家、小说，而又不尽然也。《四库提要》以一者入之丛书，不知抄辑删简，非合刻之比也。三者入之类书，则又非分隶群书也。二者列之杂家，为杂纂，则彼记事纂言，又非有宗旨也。章氏谓当别立一门，名曰书抄。书抄之名，亦出《隋志》，举以该此三种，甚为允当。若谓附之史抄，则又未是。史抄，隋前已有之，《隋志》附之杂史，《叙例》所谓抄撮旧史，自为一书，亦各其志。而体制不经者，此乃后世纲鉴之流，非《两汉博闻》之例，彼自勒成首尾，其高者亦有意旨，书抄既未可比之，而复不专于史籍，何可因抄而混之邪？评点之书，明以来为盛，间亦论事，或加考证，非可尽附文评也。宜取专论文者附之，而兼考证者则仍各归其部，以其体虽卑，而于本书固未始无裨益也。杂记者，札记随笔之书，纪事论文，考古谈今，大或关于经、史，细或涉于市井，盖以宋为盛。唐人之书，或专记事，自为传记，或专考订，其体犹纯，虽间有出入，无此瞀乱也。自宋以来，此类始不可方物矣。目录家强附之子部，又分其多记事者入史部。《四库提要》于杂家中立杂考、杂说二目，又以记事大者入杂史，小者入小说，皆从其多者强分之。其实杂家兼儒、墨，合名、法，虽不纯而成家，非杂说也。杂史之目，乃以目纪传、编年二体外之成体者，小说者扬厉多风，意存讽劝，皆非此类之体。盖有此类之体，而子、史二部皆乱，出此入彼，虽别于毫厘，终不齐也。有质实记事而误入小说者矣，有多考证而误入杂说者矣，考证多则入之杂考，记事多则入之杂史。小说亦考证，亦记事，无可归，则驱而放之杂说焉，意已苦矣。乃又援《论衡》《风俗通义》为源。彼二书固杂家也，质定世疑，自有宗旨，夫岂随手札记之伦哉？类书、书抄虽混入四部，犹聚一处，易于剔出，此类出入诸门，散处如流寇，故不别之于外编,四部难理也。杂记之专考订者,昔人援《风俗通义》《独断》《古今注》为始。《独断》者,记典章之书;《风俗通义》自有宗旨,宜归杂家;《古今注》专主辨名,旨无旁及。皆非后世考订书也。唐人始多考订之书,然《匡谬正俗》辨别文字,自是小学支流,惟李涪《刊误》、邱光庭《兼明书》乃真考证书耳。《四库提要》列之杂家,为杂考,不知其无宗旨,不得为杂家。张氏《书目答问》列之儒家,则又过张考据之习气。考据之书,四部兼该,既非立言之体,又非儒者之能事也。章氏入之名家,则未周知其体。古之名家,所谓命物、毁誉、况谓三名,虽涉于小学之书名,实以质世事之名实,岂考订群书之比哉?近世校勘学兴,且以校勘为一书,版本目录,汇题跋以成编,校补审正,分群书而成卷,既难割裂以属于群书,更不可混同而归之诸子,列之外编,以作《四库》之副,犹《六艺略》之附《尔雅》,集部之附诗文评,则善矣。蒙求之书,排列名数,或为韵括,谓为谱录,则略说而非专门,谓为类书,则顺列而非分隶。天地人物,浅而言之,不得以为故事也。周、秦、汉、魏,简而数之,不得谓为史抄也。对偶者,非诗非颂;直达者,非史非子。以为书抄,则自以己意为联缀;以为考证,则仅取陈迹于简编。李氏《蒙求》昔入类书,何尝分门类事?六艺纲目,昔附小学,何尝自有发明?别之外编,一切蒙学之书,有所归矣。或曰:何不立丛书一门邪?曰:丛书者,汇刻之书,簿录卷帙,则当别为一目。条别种类,则当散归各门,不宜蹈《汉志》。刘向所序、扬雄所序,苟以人聚,不加分别也。《四库提要》立杂编一目于杂家,以收丛书。杂编、杂纂相次,究何分别立名?已为不当。丛书中大部悉入《存目》,盖其书已散归各类矣。则此门本不可立。既立矣,而所收乃仅《俨山外集》《古今说海》《少室山房笔丛》《钝吟杂录》而已。外集、杂录种类虽多，皆杂说也，笔丛则皆考证评议也。《说海》与《说郛》同，抄摘不全书抄也，皆非合刻之丛书，彼自都一人之作，与专辑小说，岂得谓之杂哉？或曰：章氏以文集与类书、书抄并论，今诸门皆属外编，何不并文集而外之，愈完七略法乎？曰：文集出于诗赋一略，当《七略》时，词赋已不能附于诗，四部既分，词赋愈不得不别为一部。今之文集虽滥，而词赋专家之余意不入子、史之正体，固犹末泯也，即子、史专家之散入文集者，尚可别而出之也。类书、书抄、评点、蒙学，其体卑，不足论矣。考证之书，尚考文集，何可与文集并？杂记之书，其中容有近于子、史专家，然本为文集之绪余，其体亦不及文集之完整。零碎之作，固不得与可单行之篇抗矣。

张氏《书目答问》于四部后，别立丛书之目，例甚善也。《四库总目》亦存丛书之目，但入之杂家，不当耳。盖丛书所收，别其种类，散归各部，非有总目，不便寻检。惟经、史大部合刻在一类中者，乃可省录丛刻之名耳。此当斟酌其当，苟一丛刻而所收类别分歧，虽一卷亦必别之；苟一丛刻而所收皆为一类，虽大部成书，亦可依丛目列之也。

《四库》以道、释二家列于子部，而又收其传记，是大谬也。佛藏有经律论，道、释二家有经戒、符箓、法诀，与四部约略相当。且又有传记，是固未可混编四部之中，抑亦不能总居子部。齐末别集释氏经论于华林园，不与四部同编。阮《录》曰：释氏之教，王氏虽载于篇，而不在志限，未是所安，故序为外篇第一。仙道之书，由来尚矣，刘氏《神仙》陈于方技之末，王氏《道经》书于《七志》之外，今合序为外篇第二。《隋志》因之，亦附二家总数于末，但取传记列于史部。《开元四部书录》释氏经、律、论、疏，道家经戒、符箓，亦别为目录十卷，此例甚善。刘《略》

时二教未兴，止房中、神仙二术，故列医家耳。宋李淑《书目》尚以道书别于四部。自《旧唐志》始收二家书于道家中，而又不别其体，不可从也。说详下文所录《定体篇》。

类分细目，始于郑樵。其《编次必谨类例论》曰：《易》本一类也，以数不可合于图，图不可合于音，谶纬不可合于传注，故分为十六种。《诗》本一类也，以图不可合于音，音不可合于谱，名物不可合于诂训，故分为十二种。《礼》虽一类，而有七种，以《仪礼》杂于《周官》可乎？《春秋》虽一类而有五家，以啖、赵杂于《公》《穀》可乎？乐虽主乎音声，而歌曲与管弦异事。小学虽主于文字，而字书与韵书背驰。编年一家，而有先后；文集一家，而有合离。日月星辰，岂可与风云气候同为天文之学？三命、元辰，岂可与九宫、太一同为五行之书？按：樵之所举，皆是类中小别，汉、隋二《志》于此多止于叙次之间，暗分节段，而不明区。踵事分详，自可类中分目。然此所举当分三类，若《仪礼》、《周官》、《公》、《穀》、啖、赵及字书、韵书，三命、元辰、九宫、太一，自是各为大族，不可混淆。若图音与谱，止体之异，而家不别。乃其小者，且多相连属，不可严划。凡著述严论体义，则支别滋多。著录类例，固贵分明，而立目亦不宜太碎，反致繁眩。其可分者当分之，分之太小者，则宜用暗分之法，其至于不可分者，则解题自明，不必分也。《旧唐书·经籍志》及郑氏《艺文略》，或分或不分，详略多失所宜，今此讲授，不能备述。小目但略举数条，以示其例，至于编年之先后，自属一类中次序之事，别说于《次第篇》中。

姑以经部言之。如经之经本家法，当别者也。郑樵《编次有序论》曰：《隋志》每于一书而有数种学，虽不标别，然亦有次第。如《春秋》三《传》虽不分为三家，而有先后之列，先《左氏》，次《公羊》，次《穀梁》，次《国语》，可以次求类。《唐志》不然，三《传》《国语》可以浑而杂出，四家之学，犹方圆冰炭也。不知《国语》之文，可以同于《公》《穀》，《公》《穀》之义，可以同于《左氏》者乎？按：《四库》于三《礼》则分，而三《传》不分，盖以六朝家法之书已少，唐后不复分宗，而后来专家之书，又尚未出，故从略耳。然于专说《论语》《孟子》，与总说四书，亦不分次，则太简矣。经之单篇专说与注说、音图之体别，则不必别，而宜暗分者也。郑氏又曰：《隋志》于礼类有《丧服》一种，虽不别出，而于《仪礼》之后，自成一类。以《丧服》一种者，《仪礼》之一篇也，后之议礼者，因而讲究。虽成一家之书，尤多于三《礼》，故为之别异，可以见先后之次，可以见因革之宜，而无所紊滥，今《唐志》与三《礼》杂出，可乎？《续校雠通义·四库经部篇》曰：朱氏《经义考》即分单篇于后。《四库提要》于《洪范口①义》，乃谓《隋志》已杂置不别编，不知《中庸》别出，《七略》已有前例，《隋志》列单篇于注后疏前，亦非杂置也。

　　《续校雠通义·汉志余义篇》曰：先汉经说，有章句，有训故，有内传，为一类，随经明诂，其体径直。有外传，有微，则依经立义，其体旁通。又有说，则在二者之间。或述大义，或申旁说。《七略》先传、故、章句，而后外传与微，具有次第。《隋志》尚能用其遗法。自唐以来，但依朝代，不复条别其体，郑樵有意焉，而考之不精，多立门类，重复讹舛，不可法也。又《四库·经部篇》曰：《尚书大传》，述事之传也。《韩诗外传》，古外传也。《春秋繁露》，微也。今之经说惟存章句故训，于古传例不

---

① "口"，《续校雠通义》作"目"。

备，独三书仅存。《提要》各置之附录，谓与纬相类，是直不辨古经说之体矣。又《明隋志篇》曰：经部次第，略仿《七略》，《易》类先注，次一篇注，次音，次杂论义，中该微体，次疏，终以谱。《书》类先注，次一篇注，次序及逸篇，次音，次疏与杂义。《诗》类先《韩诗》，存古也。次注，次音，次谱，次杂义及序说，次疏，终以业氏诗。《礼》类，一、《周官》。先注，次音，次杂义，次疏，次图。二、《仪礼》。先注，次疏，次《丧服》一篇《注疏》，次《丧服别记图》与杂说。三、《大戴记》。四、《小戴记》。先注，次《月令》，次音，次杂说，次疏，次杂义，次杂礼论义。五、三《礼》总说。附注一节之说，次图。《春秋》类首经文，一、《左氏》。先注，次音，次条例杂说，次序说，次疏。二、《公羊》。先注，次条例杂说，次疏。三、《穀梁》。先注，次条例杂说。四、《公》《穀》二家合及三家合。五、土地名外传。《孝经》类先注说，次疏及杂义。《论语》类先注，次杂说，次疏。家法分明，体裁详晰，间有杂乱，或由写杂，大体固可寻也。岂惟考经义者不惑，考传说体裁，亦得大略矣。又《四库经部篇》曰：张氏《书目答问》经部各属之中，类次加墨段，暗分子目，甚为明当。《易》类先汉学，而卦气及焦循之申王弼者附焉，次纬及支流，次非汉之学，次辨图及占筮书，次音。《书》类先汉注，次天文、《禹贡》，次焦循之申孔，次单篇统论，次撰异之考文字，次中候。《诗》类先注说，次名物、地理、氏族，次音，次毛、郑外古说及通考、重言、双声、叠韵，次三家。《周礼》类先注读，次禄田、军赋、考工、车制，而以任氏《肆献祼馈食礼纂》附焉。《仪礼》类先注图例疏校读，次宫室、弁服、丧服，次不纯宗汉之说，而《读礼通考》终焉。《礼记》类先注说，次《月令》《深衣》《燕寝》《明堂》禘诸专说，次《大戴》，而《夏小正》《三朝》附焉。三《礼》总义类先汉学①，次郊社、禘祫、宗法，而《钓台遗书》之四种及《五礼通考》附焉。《左传》类先杜书，次贾、服古《注》，次补注疏，而事纬附焉，次历谱、地理、氏族、名物、乡党。图考之单篇则在《论语》诸注说后，《大学》之单篇则在总说四书之末。诸经总义类先纬，次集古，次古训语词，次杂解，次宫室、天算。诸经目录类则先经说目录，次经师。凡此皆秩然有条。

类目之名，立之须安，亦举数端，以示其例。《续校雠通义·溯郑荀王阮篇》曰：阮曰：诸子之称，刘、王并同。又刘有《兵书略》，王以兵字浅薄，军言深广，故改兵为军。窃谓古有兵革、兵戎、治兵、用兵之言，斯则武事之总名也，所以还改军从兵。兵书既少，不足别录，今附于子末，总以子兵为称。按：军字本义仅指营屯，王徒好异，纠之诚当。或谓省诸子而单言子，似不词，不知《说文》云：子，人以为称。子家之称，由来久矣。阮曰：王以诗赋之名不兼余制，故改为《文翰》。窃以顷世文词，总谓之集，变翰为集，于名尤显。按：王之名翰，主于翰藻，阮时之集，亦止词章，子、史专家，未尝羼入，不得以后世文集为讥也。阮曰：王以术数之称，有繁杂之嫌，故改为阴阳。方技之言，事无典据，又改为术艺。窃以阴阳偏有所系，不如术数之该通，术艺则滥。六艺与数术，不逮方技之要显，故还依刘氏，各守本名。按：王氏所改，朝三暮四耳，阮纠甚当。又《四库史部篇》曰：政书一门，旧称故事，乃因古者有律，有令，有故事，无六典总括之书，但有琐细章程。所谓故事者，非如律令之早定，皆临事斟酌以成之，犹后世之事例。今总合职官、典要、仪注、刑

---

① "汉学"，《续校雠通义》作"通说"。

法，则故事二字以小贯大，不能该矣，不特易与传记混也。章氏仍从旧称，未之思也。章氏于《和州志·艺文书》驳郑樵故事、职官易淆之说，谓职官全重官秩品令，或职掌大纲，故事文则通于沿革，指仅明其专司，二者如凫鹄之弗可同。其言明白矣，何于此收职官而反以故事概之邪？《四库》改为政书，较妥矣，而亦前无所见。古者政官主军，虽有为政之语，乃随文之称。《周官》称典称礼，不云政也。典章之名，差为合宜。然私门议论，间入其中，亦有所妨。今拟改为制度。制度之名，凡制皆该，时令、乐律，亦不出此。《四库提要·五经总义类叙》曰：《旧唐书志》始别名经解，诸家著录因之，然不见兼括诸经之义。朱彝尊作《经义考》，别目曰群经，盖觉其未安，而采刘勰《正纬》之语以改之，然又不见为训诂之文。徐乾学刻《九经解》，顾湄兼采总集经解之义，名曰《总经解》，何焯斥其不通，盖正名若是之难也。考《隋志》于统说诸经者，虽不别为部分，然《论语》类末称《孔丛》《家语》《尔雅》诸书，并五经总义，附于此篇，则固称五经总义矣。今准以立名，庶犹近古。《论语》《孝经》《孟子》虽自为书，实均五经之流别，亦足以该之矣。徐时栋《烟屿楼读书志》驳《提要》曰：此类中各书往往论解多经，断非五经二字可该。若谓《孝经》《论》《孟》均五经之流别，则苟非二氏，何一书非五经之流别乎？况功令明称十三经，岂可以五经二字统乎？不如采《文心雕龙》以群经为号，乃《提要》谓其不见为训诂之文，此语颇可骇怪。《易》类、《书》类、《诗》类所录，何一非训诂之书，其名何一见训诂之文乎？按：徐说五经不该，是也。而谓诸类皆不见训诂之文，则未是。诸类中实当先录经之本文，《四库》自失之耳。总义类则无本文也，经文虽有合刻本，为总目者自当分著之也，张氏《书目答问》称诸经总义是也。

《续校雠通义·镕异域篇》曰：部类既定，尚可增减乎？曰：所贵乎部类者，为其不可增减也。章氏常言，闻以部次治书籍，未闻以书籍乱部次。以书籍之多寡而增减部次，是乱部次也。夫部类因书而立者也，有是书即当有是类，古无今有，人事之常，现在无增，安保将来之无增？《七略》之时，地理书无多，乃附于刑法。《隋志》之时，书抄、谱录未多，乃附于杂家小说，后世则不可从矣，此当增者也。然所增者，皆于大体中自有位置，非增之以破大体也。故细目易增，而类不易增也；类可增，而部不可增也。自《唐志》以降，则多妄增所不必增矣。章氏之于七略，可谓精矣，然惟知推原官守之义，于其统系犹未明白，故尝谓《七略》书类不全，而增纪载一门。《旧唐志》序言昔之七录、四部，部类多有所遗，此则后世著录家通有之谬语。核《唐志》之所增，曷尝果为不可不增者哉？不明部类，不知统系源流之何属，姑妄增之，求无不可收，不知本有所归，而以为前无此部，乃自来著录家之通病，由是而七略、四部不能通合，部类乃多重复滥乱之弊矣。

自来著录家精于类例者希，书稍异常，便不知所措，彼方患门类之少而增之，宁肯于旧有者有所减乎？故增之病多，而减之病少，然而竟有减者，则其谬尤易见。《续校雠通义·四库史部篇》曰：谱牒之书，古今俱多，自昔著录，皆特立一门，而乾隆《四库》则去之。年谱入于传记总录，而《元和姓纂》《古今姓氏书辨证》《万姓统谱》则皆入类书，此大谬也。其故不过以意在选存，而私家之谱繁多猥滥，难于别择，故竟置之，如孙诒让《温州经籍志例》所谓篇帙日增，不可殚究而已，不悟著录以明学术。谱牒自是一家之学，体则史之支流，事则群之要领，近代谱学虽微，岂无精善之编，正当录存以为模式，正使无可采录，犹当但录总谱以存其部次，况非无其书，乃以惮于阅揽，遂没此一门乎？又《四库子部篇》曰：名、墨、纵横旧目书少而仍存其目，不没九流也。而《提要》以为拘泥门目。夫以部次治书，不以书增减部次，此校雠之大义，何为拘泥哉？《明史》只限一代，无此类书，故省之耳。统合著录，不当省也。墨家尚存《墨子》，纵横家尚存《鬼谷子》，赵蕤《长短经》亦近纵横，苟不至于无书，即当存其目，况名家尚有《公孙龙》《尹文子》《人物志》三部邪？杂家自与名、墨、纵横殊，今以名、墨、纵横并入之，此如张族微而并之于李，其可通乎？且诸子佚文，近有辑本，分别录之，不患少也。

古今著录，固有有其书而失其类、有其类而失收其书者，此又非并省之患，乃疏漏之患也。郑樵《编次失书论》曰：书之易亡，亦由校雠之人失职故也。盖编次之时，失其名帙，名帙既失，书安得不亡也。按：《唐志》于天文类有星书，无日月风云、气候之书。岂有唐朝而无风云、气候之书乎？编次之时失之矣。按：《崇文》书有风云、气候书，无日月之书。岂有宋朝而无日月之书乎？编次之时失之矣。《四库》书并无此等书。射覆一家，于汉有之，时有其书，《唐志》《崇文目》无，何也？轨革一家，其来旧矣。世有其书，《唐志》《崇文目》并无，《四库》始收入五行类。医方类自有《炮炙》一家书，而隋、唐二《志》并无。何也？人伦之书极多，《唐志》只有袁天纲七卷而已。婚书极多，《唐志》只有一部，《崇文》只有一卷而已，《四库》全不收。按：此诸书所以失载，盖所藏偶无是书，自是搜访未周。数术之传，其僻微者自有无书不著之时，然要未遂绝也。

《续校雠通义·收俗书篇》曰：夫衰微之学、隐僻之书，不传失载，固其宜也。乃有盛传于时、充溢于市，而为著录家所不取者,则俗书是也。讲章乃经解之流,平话乃小说之变,曲乃乐、诗之再传,制艺亦文之一体。《四库提要》于讲章、时文及曲亦论其源流,而讲章则于揣摩举业而作者,概从删汰,曲则惟录品题论断之词及《中原音韵》,而曲文不录。时文则悉斥不录,而只录钦定《四书》文,以为标准。孙诒让《温州经籍志叙例》亦不收《琵琶记》及时文,谓使野言诡说不淆文史。此之所见,亦隘甚矣。讲章之中,岂无发挥精义之作,其意虽陋,其言安可概非?至于时文、平话、曲词,尤为一代之文。以体论之,小说为杂记所滥,佳平话反为真小说。诗体为牵率所坏,反不如佳曲之能道情。炜烨谲诳之体,广博易良之教,在此而不在彼。以时论之,则元之曲,明之时文,乃与汉赋、唐诗、宋词同为一代菁华之所萃,其境广,其词精,足以知人论世,犹过其时之古诗古文。故王圻《续文献通考》收《西厢记》《琵琶记》,《千顷堂书目》以制举时文附于总集,高儒《百川书志》以传奇入于别史,皆知其体之重,不可没也。即使其体未宏,于时未重,而既有此体,即有源流,有工拙。而一时之意指事实,亦即有寓于其中者,如六朝以来之谜语、宋以来之尺牍、明以来之楹联、近世之诗钟,以及俚曲村歌,罔非天地间一种文字,不可得而废也。《提要》谓讲章如浮沤,随起随灭,不可胜数。其实著作关乎风气,即宋之诗话、杂记,明之小品、玩赏书,近世之考证书,亦何非浮沤哉?亦为慎择之而已,不闻没之也。《提要·凡例》曰:文章流别,历代增新。古来有是一家,即应立是一类,作者有是一体,即应补是一格,斯协于全书之名。故释、道外教,词曲末技咸登简牍,不废搜罗。然二氏之书,必择其可资考证者,其经忏、章咒并凛遵谕旨,一字不收;宋人朱表、青词,亦概从删削,其倚声填词之作,如石孝友之《金谷遗音》、张可久之《小山小令》,初以相传旧本，姑为录存，并蒙指示，命从屏斥。观此则削除诸作，乃由徇一时之上意，固非著录之通裁矣。夫家藏目，自可随所好恶，选目自可任其弃取，若总目、专目，则当无所不收，不容有所废置。盖著录学术之公，即使其书乖谬至极，犹当如曾巩所谓明其说于天下，使人皆知其不可从。况《琵琶记》为古今奇作，传奇乃温郡特长，而孙氏竟弃之，其暗于大理甚矣。

《续校雠通义·镕异域篇》曰：今所定之目，固以华夏之书言也。若异域之学，统系与吾不类，将何以处之邪？西洋目录部类，以勃郎、杜威为有纲目条理。今观其部类，勃郎氏所分：一、宗教及哲学，二、历史及地形，三、传记，四、辞典、丛书，五、社会学，商学在内，即生计学。彼之生计以商为主也。六、科学，七、美术及娱乐，建筑学在内。八、应用技术，建筑法、工农家政均在。九、语言及文字，图书馆学，书目提要附。十、诗及戏曲，十一、小说。集合著作、杂志之不在他类者附此。杜威氏所分：一、总记，目录、图书馆、百科全书、丛书、杂志、新闻纸均在。二、哲学，心理、伦理均在。三、宗教，四、社会学，有风俗。五、语学，六、自然科学，七、应用技艺，八、美术，园艺学在内。九、文学，小说在内。十、历史。地理、游记在内。以比观于此土之七略、四部，则此土所有者，彼皆有。而彼所有者，此土多无之。于是人多欲改此之部类以从彼，以为彼以义分，此以体分。体分承七略，乃一国之私，义分据自然之标准，乃天下之公，故彼之类足以该此，而此之类不足以该彼。此论似是而实非也。彼亦有史传与文艺，是亦以体分也。若以义分，则彼史家、文家所持之主义，固非一矣。至谓义分，乃天下之公，则事理情之殊，记载与著述之别，又何非天下之公邪？且审观之，史、诗二类，固彼此之所同，彼之史体，正《尚书》之类也，文字、语言、小说、戏剧，亦皆此之所有。所不同者，乃在此之子与彼之诸学耳。

此少而彼多，此统于经，而彼不然，此不足以该彼，而彼足以该此者，专在于是，是自有故焉。明乎其故，则知彼固不能用此之法，吾亦不能弃此而从彼也。盖书籍之部类，依于学术之系统，而彼此之学术，有根本之异。彼之学由物起，各别而究之，始于自然，中及社会，近乃及于心理，其统系之立甚迟，至孔德始有学术统系。其大体由分而合。此之学则由心起，一贯而究之，举一宗旨，则论人生如是，论政亦如是，乃至生计、艺术罔不如是，其统系之成甚早，其大体由合而分。由此而一一比观之，宗教之经与佛经同，而不与六经同，盖专记教者之言行，而非事理之总纪也，其仪式则整邪。美学在哲学中，而艺术皆以为原理，自然科学之于应用技术，应用技术之于美术，皆互有出入，而哲学家书亦常有贯论社会问题，与吾华同者。诸科专史之当互注，史、子又相类也。盖学术系统固有牵连，而记载著述亦不可严划，吾固屡言之矣，乌有截而齐之目录哉？

　　既定部类，当议配隶，夫立部即所以隶书，似二事而实一事。不知世有何书，而虚立部类，势固不能。不知书有何类，而意为配隶，理所不许。立部之不当，由见书之不广不明；隶书之失宜，由立部之不精不析。故部类既定，而配隶仍有疑惑者，是仍立部之疑惑，有所未解也。《续校雠通义·定体第四》曰：凡分类，必有标准。若标准歧出，则类例不通，此人所共知也。然介在两歧，出入二类之事，则恒有之，虽物质科学归纳所成之类例亦然，况于著录之事。书籍之质素本多混合，而著录者以一书为单位，又不能如治物质之隔离分析。其所分类例，不过论其大体而已，故又有别裁、互注之法以济之。且以一文论之，叙事之文，岂无议论之语，抒情之作，亦有记述之辞，然而事、理、情之大别，固不以是破也。是以部类之标准，配隶之界画，不能极其严明，固势之必然，而非学者不精之咎也。然而非无标准也，非无界画也，特不能极其明严耳，非不明严也。明乎此，则配隶之惑，可以解矣。所谓标准者何？曰体与义。体者，著述之体裁也；义者，学术之统系也。既以体、义为主，则自著述、体裁、学术统系而外，一切分类之标准，皆不可用甚明。而昔之著录家往往歧据他端以乱部类，此最当先戒者也。如《四库提要》以官定仪注入政书，私仪注则附经部，是以作者之官私为断也。律吕之学入乐类，讴歌弦管则入艺术、词曲，是以论者所定之雅俗为断也。记事大者入杂史，小者入传记、小说，是以事之大小为断也。别传在传记，而《明高皇后传》则入杂史，是以人之贵贱为断也。《建康实录》以载宋、齐、梁、陈事入别史，而《华阳国志》则以载公孙、二刘、李氏事入载记，是以论者所定之正伪为断也。章氏《史籍考》以家传、家训、家仪附谱牒，云同行于家，是以群之范围为断也。《四库》传记之中分圣贤、名人二目，而存目之安禄山、黄巢事迹，遂不得不别名为附录，非自扰乎？条别著述，虽以义为主，而分别部居，则以体为主。四部之分，以大体，史与子与集是也。史、集之小类以体分，其细目或以义分，然亦其所究而非其所立，兵书、术数、方技亦然，惟九流乃以所立之旨义分耳。然子部虽以义，而子之为子，其体固异于史、集矣。迁、固之书，其义岂遂合《春秋》哉？《太玄》拟《易》，用七略法，自当附于《易》，特四部既分，又非官书，不得不归于子家耳。苟以其义，则六艺同出于圣人，亦无庸分为六门矣。后世不知辨体而执辨义，往往以义混体，如子部之所收是也。诸子之书，皆立言者也，非言专门之道器，不得入子部，人人所知也。天文、算法之法诀固子矣，《畴人传》则传也；艺术之法诀固子矣，《印人传》则传记，记书画之书，则目录也；兵家固子矣，《名将传》则传记也。而昧者以其言算、言印、言书画、言将略而归之子家，则史、子淆矣。释、道二家，尤为不可解。释家有经律论，道家有经戒、科箓、语录、丹诀，固子类矣。《佛祖通载》，杂史也，《释家谱》《三藏法师传》，别传也。《高僧传》《列仙传》《神仙传》，汇传也。《众经音义》，小学也。《法苑珠林》，类书也。《弘明集》，总集也。《开元释教录》《道藏目录详注》，目录也。乃皆归之于子部，谓之外邪？释、道之邪正姑不论，岂遽不若名、墨、纵横、方技、术数？设名、墨、纵横之家，记其同流者之事为汇传，将亦归之于子家乎？释、道二家，自古本别为录，不入四部。《隋志》附之集后，但存总数，而录高僧、名僧诸《传》于杂传，录《内典博要》《因果记》诸书于杂家类书之次，此乃所谓能辨体也。晁公武谓《神仙》《高僧传》应系传记，以其犹列女、名士，其见卓矣。法显《佛国记》，游记也，昔人之地理。张氏《书目答问》谓其书意主佛教，入之佛家。彼固地理，何可以意而出之？如以意，则《文士传》意在辞章，可入总集乎？《良吏传》意在政绩，可入政书乎？《七略》《山海经》附于形家，特以无其类耳。《山海经》非相地之法也，不可援以为例。《战国策》，纵横诸人之传记也，而《七略》附之《春秋》。当刘氏时，释、道未兴，艺术、算法尚无传记，独存《战国策》一书，可以推见其辨体之微意。而后之著录者，瞀然不知，好学深思之士，由吾言而推之，然后知后世著录家之以义混体者不少也。或曰：条别著述，惟其义耳，所以使学者能尽专家也。今惟依体，则因体而裂义，何用条别著述哉？曰：唯唯否否，体之与义，固每成经纬之形，然分部当以体，若以义，则一子部足矣，何七、四之纷纷乎？马迁宗道，班固宗儒，未闻有人之儒、道家者也。惟依体，则求义或不便，故有互注之法以济之。章先生尝言《战国策》当互注纵横家矣，《印人》《畴人》之传,所以明术艺,互注术艺,使专门者得以深求,是固七略之意,凡专门学史,皆当用此例也。虽然,互注非本类也,本类固以体定,互注乃以通其义耳。章先生发明七略,特重学术统系,故发别裁互注之义,然其言互注已不免多失本与通之辨。吾续其书,则重著述体裁,所以补阙而防弊也。然先生于《和州志·艺文书》,列《名僧传》于传记,而互注释教,其史考释例,辨体尤严,固非执义而忽体矣。互注之当限别,说详《匡章篇》中。或曰:子谓隶书当依体不依义,而子自编书目,又沿前人,以王十朋《会稽三赋》、徐松《新疆赋》入地理,吴淑《事类赋》入类书,吴骞《论印绝句》入艺术,张行简《人伦大统赋》入术数,叶昌炽《藏书纪事诗》入传记,不自相矛盾乎?曰:凡一文体,各有其正用,或假作他用,非其本职,则不当。依诗赋之体,本非征实,而张氏之作则以为歌括之用,本非赋之正体。王、徐、吴之作,所重亦在注,注皆长详,且多溢出正文之外,是不啻以注为重。叶氏之诗,每首咏人至二三人,注皆详其爵里、行事,不专注诗之文,其体实与传记近,但惜不直为传记耳。若《畴人》诸传则固传记正体,与诸赋之变体不同矣。《晏子春秋》,高祖、孝文之《传》,《七略》入于儒家,以传记书少,故未附《春秋》,且其载言为多故也。今传记既有专门,而诸传记又非其比,不可援古以自戾也。

能辨其体,又知互注之法,则介在两歧之书,无不可治矣。不知辨体,不知互注,见两歧之书而反咎部类为本不明白者,疏也。配隶之多惑,仍由部类之未精耳。郑氏《编次之讹论》曰:古今编书所不能分者五:一曰传记,二曰杂家,三曰小说,四曰杂史,五曰故事。凡此五类之书,足相紊乱,又如文史与诗话亦能相滥。按:此诸类固不相滥,特自昔相沿,未正其体耳。杂史者，《尚书》之流，自成首尾，非如故事、传记之零条也。故事者，专记章程，非如传记之记人事也。传记者，专主记事，质实纯粹，非如小说之谲诳寓言也。小说者，宗旨无定，取以喻俗，非如杂家之兼合众流而成一家也。杂家者，虽无纯主，而自具宗旨，非如传记之纯为叙述也。杂史，故事。传记，史也。小说、杂家，子也。杂史与传记、故事以文体大小别，故事之与传记，以所记之事物别，小说之与杂家，以宗旨别。史与子之别体也，史之小别体也，子之别则义也，划然分别，无可疑者。自《隋志》首以传记入故事，《新唐志》更以传记入杂史。自是以降，传记限于记人之别传、汇传，而记事之书滥于杂史、小说，其真杂史则别称为别史，分入于载记。又因杂记之书言事兼有，遂又以兼言者入杂家，模糊混乱，不可究诘。至《四库提要》乃强为之说，曰具一事始末，非一代全编，述一时见闻，只一家私记，为杂史。述朝廷军国者入杂史，参以里巷闲谈，词章细故者入小说，似甚分明而实不堪究。盖自《四库》杂家分立杂学、杂考、杂说、杂品、杂纂、杂编六目，其说谓杂之为义，无所不包，于辨之不精不能分隶者，悉以归之，乃成龙蛇之菹、逋逃之薮矣。四部类目中，此为最乱，吾书已详辨之，兹复略论以例其余。因配隶不明而乱部次，其故仍由部次之未精，欲部次之精，故莫先于核析文体，此事繁深，亦几于自成专门之学也。凡今所议部类，乃为总目而言，藏目及限于一代一方之专目，则苟无其书，门目可省。孙诒让《温州经籍志》用《四库》门目，其或温州著述所无者，则依孙星衍《廉石居藏书记》例，标曰某类无是也。又藏书间依卷、册，经、史合刻，同在一类者，不妨混列，不必如著录通裁，严区时代，选目以意别择，更不必备门类。张氏《书目答问》因告学者，故以正经合刻、分刻冠于经部，正史合刻、分刻冠于史部，周、秦诸子冠于子部。《说文》《通鉴》《三通》皆特立子目，地理惟分古志、今志，政书惟分古制、今制，而书末别录合刻丛书，一人自著丛书及读本初学诸书，皆非著录通裁而为学者所便。至于专门之目，则以不能如《四部总目》之互为详略，故须牵连他部，章氏《论修史籍考要略》所谓经部宜通，子部宜择，集部宜裁者，则其部类又不能无增附矣。

# 互著别裁第七

章氏《校雠通义》之最精者为互著、别裁二义,《互著篇》曰:古人著录,不徒为甲乙部次计。如徒为甲乙部次计,则一掌故令史足矣,何用父子世业,阅年二纪,仅乃卒业乎?盖部次流别,申明大道,叙列九流百氏之学,使之绳贯珠联,无少缺逸,欲人即类求书,因书究学。至理有互通,书有两用者,未尝不兼收并载,初不以重复为嫌,其于甲乙部次之下,但加互注,以便稽检而已。古人最重家学,叙列一家之书,凡有涉此一家之学者,无不穷源至委,竟其流别,所谓著作之标准,群言之折衷也。如避重复而不载,则一书本有两用,而仅登一录,于本书之体,既有所不全,一家(中)本有是书,而缺而不载,于一家之学,亦有所不备矣。刘歆《七略》亡矣,其义例之可见者,班固《艺文志》注而已。《七略》于兵书权谋家,有伊尹、太公、管子、荀卿子、鹖冠子、苏子、蒯通、陆贾、淮南王九家之书。而儒家复有荀卿子、陆贾二家之书。道家复有伊尹、太公、管子、鹖冠子四家之书。纵横家复有苏子、蒯通二家之书。杂家复有淮南王一家之书。兵书技巧家有墨子,而墨家复有墨子之书。惜此外之重复互见者,不尽见于著录,容有散逸失传之文,然即此十家之一书两载，则古人之申明流别，独重家学，而不避重复著录明矣。自班固并省部次，而后人不复知有家法，乃始以著录之业专为甲乙部次之需尔。郑樵能讥班固之胸无伦次，而不能申明刘氏之家法，以故《校雠》一略，工诃古人，而拙于自用，即矛陷盾，樵又无词以自解也。著录之创为《金石》《图谱》二略，与《艺文》并列而为三，自郑樵始也。就三略而论之，如《艺文》经部有三字石经、一字石经、今字石经、易篆石经，郑玄《尚书》之属凡若干种。《金石略》无石经，岂可特著《金石》一略而无石经乎？诸经史部内所收图谱与《图谱略》中互相出入，全无伦次，以谓巨篇鸿制，不免抵牾，抑亦可矣。如《艺文》传记中之"祥异"一条，所有《地动图》《瑞应翎毛图》之类、名士一条之《文翁学堂图》、忠烈一条之《忠烈图》等类，俱详载艺文而不入图谱，此何说也？盖不知重复互注之法，则遇两歧牵掣之处，自不觉其抵牾错杂，百弊丛生，非特不能希踪古人，即仅求寡过，亦已难矣。若就书之易淆者言之，经部易家与子部之五行阴阳家相出入。乐家与集部之乐府、子部之艺相出入，小学家之书法与金石之法帖相出入，史部之职官与故事相出入，谱牒与传记相出入，故事与集部之诏诰、奏议相出入，集部之词曲与史部之小说相出入，子部之儒家与经部之经解相出入，史部之食货与子部之农家相出入，非特如郑樵之所谓传记、杂家、小说、杂史、故事五类与诗话、文史之二类易相紊乱已也。若就书之相资者而论，《尔雅》与《本草》之书相资为用，地理与兵家之书相资为用，谱牒与历律之书相资为用，不特如郑樵所谓性命之书求之道家，小说之书求之释家，《周易》藏于卜筮，《洪范》藏于五行已也。书之易混者，非重复互注之法无以免后学之抵牾；书之相资者，非重复互注之法，无以究古人之原委，一隅三反，其类盖亦广矣。别类叙书，如列人为传，重在义类，不重名目也。班、马列传家法，人事有两关者，则详略互载之。如子贡在《仲尼弟子》为正传，其入《货殖》，则互见也。《儒林传》之董仲舒、王吉、韦贤，既次于经师之篇而别有专传。盖以事义标篇，人名离合，其间取其发明而已。部次群书标目之下，亦不可使其类有所阙，故详略互载，使后人溯家学者，可以求之无弗得，以是为著录之义而已。自列传互详之旨不显，而著录亦无复有互注之条，以至《元史》之一人两传，诸史《艺文志》之一书两出，则弊固有所开也。《别裁篇》曰：《管子》，道家之言也，刘歆裁其《弟子职篇》入小学。七十子所记百三十一篇，《礼经》所部也，刘歆裁其《三朝记》篇入《论语》。盖古人著书，有采取成说，袭用故事者，其所采之书，别有本旨，或历时已久，不知所出。又或所著之篇，全书之内，自为一类者，并得裁其篇章，补苴部次，别出门类，以辨著述源流。至其全书，篇次具存，无所更易，隶于本类，亦自两不相妨。盖权于宾主重轻之间，知其无容互见者，而始有裁篇别出之法耳。《夏小正》在《戴记》之先，而《大戴记》收之，则时令而入于礼矣。《小尔雅》在《孔丛子》之外，而《孔丛子》合之，则小学而入于子矣。然《隋书》未尝不别出《小尔雅》以附《论语》。《文献通考》未尝不别出《夏小正》以入时令。而《孔丛子》《大戴记》之书，又未尝不兼收而并录也。然此特后人之幸而偶中，或《尔雅》《小正》之篇有别出行世之本，故亦从而别载之耳，非真有见于学问流别而为之裁制也。不然，何以本篇之下不标子注，申明篇第之所自也哉？又《焦竑误校汉志篇》论《弟子职》曰：裁篇别出之法，《汉志》仅存，见于此篇，及《孔子三朝记》之出《礼记》而已。充类而求，则欲明学术源委而使会通于大道，舍是莫由焉。且如叙天文之书，当取《周官·保章》、《尔雅·释天》、邹衍《言天》、《淮南天象》诸篇，裁列天文部目，而后专门天文之书以次列为类焉，则求天文者无遗憾矣。叙时令之书，当取《大戴礼·夏小正篇》《小戴记·月令篇》《周书·时训解》诸篇，裁列时令部首，而后专门时令之以次列为类焉。地理之书，当取《禹贡·职方》《管子·地员》《淮南·地形》、诸史《地志》诸篇，裁列地理部首，而后专门地理之书以次类列焉。则后人求其学术源流者，可无遗憾矣。《汉志》存其意而未能充其量，然赖有此微意焉。而焦氏乃反纠之以为谬，必欲归之《管子》而后已焉，甚矣，校雠之难也！或曰：裁篇别出之法行，则一书之内，取裁甚多，纷然割裂，恐其破碎支离而无当也。答曰：学贵专家，旨存统要，显著专篇，明标义类者，专门之要，学所必究，乃掇取于全书之中焉。章而钘之，句而厘之，牵连名义，纷然依附，则是类书纂辑之所为，而非著录源流之所贵也。且如韩非之《五蠹》《说林》，董子之《玉杯》《竹林》，当时并以篇名见行于世，今皆荟萃于全书之中，则古人著书或离或合，校雠编次本无一定之规也。《月令》之于《吕氏春秋》，《三年问》《乐记》之于《荀子》，尤其显焉者也。然则裁篇别出之法，何为而不可以著录乎？

按：此二义，明末祁承㸁《澹生堂书目》已发之，章氏盖未见也。祁书《整书略例四条》后二条曰：一曰通。通者，流通于四部之内也。古人解经，存者十一，如欧阳公之《易童子问》、王荆公之《卦名解》、曾南丰之《洪范传》，皆有别本，而今仅见于文集之中，惟各摘其目，列之本类，使穷经者知所考求，此因少而会多者也。又如《靖康传信录》《建炎时政记》，此杂史也，而载于李忠定公之《奏议》。宋朝祖宗事实及法制人物，此记传也，而收于朱晦翁之《语录》。如罗延平之集，而《尊尧录》则史矣，张子韶之集而《传心录》则子矣。他如琐记、稗史、小说、诗话之类，各有成卷，不行别刻，而附见于本集之中者，不可枚举。即如《弇州集》之《艺苑卮言》《宛委余编》，又如《冯元敏集》之《艺海泂酌》《经史稗谭》，皆按籍可见，人所知也。而元美之《名卿迹记》、元敏之《宝善编》，即其集中之小传，是两书久已不行，苟非为之标识其目，则二书竟无从考矣。凡若此类，今皆悉为分载，特明注原在某集之中，以便简阅，是亦收藏家之捷法也。一曰互。互者，互见于四部之中也。作者既非一途，立言亦多旁及，有一时之著述，而倏而谈经，倏而论政；有一人之成书，而或以摭古，或以征今，将安所取衷乎？故同一事也，而于此则为本类，于彼亦为应收；同一类也，收其半于前，有不得不归其半于后。如《水东日记》《双槐岁抄》，陆文裕公之别集，于文定公之《笔麈》，虽国朝之载笔居其强半，而事理之铨论亦略相当，皆不可不各存其目，以备考镜。故往往有一书而彼此互见者，正为此也。

《续校雠通义·匡章篇》曰：一曰主张互著太过，失体义之轻重也。互著之例固善，然不可太零碎，今《汉志》明著省刘者，固是互注。其仍复见者，篇卷不同，非必一书也。黄绍箕《跋古文旧书考》曰：章氏意善矣，而所以为说则非也。刘《录》互著，惟兵家类有十种，与儒、道、墨、纵横、杂家彼此互见，盖刘向校九流，任宏校兵书，同一书而有两本，各有司存，因两著之，未必别有深意。《汉志》记掌故，而辄为省并，此班氏之疏也。此说是也。章氏此义因书有易混与相资，为用而发，夫易混而混，自是辨体不明耳。相资亦当有限制，若广言无限，则群学固莫不相资，安能一概互注？学者类求，自当旁通，又岂能于一类之中，备其所资哉？盖书有体、有用，二者或不相符，而本用之外，复关涉于他类，互注之法，乃以济此。其于旁涉，当限于本，具二用者，不当广言相关。章氏于此，殊未明析。如云《列女传》当互注于《诗》，夫群书引《诗》断事者何限？皆互注之，无乃太滥乎？又谓贾谊《书》当互见法家，因论儒与名、法相资，儒不为荣，法不为辱，其论甚美。然二家固根柢绝异，贾生乃兼此二家者，非二者本相资。若沿此而广言相资，则九流同出官守，何非相资者邪？《韩诗外传》《吕氏春秋》《虞氏春秋》《新序》《说苑》乃经说，诸子之兼取属辞比事之教者，非本《春秋》之体。司马迁专论《春秋》家学，故旁及吕、虞，不可为著录之法。诸子之书固多衡论古事，庸可一概互注邪？章氏谓诸书皆当互注，《春秋》已稍泛滥，乃又谓班氏未习史迁叙例。按：班不言并省，是刘本未互注，何可妄诋邪？夫体自体，用自用，著录自当依体，以定其本类，互注者于本类之外，他类复存其名耳，本类为主，存名为宾，是有轻重焉。存名者但注云见某部而已，如吕、虞诸书，本诸子也，《春秋》类中但存其名，今章氏不曰入之诸子，而曰吕、虞之书，当附之《春秋》而互见诸子，一言之间，失其轻重矣。

又曰：二曰主张别裁太过，致似编类书也。昔之裁篇别出者，大都本是单行。黄绍箕《跋古文旧书考》曰：章氏意善矣，而所以为说则非也。《史记索隐》引《别录》：《三朝记》并入《大戴礼》。《三国志·注》《艺文类聚》引《别录》，又云今在《大戴礼》。是知《三朝记》旧有单行本，非刘氏裁出也。然刘氏自有裁出者。小说家《鬻子说》十九篇，本《注》云后世所加。此为《别录》原文，盖旧与道家之《鬻子》二十二篇同为一书，刘氏以为后世所加，故归小说。又有《伊尹说》二十七篇，本《注》云其语浅薄，似依托。《黄帝说》四十篇，本《注》云迂诞依托。此二书旧亦并附于道家《伊尹》五十一篇及《杂黄帝》五十八篇之内，为刘氏裁归小说家，与《鬻子说》例同，此皆章所未详也。此说虽似臆揣，而实有理。章氏所举别裁之例，多裁所不当裁。如《尔雅·释天》《释草》，记名物之书，非天文、农家专门也。若《释草》可入农家，农家固不止草，《释木》亦可入矣。医家亦需《草》《木》二篇，又可入医家也。邹子说阴阳乃虚谈，非实测，未可入之天文专门。《无逸》者，周公告成王重农之意，《豳风》者，歌咏农事。《小正》《月令》不专为农言。皆非专门农家，不可别裁。惟《吕览·辨土》《任地》等四篇，乃真古农家遗言，可仿《戴记》之例裁出耳。要之，别裁一例，当以专门本可单行为主，其为全书一类者，不可轻议裁出。若如章氏之说，虽自辨为非类书，其弊不至似类书，不止割《尔雅》之分篇，冠专门之首简，不似类书而何似也？

《校雠通义·辨嫌名第五》曰：部次有当重复者。《汉志》以后，既无互注之例，则著录之重复者，大都不关义类，全是编次之错谬耳。欲免门类疑似、一书两入之弊，须先作长编，取著书之人，与书之标名，按韵编之，详注一书源委于其韵下，至分部别类之时，但须按韵稽之，虽百人共事，千卷雷同，可使疑似之书，一无犯复矣。按：此亦济互注之法。

张祖廉所编《龚定庵自珍年谱外纪》曰：尝写《公孙龙子》、《穆天子传》、《灵枢经》、《黄庭经》，屈原赋《九歌》，汉唐山夫人《房中歌》、《汉郊祀歌》、《礼运》、《考工记》、《梓人》、《弓人》、《越绝》，史游《急就》、《管子·地员》、《司马法》、《保傅篇》、《商子》一篇、《智鼎太仆盘楚夜雨雷钟镜刚卯文》一事、《焦山鼎附》、《春秋元命苞》、《保乾图》、二纬《逸文》，辑《汉官仪逸文》，辑《都二十有六事》，题曰《龚自珍好写古籍之不繁重者》。既写屈原赋以下如干事，写《弓人》《地员》竟，客献疑曰：是可以别行乎？告之曰：可。自七十子而降至先秦著书者之例，往往采古篇入其书，不必作者自造，或一子造而诸子述之，或一子述古篇而诸子尽述之，不相避其号。采馔群书，如大、小戴之伦，亦不相避。然则凡所为篇，皆各为一书者也。如《弟子职》在班《志》孝经家，《保傅》《劝学》二篇，其最显然者，《淮南》《宾客》二篇亦然，其知古之例矣。汉文帝召窦生献其书，乃《大司乐章》，然则周、秦时《周礼》每官皆别行，子故刺取《弓人》。蔡邕章句《月令》，道家取《庄子》半篇，定为《广成子》，朱文公之《大学》《中庸》，王伯厚之《践阼篇》，近世则《夏小正》《曾子》十篇之在《戴记》，《弟子职》之在《管子》，《小尔雅》之在《孔丛》，皆别有注本，子故刺取《地员》。按：古书本篇篇单行，周官本各守其书，例固甚明。近汉学家以宋人别出《大学》《中庸》为非古，拘狭之论也。宋仁宗以《中庸》《儒行》赐近臣，不自程、朱始。再上溯之，则汉昭帝读《保傅》矣。但如道家之为，则割裂古书，妄立名字，开明人之风，不可为别裁之法耳。

后世之当别裁者，文集也。古之文集，本承诗、赋，史、子专家不入焉。嵇康《养生论》固别行，不入集。至唐而史、子二流皆入集。至宋而集成一人之丛书，一切著述之成书者皆入矣。若《刘宾客集》之《因论》、《皮子文薮》之《春秋决疑》《鹿门隐书》、《李直讲集》之《周礼致太平论》《礼论》《易论》、《司马温公集》之《迁书》、《南丰集》之《金石录跋》、《嘉祐集》之《权书》《衡论》，虽本混编集中，皆当裁而出之。明人或取入丛书，是也。至其本附集以行，如《昌黎集》之《顺宗实录》、《河南集》之《五代春秋》、《刘诚意集》之《郁离子》，并皆别有单行之本。而定《四库》者，不但不知别裁，乃于明人所已抽出，及本有单行本者,皆以已在集中而止存其目,有《孔丛子》遂无《小尔雅》,人几疑《小尔雅》之已亡。徒省重写之繁,乃使源流不备,是大谬也。

　　后世著录家既不知别裁互著之法,而其所著录,每已有别裁互著之本,彼则以未详考而不觉也。吕本中之《童蒙训》,本与《杂说》《诗话》《官箴》合而为一,当时其家传之,合称《家训》或《童蒙训》,虽《诗话》《官箴》已择出别行,而统名如故。故朱氏《名臣言行录》及《语类》所称引《童蒙训》,多为今本所无。《四库》以《童蒙训》《杂说》《官箴》分列,此实不异于互著矣。元费著《修成都记》中《岁华纪丽》《笺纸》《古器》《锦》《成都氏族》五谱,为杨慎录入《艺文志》。《费记》既亡,明人自《志》中抄出五谱别行,《四库》亦分录之,而不知其为记之一篇,此实无异于别裁矣。

# 次第第八

一部之中，有部类。一类之中，有次第。部类横依于统系，次第纵依于时代。

郑樵《编次必谨类例论》曰：类例既分，学术自明，以其先后本末具在。观图谱者可以知图谱之所始，观名数者可以知名数之相承。谶纬之学，盛于东都；音韵之书，传于江左；传注起于汉、魏；义疏成于隋、唐。观其书可以知其学之源流。按：纵观不独可以知学术，且可以见时风。齐、梁词章盛，故类事、抄词之书多。北朝及唐释教盛，故鬼怪、报应之书多。记赏玩、饮食之书始于唐，偷逸之风也；论南北兵事之书盛于南宋，恢复之说也。

《四库提要·凡例》曰：编次先后，《汉书·艺文志》以高帝、文帝所撰杂置诸臣之中，殊为非礼。《隋书·经籍志》以帝王各冠其本代，于义为允。今从其例，其余概以登第之年、生卒之岁为之排比。或据所往来倡和之人为次。无可考者，则附本代之末。释、道、闺阁，亦各从时代，不复区分。宦侍之作，虽不宜侧士大夫间，然《汉志》小学家尝收赵高之《爰历》、史游之《急就》，今从其例，亦间存一二。外国之作，前史罕载，然既归王化,即属外臣,不必分疆绝界,故亦随代编入焉。孙氏《温州经籍志叙例》曰:《千顷堂书目》别集一类,悉以科第先后分别著录,然乡解与会试错出无绪,遂多重复,今悉依举人题名为次,庶可较若画一。又曰:其有义士、逸民,身遘异姓,节崇肥遁,则仍系故朝,谨遵《四库总目》例也。按:著录之事,论书不论人。簿目之书,既非国史,又非官品,既非一门谱系,又非九等人表,一切男女流品,教别国别,皆可勿论。且其次第所以明学术传承,自当通以时代先后为次,《汉志》是而《隋志》非也。自昔编书者,多以女子居末,《七略》则唐山夫人、中山孺子仍与男子合编,无所别也。登第年代亦编书者所通用。盖以生卒年月不易周知,往来唱和难定行辈,然簿目之书,本非同年之录,唐、宋以上,安有年科士举?况硕士不皆贵显,晚达偏为老成,概依科第,必至师居弟后,幼在长先,总集之书,每有此病,但求齐整,而所害实多。吾谓达尊之三齿为通贵,著作之家,亦自无多,即录其书,应考其事,即使不得生卒之年,亦可略识老幼之迹。苟能不惮寻讨,无考者当亦甚希。《提要·凡例》所举三者,自当互考,不宜偏重科第也。《提要》于此,可谓致详。其升龚诩于解缙之前,用意亦善。而录宋人文集,乃曾巩、曾肇及王安礼集皆隔列于欧阳修、王安石之前,殊为可怪矣。

《提要·凡例》曰:诸书次序,虽从其时代,至于笺释旧文,则仍从所注之书,而不论所注之人。如儒家类,明曹端《太极图述解》以注周子之书,则列于《张子全书》前。国朝李光地《注解正蒙》以注张子之书,则列于《二程遗书》前是也。他如《史记疑问》附《史记》后,《班马异同》附《汉书》后之类,亦同此例,以便参考。至于汪晫所辑之《曾子》《子思子》则仍列于宋,吕楠所辑之《周子抄释》诸书则仍列于明,盖虽衷辑旧文,而实自为著述，与因原书而考辨者，事理固不同也。按：以注人时代为次，实始《新唐书·艺文志》。《礼》类二《戴》先于《周官》《仪礼》，《春秋》类《繁露》先于三《传》，《提要》正之，是也。乃其于四书一类，不复分次《论语》《孟子》，于是《孟子》赵《注》反居《论语》何《注》之前，是自戒之而自蹈之矣，其弊乃由不知分录正文与注。经传古本别行，引传就经，始于汉末，注与疏亦本单行。合注于疏，始于南宋黄唐，见《日本访书志》。《史记索隐》明犹有单行本。此当分别著录，祁承㸁已言之矣。见《存逸篇》。

# 题解第九

刘向校书，每一书已，向辄条其篇目，撮其指意为一录。荀勖《中经簿》则但录题作者之意，无所论辨。王俭《七志》，不述作者之意，但于书名之下，每立一传。《隋书·经籍志》。其后刘法不传，胡应麟谓毋煚《开元群书目录》乃至二百余卷，按：煚《序略》云《书录》四十卷，胡说误。盖各书之下，必有论列，惜今不传。宋《崇文总目》亦用王法，而郑樵非之，其《泛释无义论》曰：古之编书，但标类而已，未尝注解，其著注者，人之姓名耳。盖经入经类，何必更言经？史入史类，何必更言史？但随其凡目，则其书自显。惟《隋志》于疑晦者则释之，无疑晦者则以类举。今《崇文总目》出新意，每书之下必著说焉。为之说也，已自繁矣，何用一一说焉？至于无说者，或后书与前书不殊者，则强为之说，使人意怠。且《太平广记》者，乃《太平御览》别出。《广记》一书专记异事，奈何《崇文》之目所说不及此意，但以谓博采群书，以类分门。凡是类书，皆可博采群书以类分门，不知《御览》之与《广记》又何异？《崇文》所释大概如此，举此一条，可见其他。又《书有不应释论》曰：实录自出于当代。按：《崇文总目》有《唐实录》十八部。既谓《唐实录》，得非出于唐人之手，何须一一释云唐人撰？凡编书，皆欲成类，取简而易晓。如文集之作甚多，唐人所作，自是一类，宋朝人所作，自是一类，但记姓名可也，何须一一言唐人撰，一一言宋人撰？有应释者，有不应释者，《崇文总目》必欲一一为之释，间有见名知义者，亦强为之释。如郑景岫作《南中四时摄生论》，其名自可见，何用释哉？如陈昌胤作《百中伤寒论》，其名亦可见，何必曰百中者取其愈乎？又《书有应释论》曰：《隋志》于他类只注人姓名，不注义说，可以睹类而知义也。如史家一类，正史、编年，各随朝代易明，不言自显。至于杂史，容有错杂其间，故为之注释，其易知者则否。惟霸史一类，纷纷如也，故一一具注。盖有应释有不应释者，不可执一概之论。按：《唐志》有应释者，而一概不释，谓之简。《崇文》有不应释者，而一概释之，谓之繁。今当观其可不可。按：郑氏所纠《崇文》之泛冗无谓甚当，而其所作《通志·艺文略》全删子注，反致复乱不明，后人因诋其删释之非。吾谓郑氏之论固未当，后人之诋亦疏也。目录专书，自当详释，史、志则不胜具载，止列其目，体各有宜。刘氏《别录》书二十卷，何尝泛冗？班《志》删之，有释有不释，严密过于《隋志》，郑氏何不言邪？《崇文总目》自是专书，当法刘《录》、王《志》，不当法班《书》《隋志》。《通志》自是通史，当法班《书》《隋志》，不当法刘《录》、王《志》。不能分别，而混识皆非也。《崇文》之病在释之泛冗耳，岂可概谓目录不当篇篇释乎？胡应麟惜郑氏《通志》于昔人著作之旨无所发明，是也。

《四库提要·凡例》曰：刘向校书秘文，每书具奏。曾巩刊定官本，亦各制序文，然巩好借题抒议，往往冗长，而本书之始末源流，转从疏略。王尧臣《崇文总目》、晁公武《郡斋读书志》、陈振孙《书录解题》稍具崖略，亦未详明。马端临《经籍考》荟萃群书，较为赅博，而兼收并列，未能贯串折衷。今于所列书，各撰为提要，分之则散弁诸编，合之则共为总目，每书先列作者之爵里，以论世知人，次考本书之得失，权众说之异同，以及文字增删，篇帙分合，皆详为订辨，巨细不遗。按：宋人好为题跋，别集中多有之，本属偶然涉笔，不为整理一书。晁、陈二书未脱题跋之习，故不详明。但晁颇及著述风习，陈间能评书之得失，尚多可采，胜于《崇文》。明世著录，称为苟简，有解题者，惟高儒《百川书志》，较之晁、陈，又下之矣。至于专目，则高氏子、史二略，详而不整，所及亦隘。朱氏《经义考》则用马氏之例，详录序跋，而考订语少。《四库提要》之作，诚为前无古人，然语涉名物，则毛举旁证，觊缕不休；语涉理学，则曲讥巧诋，偏恣无节，批评之识，犹多未足。自后版本学盛，著录题跋者大抵偏重于此，详书行款，辨叙抄刻，或罗序跋，以证源流。至于批评，尤为疏略，或偶书己见，如彭元瑞《知圣道斋读书跋》。或抄袭旧文，如丁丙《善本书屋藏书志》。校之《提要》，又不及焉。夫解题之职，盖有二端：一为考证，存佚真伪，名目篇卷，当详征具说，不献缛繁，爵里行事自不待论。一为批评，推明旨意，核定体例，务求完其面目，又须横知统类，纵知源流，乃能定其位置，必如是已，然后可以论断同异得失，论断不可轻先也。自昔著录之书，能考证者已少，能批评者尤稀，粗具二长，可为楷式者，惟庄述祖《历代载籍足征抄①》，周中孚《郑堂读书记》耳，惜皆残缺不全。近世文集中，单篇之作颇有精者，如孙星衍《晏子春秋叙》、严可均《鬻子叙》、龚自珍《最录穆天子传》、黄以周《范子计然略叙》、刘师培《周书略说》，皆可为模范。专目之书及近世著录之偏重版

---

① "抄"，当作"录"。

本源流者，多备录叙跋，兼征他传、志书，此于解题为长编之体。孙诒让《温州经籍志叙例》曰：篇题之下，畺移叙跋；目录之外，采证群书。《通考》经籍一门，实创兹例。朱氏《经义考》祖述马书，益恢郛郭。信校雠之总汇、考镜之渊薮也。此书之作，意存赅备，故辄道轨鄱阳，近宗秀水。又曰：叙跋之文，雅俗杂糅，宋、元古帙，传播浸希，自非缪悠，悉付掌录。明氏以来，略区存汰。大抵源流总悉，有资校考；意旨闳眇，足共诵览。凡此二者，并为捃采。或有瞀工剿剽，雅驯既少，书林眩鬻，题缀猥多，则仅存凡目，用归简要。原注：张氏《藏书志》，习见之书，序跋皆自存目，今略仿其例。若编帙既亡，孤文廑在，则纵有疵类，不废移誊。复以马、朱两《考》，凡录旧文，不详典据，沾婠涂窜，每异本书，偶涉雠勘，辄滋歧牾。今亦依张《志》之例，凡旧编具在者，并移写原文，不削一字，年月系衔，亦仍其旧。其有名作孤行，楸征他籍者，则备楬根柢，并著卷篇，庶使览者得以讨原，不难复检。至于辨证之书，剌剟丛残，实难稽核，朱氏标目某曰尤为疏略。今则直冠书名，用征臆造，有删无改，亦殊专辄。又曰：写录之次，马、朱互异，贵与殚心旧录，故叙跋系晁、陈之后。锡鬯博综佚闻，则传状冠志目之前，凡此科条，未为允协，今之写定，大抵每书之下，叙跋为首，目录次之，评议之语又其次也。其有遗事丛谈，略缀一二。苟地志已具，则无贵繁征。

《隋·经籍志》论簿录源起，即称引《诗》《书》之《叙》。盖古者簿目未兴，序即为解题、目录之用，故恒言谓善读书者先读叙，即今目录、版本之学，尚以叙跋为要资。版本家重在传刻经历，故虽短题小引，罔敢疏忽。目录家因其多陈因泛滥，不免略置，且谓直考本书，无容事此。然有稍不详审，而遂致巨谬者。如王荆公诗李壁《注》，张氏所刻本，是刘辰翁评本，注经删简，刘将孙叙，固详言之。《四库》忽焉不言，删注又不题须溪评本。其后鲍廷博、严元照得宋刻残本，见其注多于张本，遂诧以为怪矣。朱氏《名臣言行录》世所行，与李幼武《续集》《别集》合者，并经李衡删简，名为《纂要》，引题甚明。乃自来著录家皆不知，不题《纂要》之名。及近日朱氏原本出，条文增多，人知彼本之不全，而但谓明刻不全，仍不知为李删也。此皆《四库提要》所未审，而近始得之于叙跋，可知叙跋之不可忽矣。

# 版本第十

书之刻本，盛于五代。历时既久，传贸弥繁。而抄写之本，亦犹未已。校勘之风既盛，较量之业以兴。列异本始于宋人，贵宋本则著于明季。沿至近世，乃成专门之学。然其所以成学者，以其名目多，源流长，难于博识，必须勤笃耳。若其理法，固自无多，根柢资借，仍在于群学，未可画疆而自治也。故言版本之书，其内实大半罗故实而已。题跋零散，讨贯为难，叶德辉《书林清话》晚出，最为详整。兹且撮其概略，偶有沾益，止期明其例式。若欲详征，自可求之彼书也。

书籍传布，论者分为三期：一为写录，二为刻印，三为活字。写录之质为竹木与帛，刻印之资为石与木。而考古者上溯荒远，则及于封禅刻石、彝器勒铭，以及甲骨之制。然此皆止刻文字，未成书编。石文考证，别有专家。活字近起宋人，盛行未久，校勘之学，尚罕及焉。今皆不谈。专言纸抄木刻，上溯其原，至竹帛而止。亦只述其大略，以考订名物，无关校雠也。

古书止有竹简木牍，以丝编之。曰汗简，曰杀青。汗者去其竹汁，杀青者去其青皮。其书之以漆与铅。帛书始于战国，盛于西汉。改帛为今之纸，始于后汉。舍竹帛而专用纸，当盛于六朝。帛与纸多装为卷子。隋、唐之间有旋风叶，至宋有蝴蝶装，后遂变为绵缝。故程大昌《演繁露》谓改卷为折叠之册，始于唐人。叶德辉谓书本之称，见于六朝。折本当始秦、汉间。又据《晋书》称若干帙合数卷谓之折叶，以证折叶晋已通行。其说未是。本之为称，原不限于折叠。帙用缣竹，皆以成卷也。装潢源流，日本岛田翰《古文旧书考》最详。

木版之始，论者甚多，以叶氏《书林清话》为最当。其言曰：书有刻本，世皆以为始于五代冯道，其实唐僖宗中和年间已有之。据唐柳玭《家训·序》云，薛《五代史·明宗纪·注》引。中和三年癸卯夏，銮舆在蜀之三年也，余为中书舍人，旬休阅书于重城之东南。其书多阴阳、杂记、占梦、相宅、九宫、五纬之流，又有字书小学，率雕版印纸，浸染不可晓。是为书有刻版之始。特当时所刻印者，非经典四部及有用之书，故世人不甚称述耳。宋朱翌《猗觉寮杂记》云：雕印文字，唐以前无之，唐末益州始有墨版。朱氏亦谓刻版实始于唐矣。近日本岛田翰撰《雕版渊源考》，据陆深《河汾燕间录》引《隋开皇十三年十二月八日敕》，废像遗经，悉令雕版之语，谓雕版兴于六朝。然陆氏此语，本隋费长房《三宝记》，其文本曰：废像遗经，悉令雕撰。意谓废像则重雕，遗经则重撰耳。阮吾山《茶余客话》亦误以雕像为雕版。而岛田翰必欲傅合陆说，遂谓陆氏明人，逮见旧本，必以雕撰为雕版。不思经可雕版，废像亦可雕版乎？岛田翰又历引《颜氏家训》称江南书本，《玉烛宝典》引《字训》解瀹字曰：皆依书本。宋晁公武《古文尚书训诂传》引隋刘炫《尚书述议》曰四隩既宅，今书本隩皆作墺。谓书本是墨版，为北齐以前有刻版之证。上虞罗振玉作《鸣沙山石室秘录》，既于雕本《一切如来尊胜陀罗尼经》下亦从其说。吾以谓雕版始于唐，不独如前所举唐《柳玭训序》可为确证。唐元微之为白居易《长庆集》作序，有缮写模勒，炫卖于市井之语。司空图《一鸣集》九载有《为东都敬爱寺讲律僧惠确化募雕刻律疏》。可见唐时刻板书之大行，更在僖宗以前矣。若以诸书称本，定为墨版之证，则刘向《别录》校雠者一人持本；《后汉》：章帝赐黄香《淮南子》《孟子》各一本。亦得谓墨版始于两汉乎？按：岛田氏《春在堂笔谈》记俞樾驳岛田说，与叶氏说同。又曰：雕版肇祖于唐，而盛行于五代。薛《五代史·唐书·明宗纪》：长兴三年二月辛未，中书奏请依石经文字，刻九经印版，从之。又《汉书·隐帝纪》：乾祐元年五月己酉朔，国子监奏《周礼》《仪礼》《公羊》《穀梁》四经未有印版，欲集学官考校雕造，从之。宋王溥《五代会要》卷八：周广顺六年六月，尚书左丞兼判国子监事田敏，进印版《九经书》《五经文字》《九经字样》各二部，一百三十册。显德二年二月，中书门下奏国子监祭酒尹拙状称，准敕，校勘《经典释文》三十卷，雕造印版，欲请兵部尚书张昭、太常卿田敏同校勘。敕其《经典释文》已经本监官员校勘外，宜差张昭、田敏详校。夫上有好者，下必有甚。其时士大夫之好事者，如《宋史·毋守素传》云：毋昭裔在成都，令门人勾中正、孙逢吉书《文选》《初学记》《白氏六帖》镂版，守素赍至中朝，行于世。至自刻己集，如《薛史·和凝传》云：平生为文章，长于短歌艳曲，尤好声誉。有集百卷，自篆于版，模印数百帙，分惠于人焉。又贯休《禅月集》有王衍乾德五年昙域《后序》称，检寻稿草及暗记忆者约一千首，雕刻成部。可见其时刻版风行，举之甚易，故上自公卿，下至方外，皆得刻其私集，流播一时。若其时诸书刻本，自来未闻藏书家收藏。光绪庚子，甘肃敦煌鸣沙山石室出《唐韵》《切韵》二种，为五代细书小版刊本，惜为法人伯希和所收，今已入巴黎图书馆。又曰：日本水野梅晓行筐中有

《文选·归去来辞》,卷尾刻大唐天祐二年秋九月八日,余杭龙兴寺沙门无远刊行字一行。德清傅云龙纂《喜庐丛书》中刻有此种残本,黎庶昌《跋》盛称之。据岛田翰云:是彼国大坂西村某赝刻三种之一。按:岛田所举五代本,有李鹗本《尔雅》及阙名字本《左传》。叶氏又曰:古人私家藏书,必自撰目录。宋诸家所藏,多者三万卷,少者一二万卷,无所谓重文异本也。自镂版兴,于是兼言版本。其例创于宋尤袤《遂初堂书目》。《目》中所录,一书多至数本。同时岳珂刻九经三传,其《沿革例》所称,凡二十三本。知辨别版本,宋末士大夫已开其风。明毛扆《汲古阁珍藏秘本书目》注有宋本、元本、旧抄、影宋、校宋本等字。当时丰道生为华夏撰《真赏斋赋》,亦①专叙宋、元版书。江阴李鹗翀《得月楼书目》,亦注宋版、元版、抄字本。国初季振宜《季沧苇书目》、钱曾《述古堂藏书目》,卷首均别为宋版书目。钱曾《读书敏求记》号为赏鉴家。《四库存目提要》谓其但论缮写刊刻之工拙,于考证不甚留意。自康、雍以来,宋、元旧刻日稀,而缙绅士林,佞宋秘宋之风,遂成一时佳话。乾隆敕编《天禄琳琅书目》,分别宋版、元版、明版、影宋等,于刊刻时地、收藏姓名、印记,一一为之考证,是为官书言版本之始。按:此节叙版本学源流,稍有疏误。丰道生生于嘉隆间,非毛氏同时。其时虽重旧刻书,止视之如旧墨古器,为清玩之具而已。至于稍加考证,明其贵重,关于学术,则实始于钱谦益。毛晋、钱曾实其门人,是开虞山版本学一派,旁及苏州各县,承传勿替。乾、嘉校勘之风,虽由小学考证之盛,亦自冯班及何焯、陈景云师弟等开之。班固谦益门人,而焯则谦益再传也。源流皎然,不可诬没。特谦益名

---

① "亦",《书林清话》作"不"。

败书禁，其裔流讳言之耳。

宋叶梦得《石林燕语》曰：唐以前，凡书籍皆写本，未有模印之法，人以藏书为贵。人不多有，而藏者精于雠对，故往往有善本。学者以传录之艰，故其诵读亦精详。书籍刊镂益多，士大夫不复以藏书为意，学者易于得书，共诵读亦因灭裂。然版本初不是正，不无讹误，世既一以版为正，而藏本日亡，其讹谬者遂不可正，甚可惜也。胡应麟曰：此论宋世诚然，在今则甚相反。盖当代版本盛行，刻者工直重巨，必精于校雠，始付梓人。即未必皆善，尚得十之六七。而抄录之本，往往非读者所急，好事家以备多闻，束之高阁而已。以故谬误相仍，大非刻本之比。凡书市之中无刻本，则抄本价十倍。刻本一出，则抄本咸废不售。黄丕烈亦尝言，向来以旧抄书为贵，今右观诸书抄本，最为难信。按：二说皆是实情，而实不相背。刻似郑重，而翻则轻易；抄似率略，而非秘不抄，反多郑重。故胡氏又言，凡木刻者十不当抄一，抄者十当宋之一。可知抄虽逊于古刻，自较坊刊为胜也。孙庆增《藏书纪要》曰：书之所以贵抄录者，以其便于诵读也；所以有刻本，又有抄本，有底本。底本便于改正抄本，定其字画，于是抄录之书比之刊刻者更贵且重焉。况秘本罕见者，非抄录则不可得，此乃谓藏家之抄本耳。抄本鉴别殊易，孙氏已略言其源流，法式无多，故今不详也。

顾广圻跋《蔡中郎文集》云：书以弥古为弥善，可不待智者而后知矣。乃世间有一等人，必谓书无庸讲本子。噫，将自欺邪？欺人邪？叶名沣《桥西杂记》曰：邵君蕙西居京师，购书甚富，拳拳于版本抄法。名沣与之言曰：彭文勤尝诋《读书敏求记》染骨董家气习，我辈读书，当用力于其大者，未可蹈此蔽也。后阅钱氏《曝书杂记》引郑康成《戒子书》：吾家旧贫，不为父母昆弟所容。康成大儒，不应出此语。考元刻《后汉书·康成本传》无不字，与唐史承节所撰《郑公碑》合，今本乃传刻之误，此校书之有功于先贤者。名沣始悔前言之陋。此二说可见版本之重。其所以重者，曰古与善，而古之重亦以其善也。

古抄卷子，中土已不传，惟日本尚有之。其体制详岛田氏《装潢考》。涩江全善、森立之所撰《经籍访古志》曰：清人所采，未有出于宋椠元抄之外，至皇国所存古本，原之李唐，其文字多存六朝俗体。又云：旧抄卷子，诸概取原于隋、唐古本，间有依宋椠传抄，装为卷轴者，盖当时传书谨重至装潢之事，能守旧式，故虽依宋本抄，不辄仿其制装为册子。岛田氏亦曰：皇国旧抄本虽依唐、宋人所著者，书之多用六朝奇字，而其依宋、元本传抄者亦颇改今字以成古字，盖抄者目惯旧本，以意改之。近日人动称唐前遗卷，岛田已力辨之。

宋刻书有官刻、私刻、坊刻。叶氏曰：宋陈骙《中兴馆阁续录》云：秘书郎莫叔光上言：今承平滋久，四方之人益以典籍为重。凡缙绅家世所藏善本，外之监司郡守搜访得之，往往锓版以为官书，然所在各自版行。是宋时士大夫以刻书为风尚，司郡刻者皆可支领公使库钱。又曰：宋时坊本雕镂不如官刻之精，校勘不如家塾之审。岛田氏《访余录》曰：宋时有监本，有坊本。监本即国子监校定，对勘少讹，坊本即徒为射利计。宋初蜀书为最，汴末蜀微衰而杭为上，蜀次之，闽最下。杭本、蜀本皆大字阔版，刻亦不减监本，但不精加雠校。刻书莫盛于闽，建阳之麻沙、崇文二坊，及临安之陈解元书棚，凡书入刻，三坊必先，故其书旁行于天下，而滥恶亦莫过焉。后遂有麻沙本之禁，此说亦止大略。详见叶氏书。

岛田翰曰：宋本诸经大抵以《开成石经》为蓝本，而编注之用贞观定本。所贵乎宋本，盖独在于诸史与子集耳。尝怪宋初古籍如此其多，而无一言及于刻别本。盖是时雕书始盛，技拙费巨，刻书者非官司即书肆。官有一定之规，书肆专于射利。降而绍兴、庆元书弥鲜，刻益多，则已无及。故以岳倦翁之精力，不能过于晋天福铜版本；尤延之之博，以不得淳化监本《史记》为憾。使宋初君臣刻定本外，别分南北古今刻习本。不然，则仿《释文》制点勘记，或不至于若此蔑如也。故刻书之精自宋，旧本之佚亦在宋。

岛田曰：宋公私刻本虽多，书必倩名人，刻必用巧手。因循至元，仪型既远，书坊私利家塾读本，意在锱铢，或密行密字，或细书粗校，或一行之间讹夺错出。叶氏曰：宋本以下，元本次之。然元本源出于宋，故有宋刻善本已亡，而幸元本犹存胜于宋刻者。

叶氏曰：今世刻书，字体有一种横轻直重者，谓之为宋字。一种楷书圆美者，谓之为元字。世皆不得其缘起。吾谓北宋蜀刻经史及官刻监本诸书，其字皆颜、柳体，大都笔法整齐。南宋书棚本，字画方版，已开今日宋体之风。光宗以后，渐趋于圆活一派，已近于今日之元体字。而有元一代，官私刻本皆尚赵松雪字，此则元体字之所滥觞也。前明中叶以后，于是专有写匡廓宋字之人。杭世骏《欣托斋藏书记》曰：宋刻两汉书，版缩而字密，字画活脱，注有遗落，可以补入，此真所谓宋字也。元大德，版幅广而行疏，锺人杰、陈明卿稍缩小。今人错呼为宋字，拘版不灵。又岛田翰曰：元刻非瘦陋失妩媚，即郢郭廓阔大。字画失之太圆钝，以学赵书之面貌故。又钱泳《履园丛话》云：有明中叶，写书匠改为方笔，非颜非欧，已不成字。

叶氏又曰：王端履曰：或谓余曰：宋人刻书，每行字数如其每叶行数。此亦不尽然。钱竹汀《日记》所载：每页有二十八行，行二十四字；二十六行，行二十五字。按：王氏云云，门外语也。宋本行字两较，不甚参差。以全版计算，行多少二字，似觉相悬。以半版计数，则出入仅一二字而已。于形式无损也。宋版书行少者每半叶四行，行八字。行多者每半叶二十行，行二十七八字至三十字不等。吾友江建椴标有《宋元行格表》二卷。

叶氏《书林余话》曰：书边四围之阑为线，版中上下处为口，版心形为鱼尾，边阑上有小框附著两旁者为耳子。线有单有双，四围边阑内重出一细线纹者，是谓双线。若仅有边阑而无内线，是谓单线。黑口有大有小，版心上下刻一直线，上在鱼尾上，下在鱼尾下，粗者填满版心，是谓大黑口。小者刻一细线，是谓小黑口。盖所以表识版之中心，以便折叠时有准绳也。无此线者则为白口。鱼尾之黑口因之，亦偶有两歧者。鱼尾有双有单。双者上下同，单者上刻一鱼尾，下则只刻一横线，亦有版心全系黑口者，则鱼尾以外皆粗黑线。耳子以识书之篇名，始宋岳珂之刻《九经三传》，他书则罕见。若释、藏之所刻支那本，则每半页一方围，中无版心、直线、黑口等。明时径山寺、云栖寺所刻释典为多，不知其何所仿。按：此说言版式最浅明，然亦有小疏。耳子之设，盖由昔日装书，长编不折，版边在书口，易翻检也。今折装则无用矣。近世刻书亦偶有耳子，然止以识本页字数耳。若支那本式，则明人所为释藏书本，是折叠装，即所谓梵夹本者，其版较寻常书为长。盖沿自册子，亦有版心，但止记页数，以折处不在版心，故皆白口。明人改刻作线订之册，亦沿用白口，其所刻乃此土著述，故标支那撰述四字于口。昔之目录家不悉佛藏类别，见版心上支那二字，遂相沿呼为支那本，其实误也。行式宋、元之辨，明叶盛《水东日记》、近人孙庆增《藏书纪要》、《清稗类钞》引赵慎畛语、岛田翰《古文旧书考》及《书林余话》

皆尝言之，但不详整。今综为三条说之。一曰版框边线。宋本四周单线乃沿，卷子本或有左右双边。旧说谓宋本无四周双边，岛田谓南宋已有之。二曰版中折口。宋本多白口，南宋麻沙本多黑口。元沿之。明初沿元，嘉靖间多翻宋本，故尚白口。白口及小黑口者，上鱼尾之上记本页字数。南宋以楷，宋末乃用行草。其下则书名，止一字，非全名。首末叶则无之。明末乃全刻书名下。鱼尾之上或下则记页数。书名、页数皆多行书，非真书。下鱼尾下则刻工姓名。杨绍和、岛田翰常以此定年代。元本无之。三曰卷首卷末。卷首正文前空二行，为小题撰入。卷末书名隔正文一行，皆沿卷子本。宋末元初往往空二行以上，又或不空行。其无空白则不题书名，下或书终字，皆非宋本旧式。又卷末记卷中字总数，亦沿自卷子。宋末、元本无之。

明高濂《遵生八笺》曰：宋版遗在元印或元补欠缺，时人执为宋刻。元版遗至国初补欠，人亦执为元刻。然而以元补宋书，犹未易辨。以国初补元，内有单边双边之异，且字刻迥然别矣。《藏书纪要》曰：元刻字脚、行款、黑口一见便知。

以上皆鉴别宋本之法。至于宋本纸墨之佳，高氏论之甚详。以其为骨董家法，故未具录。

叶氏曰：自宋本日稀，收藏家争相宝贵，于是仿古射利，往往作伪欺人。总之不出以明翻宋版，剜补改换之一途。或抽去重刻书序，或改补校刊姓名，或伪造收藏家图记，钤满卷中，或移缀真本跋尾题签，掩其赝迹。就《天禄琳琅》所辨出者，已有十余种之多。又曰：藏收固贵宋、元本，以资校勘，而亦何必虚伪？近人以佞宋名楼者，其中有明仿宋本，有明初刻似宋本，有误元刻为辽、金本，有宋版明南监印本，存真去伪，合计不过十之二三。按：有作伪之事，即有辨伪之法。高氏已论辨纸墨之法，叶氏更申言之。且曰：人取之于形色，吾取之于神理。此直与辨书画无异，几至不可言传矣。寻常题跋簿录之定宋本，于无年月者则书其讳字，然此实不足专据。严元照《悔庵学文》曰：予所见宋刻书，凡大字工整者，避讳缺笔唯谨。其小字本出坊刻者，往往不尔。而世之翻宋刻，反谨于避讳。世人不能辨识宋刻真赝，唯核阙笔之字，失之远矣。此论是也。元、明人翻宋本，固多仍存讳字。避南宋讳者，必非北宋本；而不避南宋讳者，不必是北宋本。昔人每不审此，故多轻断。黄绍箕《古文旧书考跋》谓卢文弨据曹之毅正德抄本校《方言》，顾观光据张佳允刻本校《华阳国志》，皆以明人而误认为宋人。卢、顾且有此失，则矜言宋本者可不谨乎？顾广圻《艺芸书舍宋元本书目序》曰：宋、元本距今日，远者甫八百余年，近者且不足五百年，而天壤间已万不存一。物无不敝，时无不迁，后乎今日之年何穷，竟将同三代竹简、六朝油素，名可得而闻，形不可得而见。然则为宋、元本计当奈何？曰：举不可少之书覆而墨之，无失其真，是缩今日为宋、元也，是缓千百年为今日也。按：自顾氏此论出而翻刊宋本者遂多。至黎庶昌刻《古逸丛书》，而工妙已极，不惟摹镂精工，即纸墨印刷亦尽选择之能事，此则意存玩赏，不专为书文计矣。

学人之讲版本固不为赏鉴也，所贵于宋本者，为其古也；所贵于古者，谓其善而不失真也。然宋本果遂皆善而不失真乎？杭世骏《欣托斋藏书记》曰：今挟书求售者动称宋刻，不知即宋亦有优劣。《青云梯》《锦绣段》皆成于临场之学究，而刻于射利之贾竖，皆坊刻也，不谓之宋刻不可也。钱大昕《养新录》曰：今人重宋椠本书，谓必无错误，却不尽然。陆放翁跋《历代陵名》云：近世士大夫所至，喜刻书版，而略不校雠，错本书散满天下，更误学者，不如不刻之为愈也。是南宋初刻本已不能无误矣。张淳《仪礼识误》、岳珂《九经三传沿革例》所举各本异同甚多，善读者当择而取之。若偶据一本，信以为必不可易，此书贾之议论也。俞正燮《校文选李注识语》曰：《文选李注》宋本，今通行者二本：一为汲古阁仿宋本，嘉庆甲子见其正本于德州粮道署；一为鄱阳胡氏仿宋本。二皆真宋本也。二本已多不同，前见《东坡志林》，言李《注》有本末，极可喜，五臣至浅。谢瞻《张子房诗》苟慝暴三殇，言上殇、中殇、下殇。五臣乃引泰山侧妇人事以父与夫为殇，真俚儒之荒陋者。今汲古阁及胡氏之宋本李《注》正引泰山侧妇云云，则北宋时苏氏所见之李《注》与此不同。是宋本之别有三也。又见《西溪丛语》，言潘岳《闲居赋》房陵朱仲之李。李善《注》云：朱仲未详。今汲古阁宋本李《注》引《荆州记》：房陵县有朱仲者，家有缥李，代所希有。胡氏宋本李《注》引仙人朱仲窃房陵好李。则南宋时姚氏家传之李《注》，又与此不同。是宋代之别有四也。凡古人写本、刻本多歧出，校者存其异同，以俟采择可耳。且宋本亦未必佳。《石林燕语》言有教官出题：乾为金，坤亦为金，何也？检福建本《易经》果有坤为金，盖脱釜上二点，乃为金也。又秋试题《井卦》何以无《象》。检福建本《易经》，《井卦》果脱《象传》。是亦真宋本也。然则藏真宋本者可不详校乎？萧穆《敬孚类稿》记《韩集考异》原本曰：韩公之《集》至宋犹未甚久，诸本尚多讹谬。若此则宋刊古籍，今人必一一笃信为无误，岂笃论哉？叶氏曰：王士禛《居易录》二云：今人但贵宋椠本，顾宋版亦多讹舛，但从善本可耳。如钱牧翁所定《杜集·九日寄岑参诗》，从宋刻作两脚但如旧。而注其下云：陈本作雨。此甚可笑。《冷斋夜话》云：老杜诗"雨脚泥滑滑"，世俗乃作"两脚泥滑滑"。此类当时已辨之，然犹不如前句之必不可通也。吾谓不特此也，如卢文弨《抱经堂文集》所跋《白虎建德论》，宋刻二卷本，开卷即讹通德为建德。陆氏《藏书志》载宋刻任渊注《山谷黄先生大全诗注》二十卷。《前序》称绍兴鄱阳许尹叙，绍兴下脱年月，均为可笑。又陆氏题跋宋本《王右丞集》十卷云：卷六末有《跋》，凡七十余字，为元以后刊本所无。卷五《送梓州李使君》山中一半雨，不作山中一夜雨。与《敏求记》所记宋本同。惟卷二《出塞作》脱二十一字，不免白璧微瑕耳。然如此类，岂仅微瑕？实为大谬。钱竹汀《日记》载宋蔡梦弼刻《史记》目录后题识称乾道七月春王正上日书，七月月字为年之讹。缪氏《藏书续记》载宋阮仲猷种德堂本《春秋经传集解》前牌子方印文了无窒碍，误作室。此虽小误，其校雠不善可知。且又安知书中如此类者，不为佞宋者所讳言乎？古今藏书家奉宋椠如金科玉律，亦惑溺之甚矣。陆志有《管子》二十四卷，为陆敕先贻典校宋本。其后《跋》云：古今书籍，宋版不必尽是，时版不必尽非。然较是非以为常，宋刻之非者居二三，时刻之是无六七，则宁从其旧也。然则前辈校书并不偏于宋刻，是又吾人所当取法矣。叶氏《读书志》曰：戴表元《剡源集·题孙过庭书谱》云：杭州陈道人印书，书之疑处，率以己意改令谐顺，殆是书之一厄。则南宋坊本之谬，复何异于明人？世人贱众贵希，一闻宋本之名，遂若帝天之不可议，岂非梦呓哉？以上所录诸家之说，皆谓宋本不可尽信也。顾宋本之贵者，非以其无讹也，以其近古，多可取正耳。即如叶氏所举卢氏所跋之《白虎通（建）德论》，卢《跋》云：书之所以贵旧本者，非谓其概无一伪也。近世本有经校雠者，颇贤于旧本，然专辄妄改者，亦复不少。即如九经小字本，吾见南宋本已不如北宋本，明之锡山秦氏本又不如南宋本，今之翻秦本者更不及焉。此本开卷即已错讹，然余字字比对，始知此本尚多古字，而近世本率多改易。至《情性篇》

中有与近本迥异而实胜者。即一二误书，尚可循形与声而得其本字。若近世本，则不加思索而径改矣。又此本虽分上下两卷，然篇目上作圆围者十，仍不失十卷之旧。近世本最后三篇，此本在《爵》《号》《谥》之次，实第二卷也。严可均《书宋本后周书后》曰：右《周书》盖宋监本，大版厚纸，有漫漶损缺处，非余所爱重者。偶检《贺兰祥传》，其篇末多出今本六十余字；《杜杲传》迁温州下缺八字，今本仅刺史赐三字，史赐中间盖有加衔，以难臆补，辄挤接之。全部余未通检，仅检两《传》，而胜处已如此。书贵宋、元本者，非但古色古香，阅之爽心豁目也。即使烂坏不全，鲁鱼弥望，亦仍有绝佳处，略读始能知之。

自宋本贵而书贾遂重，版本家每传述老贾之言，谓曾见宋本。其所言固多当者，然亦不可尽信。题跋尚不免收伪本，况口传乎？如严元照《蕙榜杂记》谓唐诗十叩柴门九不开。书贾钱景开见宋本云：小叩柴门久不开。今按：元曲常用此句，皆同今本，钱氏所言殆书贾欺人伎俩耳。明钱允治自言据宋本补《文心雕龙·隐秀篇》脱叶，而其文不类，亦伪宋本之一征也。

宋本贵而明本则贱。所以贱者，以其多讹也。顾炎武《日知录》曰：山东人刻《金石录》，于李易安《后序》玄黙岁壮月朔，不知壮月之出于《尔雅》，而改为牡丹。凡万历以来所刻之书，多牡丹之类也。叶氏曰：明时官吏奉使出差回京，必刻一书，以一书一帕相馈赠，世即谓之书帕本。语详顾炎武《日知录》。校勘不善，讹谬滋多，至今藏书家视书帕本比之经厂坊肆，名低价贱，殆有过之。又曰：明人好刻书，而最不知刻书。非仿宋刻本，往往羼杂己注，或窜乱原文。按：此与顾说万历间人好改窜古书，皆征之而信，非诬辞也。然明本固不皆如是。宋翔凤曰：明代间有精刻，如震泽王氏重刻《史记》，寒山赵氏重刻《玉台新咏》，与宋本无毫发异。以钱少詹之精审，犹以赵刻《玉台》为宋版。叶氏亦曰：藏书家贵宋、元本，于近刻则奴仆之，此大惑也。如明人胡维新《两京遗编》、顾元庆《四十家小说》，在明刻本中，其精较胜于吴琯《古今逸史》及商维濬《稗海》等书。按：胡氏固书贾，而其刻正万历间者也。至万历以前，尤不可轻矣。黄丕烈记书贾钱景开言，明初黑口版亦可贵，与宋、元版同。盖其去宋未远，犹多精刻。其翻宋者亦仍旧式而不加改窜。今日视明正、嘉以前，正如明之视宋耳。

章学诚《论修史籍考要略》曰：十二曰版刻宜详。朱氏《经义考》后有刊版一条，不过记载刊本原委，而惜其未尽善，未载刊本之异同也。版刻之书，流传既广，讹失亦多，其所据何本，校定何人，出于谁氏，刻于何年，款识何若，有谁题跋，孰为序引，版存何处，有无缺讹，一书曾经几刻，诸刻有何异同，惜未有人仿前人《金石录》例而为之专书者也。如其有之，则按录求书，不迷所向，嘉惠后学，岂不远胜《金石录》乎？顾广圻《石研斋书目·序》曰：由宋以降，版刻众矣。同是一书，用校异本，无弗夐若径庭者。每见藏书家目录，经某书、史某书云云，而某书之何本，漫尔不可别识。然则某书果为某书与否？且或有所未确，又乌从论其精粗美恶邪？按：二说出后，版本学盛，专记版刻之书乃日多。不惟详叙源流，且有兼校异文者矣。如瞿氏《铁琴铜剑楼书目》。

书之贵多，本以文字不同，可以互相校正，人皆知之矣。乃有书本异而其文乃迥殊者，如明顾元庆、陈继儒所刻吕祖谦《卧游录》。《四库提要》以其全抄《世说》及苏轼杂著而疑其伪，乃近胡氏《金华丛书》所收一本，则与顾本迥殊，而与陈振孙所谓录史传所载古今人境胜处者适合。于此益见版本之不可不讲也。

# 校勘第十一

张之洞《题潘郑庵勘书图诗》①曰：良庖炊饭先择米，读书须从校勘始。卢文弨《群书拾补·序》曰：黄君云门谓余曰：人之读书求己有益耳。若子所为，书并受益矣。余洒然知其匪誉而实讽也。友人有讲求性命之学者，复谓余此所为，玩物丧志者也，子何好焉？斯两言也，一则微而婉，一则简而严，余受之未尝怫也，辍之遂觉阙然有所失。

缪荃孙《艺风藏书记》曰：毛氏刻书，改换行款，喜易古字，异本标一作于下。迩时参合各本，择善而从。后来卢抱经、孙渊如墨守此派。陆敕先则据一宋本笔笔描似，即讹字亦从之，缩宋本于今日，所谓下真迹一等者。后来黄荛圃、汪阆源墨守此派。两派一属校雠，一属赏鉴，均士林之宝笈也。叶德辉《藏书十约》谓此二派为死校活校。且曰：此二者实两汉经师解经之家法。郑康成注《周礼》，取故书杜子春诸本录其字，而不改其文，此死校也；刘向校录中书，多所更定。许慎撰《五经异义》，自为折衷，此活校也。其后隋陆德明撰《经典释文》，胪载异本；岳珂刻九

---

① 《广雅碎金》题作"潘侍郎藤阴书屋勘书图歌"。

经、三传，抉择众长。一死校，一活校也。

凡刻书，未有不校勘者。而刻有优劣者，校有工拙也。苏轼《仇池笔记》上曰：近世人轻以意改书，鄙贱之人好恶多同，从而和之，遂使古书日就舛讹。蜀本《庄子》曰：用志不分，乃疑于神。此与《易》阴疑于阳，《礼记》使人疑女于夫子同。今四方本皆作凝。陶潜诗：采菊东篱下，悠然见南山。采菊偶见南山，境与意会。今皆作望南山。杜子美云：白鸥没浩荡。盖灭没于烟波间。而宋敏求云：鸥不解没，改作波。二诗改此两字，觉一篇神气索然也。顾炎武《日知录》曰：凡勘书，必用能读书之人。偶见《焦氏易林》旧刻有曰：环绪倚钼，乃环堵之误。《注》云：绪，疑当作佩，并埋水刊乃木刊之误。注云：刊，疑当作利。失之远矣。幸其出于前人，虽不读书，而犹遵守本义，不敢辄改。苟如近世之人据臆改之，则文益晦，义益舛。而传之后日，虽有善读者，亦茫然无可寻求矣。然则今坊刻不择其人而委之雠勘，岂不为大害乎？按：宋彭叔夏校《文苑英华》，作《辨证》，最为详慎。谓书不可以意轻改。顾广圻称其书乃校雠之模楷。北齐邢子才读书不甚校雠，曰日思误书，亦是一适。顾广圻取以名斋作记，有曰：子才之不校乃其思。不校之误使人思，误于校者使人不能思。去误于校者，而存不校之误，于是日思之。又《礼记考异·跋》曰：校书之弊有二：一则性庸识暗，强预此事，下笔不休，徒增芜累。一则才高意广，易言此事，遇所未通，必更张以从我。窃不自量，思救其弊，每言书当以不校校之，毋易其本来不校之谓也。能知其是非得失之所以然，校之之谓也。严元照《书明刻仪礼后》曰：明人喜刻书，刻书之人不必皆有学者，故未尝知校雠之事。然去宋犹近，善本犹多，照本翻刻，不复措意其得其失，皆出于古人中间。小小讹错，不过传写失真，循其形声而求之，不难反其真。迩来学士大夫刊行古书，必先之以校，其用意诚美。然求之过深，或且由臆见而改易之。顾其所改易者，必有说以处之，读者且不觉其误。故其本真一失，遂不可复校。不可复校之病，与不校之病相衡焉，则宁弗校矣。日本伊泽澹甫亦曰：书有讹字，则知其为佳本。如万历后刻本，整齐可爱，其字多以意改，则我不知其可。

惩误校之失，因多主翻书本而不改其讹字。学者持论多同。而俞正燮非之。其《校文选李注识语》曰：近人刻书，喜仿旧本，存其误字，而后载校勘语，以为古雅。而旧本不误之字，仿本多转写致误。是未能仿旧而反诬旧本也。自汉至唐，校书者盖不如此。按：俞氏此说未尽然。章学诚《朱子韩文考异原本书后》曰：古人读书不惮委曲繁重，初不近取耳目之便，故传、注、训故，其先皆离经而别自为书。至于校雠书籍，则自刘向、扬雄以还，类皆就书是正，未有辨论同异，离本文而别自为书者。郭京《周易举正》自为一书，不以入经，此尊经也。其余则绝无其例矣。至宋人校正《韩集》，如方氏《举正》、朱子《考异》，则用古传注例，离文别自为书。是皆后人义例之密，过于古人。窃谓校书必当以是为法，使后之人不惮先后检阅之繁，而参互审谛，则心思易于精入。所谓一览而无遗，不如反覆之核核也。此论甚精，足以正俞。然俞氏所谓仿本反误者，固非虚诬。缪氏刻宋本《太白集》，多改易。陆心源已举。黄氏重刻嘉靖本《周礼》，孙诒让纠其臆改。又重刻宋本《易林》，丁晏至特著《释文》以纠之。黄刻皆顾氏所校者也，犹且如此。至如陆心源所重刻宋、元本，讹谬甚多，叶昌炽尝言之。此则心源刻书原不暇细校，又多无校勘记，无惑其然矣。宋《王氏谈录》曰：校书之例，它本有语异而意通者，不取可惜。盖不可决谓非昔人之意，俱当存之，注为一云一。一字已上谓之一云,一字谓之一作。卢文弨《周易注疏辑正题辞》曰:夫校书以正误也,而粗略者或反以不误为误。山井氏考文于古本、宋本之异同,不择是非而尽载之,此在少知文义者或不肯如此。然今读之,往往有义似难通,而前后参证,不觉涣然者,则正以其不持择之,故乃得留其本真人于后世也。观此说则知校勘记之多载异文,不没原本,正其慎也。

俞樾《丁葆书读书识余序》曰:往时读《墨子》书,怪其《尚贤》《尚同》《兼爱》《非攻》《节用》之类,皆分上、中、下三篇。词句小有不同,实无大异。古人著书,何为若此之不惮烦哉?既而思之,此乃古《墨子》之书,各本之不同也。盖墨子之后,墨分为三,有相里氏之墨,有相夫氏之墨,有邓陵氏之墨。其时《墨子》之书必有三本。相里有相里之本,相夫有相夫之本,邓陵有邓陵之本。后人抄合而一之,故一篇而三也。推之《管子·法法篇》之一曰,《大匡篇》之或曰;《韩非子·内储说上篇》引鲁哀公问孔子事,又载一曰晏婴聘鲁哀公问曰;《外储说·左篇》引孟献伯相鲁事,又载一谓孟献伯拜上卿,叔向往贺。如此之类,皆古书各本不同之证。按刘向校书,《序录》中多云除复重,盖本合众本也。其文有异者,则仍录之。如《晏子》以重而异者为《外篇第七》是也。《韩非》之一曰,顾广圻以为是向校语。《隋志》《汲冢纪年》后附《竹书异同》一卷,亦校勘记之类。《四库提要》曰洪适《隶释》载汉石经《论语》,碑末有而在于萧墙之内盍毛包周无于一行,是考异之鼻祖。按:贾逵《春秋三家经本训诂》多列异文,更在蔡邕之前矣。

校书不独宜存异本,且当博采他书。此例之精开于近世唐、宋类书校诸古书所通据也。以《太平广记》校《唐人小说》,以《群书治要》校诸子,以《医心方》校《古医书》,此各以类者也。《说文》古本于《玉篇》求之，钮树玉所发。陆氏《释文》宋本于《集韵》求之。陈奂说。《古今韵会》可校《说文系传》。王桢《农书》可校《齐民要术》。礼失求野，反胜本书，至如魏了翁《九经要义》可校经疏，王益之《西汉年纪》可校《汉书》，吕祖谦《十七史详节》、洪迈《南北史精语》可校诸史，此即本无大用之书，反因资校勘而重者也。盖本书讹脱，他书或犹存真。宋、元人所著即可当宋、元本也。然亦有不可用者。如《北堂书钞》原本所引古书多与今本不同，而明陈禹谟重刊乃加删易，悉据时本以转改之，此例发觉而校勘者之质定，乃益难矣。

他书止可为证，而未可偏据，昔人于此颇致戒焉。卢文弨《十三经注疏正字·跋》曰：是书凡引用他经传者，必据本文以正之。此令读者得以参考而已，非谓所引必当尽依本文也。盖引用他书，有不得不加增损者。又《与丁小雅论校正方言书》曰：大凡昔人援引古书，不尽皆如本文。故校正群籍，自当先从本书相传旧本为定，况未有雕版以前，一书而所传各异者，殆不可以偏举，今或但据注书家所引，便以为是，疑未可也。桂馥《札朴》曰：古人引经，略举大义，多非原文。如《宋书·彭城王义康传》引《诗》：兄弟虽阋，不废亲也。引《书》：九族既睦，可以亲百姓。《说文》引《书》：洪水浩浩。此岂《诗》《书》之本文哉？今人多据书传所引以增改经文，虽曰治经，实乱经也。又曰：李善所引《仓颉篇》《三仓》《声类》《字林》诸书，多依随《文选》俗字，非本书原文。或据为本书左证，则因误而误矣。俞正燮亦谓引书当分义与文，是也。俞樾《古书疑义举例》有"古人引书每有增减"一条，又有"据他书而误改"一条，举证甚详，兹不具述。类书选集，删削尤其常事。而古类书以帙重文烦，多失校正，讹误尤多。俞正燮《文选自校本·跋》曰：选家例有甄别，增删其本，有视他本增多者，《西都赋》《东都赋》诗、司马子长《报任少卿书》、东方朔《答客难》均视《汉书》多，盖昭明得他本增入者。《景福殿赋》注引薛综《东京赋》注曰：高昌、建城，二观名也。有《注》而《赋》文无此观。今所得《后汉宫殿图》亦无此二观。则《赋》文昭明删之。《九章·涉江》删去乱曰以下五十三字。锺士季《檄蜀文》据《魏志》末有其详择利害云云。今《文选》删去。任彦升《为褚蓁让代兄袭封表注》云：此《表》与集详略不同，疑是稿本，词多冗长。《奏弹刘整》注云：昭明删此文太略，故详引之。是亦昭明删之，而李崇贤复补。唐僧《辨正论》内《九箴篇》引古诗曰：服食求神仙，多为药所误。不如饮美酒，被服纨与素。寄语世上人，道士慎莫作。《文选·古诗十九首》无寄语十字，亦昭明删之。其增改字者，据《注》则颜延年《宋文皇后哀册文》依用宋文帝加八字；陆佐公《石阙铭》依用梁武帝改十四字；《刻漏铭》依用梁武帝改一字，沈约改二字。然则《文选》不当以拘牵元稿评说是非也。又唐本不必是梁本，《奏弹刘整》明非梁时旧录。王简《栖头陀寺碑》石刻凭五衍之轼，齐建武时文也。昭明录入《文选》，以梁武名避改四衢之轼。《注》当明了，而今文及《注》语意相反。按：今本正文作五衍。《注》曰：今碑本以为凭四衢之轼。盖梁代讳衍，故改焉。则唐人传写者，以其时不讳，改文中四衢为五衍，而写《注》者不知其意，又以《注》中四衢、五衍互误。是唐本已再改易。其中为昭明所移改者，曹子建《与吴质书》注所引别题，言昭明移墨翟不好伎置和氏无贵矣下，与季重之书相应也。朱浮《与彭宠书》注云：《后汉》载此书，《东观汉记》亦载此书，大义虽同，词旨全别。盖录事者取舍有详略矣。录有取舍，选亦必有取舍。校者详其异同，以见古人之趣，非有彼此是非之见，凡书皆然，况其为文辞选集本也？按：

俞氏之说可谓致详慎矣。中尚有一条误者。唐时沙门道士相诟，俱造伪书，窜羼古文，其所称引都不足据。吾已别有专考。《辨正论》之引古诗末二句，正是僧徒所加耳。汉时安有道士之称？僧徒欲诋道士，反为道士证成其早立之夸言，殊为可笑。俞氏颇知释、道诟争本末，而独于此复为所欺，亦可见考证之难矣。俞氏又尝言校书误者当改，不同者不当改，则格论也。

　　近世小学大明，校书者不徒恃异本，而沿汉儒读若读为之法，以字例文例通之，始于高邮王念孙及其子引之，而俞樾、孙诒让继之。此派之功，实是读释，非以二本比雠，已不得为校，特以校正连文，从其广义，故相沿称之耳。诒让作《札迻》，樾序之曰：余尝谓校雠之法出于孔氏。子贡读《晋史》，知三豕为己亥之误，即其一事也。《吕氏春秋·察传篇》：有读史记者曰：晋师三豕涉河。子夏曰：非也，是己亥也。己与三相近，豕与亥相似。昭公十二年《公羊传》：伯于阳者何？公子阳生也。子曰：我乃知之矣。何劭公谓知公误为伯，子误为于。阳在，生刊灭阙。是则读书必逐字校对，亦孔氏之家法也。汉儒本以说经，盖自杜子春始。杜子春治《周礼》，每曰：字当为某。即校字之权舆也。自是以后，是正文字，遂为治经之要至。后人又以治经者治群书，而笔针墨炙之功，遍及四部矣。夫欲使我受书之益，必先使书受我之益。不然，割申劝为周田观，《尚书·君奭》：割申劝宁王之德。《礼记·缁衣》引作：周田观文王之德。郑《注》曰：古文作割申劝，似近之。而肆赦为内长文。《汉书·武帝纪》诏曰：内长文所以见爱也。《困学纪闻》曰：古写本内长文作而肆赦。刘昌诗《芦浦笔记》引鲁氏自备载章子厚家藏古本《汉书》。且不能得其句读，又乌能得其旨趣乎？诒让《自序》曰：窃谓校书如雠，例肇西汉。都水《别录》，间举讹文，若立为齐、以肖为赵之类，盖后世校字之权舆也。晋、唐之世，束晳、王劭、颜师古之伦，皆著书匡正群书违谬，经疏史注，咸资援证。近代巨儒修学好古，校刊旧籍，率有记述。而王怀祖观察及子伯申尚书、卢绍弓学士、孙渊如观察、顾涧蘋文学、洪筠轩州倅、严铁桥文学、顾尚之明经，及年丈俞荫甫编修所论著尤众。风尚大昌，罩及异域。若安井衡、蒲阪圆所笺校，虽疏浅，亦资考证。综论厥善，大抵以旧刊精校为据依，而究其微旨，通其大例，精研博考，不参成见。其讹正文字讹舛，或求之于本书，或旁证于他籍，及援引之类书，而以声类通转为之钤键，故能发疑正读，奄若合符。及其蔽也，则或穿凿形声，捃摭新异，凭臆改易，以是为非。乾、嘉大师，惟王氏父子至为精博，凡举一谊，皆确凿不刊。其余诸家，得失间有。然其稽核异同，启发隐滞，咸足饷遗来学，沾溉不穷。我朝朴学超轶唐、宋，斯其一端与。诒让学识疏谫，于乾、嘉诸先生无能为役，然深善王观察《读书杂志》及卢学士《群书拾补》，伏案研诵，恒用检核。间窃取其义法，以治古书，亦略有所寤。尝谓秦、汉文籍，谊旨奥博，字例文例，多与后世殊异。如荀卿书之案，墨翟书之唯毋，晏子书之以敔为对①，淮南王书之以士为武，刘向书之以能为而。骤读之，几不能通其语，复以竹帛梨枣抄刊屡易，则有三代文字之通假，有秦、汉篆隶之变迁，有魏晋真、草之混淆，有六朝、唐人俗书之流失，有宋、元、明校椠之羼改，迻径百出，多歧亡羊，非覃思精勘，深究本原，未易得其正也。按：此二《叙》于校正源流，颇为明白。然其所举，则据本校勘，与以例读正合言不分。王虽间据旧刻，而多凭诂例。卢虽亦下己意，而偏详异本。孙氏兼师二人，而王法为多。俞氏则全用王法矣。

校二书须明本末，然后可以决定从违。校一书须明体例，然

---

① "晏子"至"对"，《札移》作"公孙龙之正举"。

后可以决是非。钱泰吉《曝书杂记》曰：荀悦《汉纪》，自宋时已鲜善本。荀《纪》虽出班《书》，时有改易，况今所见班《书》与荀所见当有不同。但据所见班《书》以改荀《纪》，弥失荀氏之旧。所以校荀《纪》倍难于班《书》。严可均《书北堂书钞后》曰：所抄之书，皆三代、汉、魏迄于宋、齐，最晚者《宋书》《三十国春秋》《十六国春秋》《魏书》①。其诗、赋、颂，则鲍、谢为最晚，陈、隋只字不抄。抄者今亡其本，十盖八九。其存者亦流俗写变，残缺误讹，不为典要。故《书钞》可略校，不可统校。此所谓明本末者也。至于体例，则短浅者一核而知，宏深者旷日乃究。必如顾广圻之校《释名》撰《略例》，王筠之校《说文》作《释例》，则可谓精矣。

　　李慈铭《越缦堂笔记》曰：乾、嘉以来，诸儒专心考订，周、秦古籍，粲然具明，一洗明刻之陋。其最以校勘名者，卢抱经、顾涧蘋两家，盖非六朝以后人可及。他若惠松崖、江叔沄，则坚守古义，微失之拘；孙渊如、洪筠轩，则喜搜僻书，微失之杂；王石渠、伯申父子则喜为通论，微失之专。然亦百纯而一疵。章炳麟《国故论衡·明解故上》曰：一以故书正新书，依准宋刊，不敢轶其上。其一时据旧籍以正唐、宋木石之书。相提而论，据旧籍者宜为甲，及其末流淫滥，憙依《治要》《书钞》《御览》诸书以定异字。《治要》以下，其书亦在木，非无讹乱，据以为质，此一蔽也。前世引书，或以传注异读改正文经典。古今文既异，今文有齐、鲁之学，古文有南、北之师，不得悉依一读凌杂用之。此二蔽也。段玉裁、臧庸恨之，时出胸臆，谓世所见者悉流俗本，独己所正为是。其是者诚诸师所不能驳，而亦有错牾。按：此所

---

① "魏书"，《书陈禹谟刻本北堂书钞后》作"后魏书"。

评亦约略言之耳。熟于版本者每诋卢氏为凭臆。顾氏最好影摹，而亦不能无妄改。校勘之事，固不能万得而无失也。近人校勘记，有附书与别行二种。附书之本精于顾广圻，《文选考异》最为整栗；别行之本则始于卢文弨《群书拾补》。

孙志祖据《魏书·刘芳传》改《王制》虞庠在国之西郊作四郊。宋本《礼记·祭义》天子设四学，《注》谓：周四郊之虞庠。顾广圻谓四郊当作西郊。段玉裁作《礼记四郊疏证》，申孙黜顾。顾作《学制备忘记》以辨之。二人遂相水火。陈鳣调停之而未能。集其书为一编，目曰《段顾校雠编》。洪亮吉笑之，谓可比《朱陆异同辨》。

# 格式第十二

书之须校勘，非独文字当是正也，格式亦当是正。格式之于书，似为小节，而实关于大体。故论校勘之功，宜先及焉。兹分论之。

## 一、题目

卢文弨《钟山札记》曰：古书大题多在小题之下，如《周南·关雎·故训传第一》，此小题也，在前。毛诗二字，大题也。在下。陆德明云：按：马融、卢植、郑康成注三《礼》，并大题在下。班固《汉书》、陈寿《三国志》题亦然。盖古人于一题目之微，亦遵守前式，而不敢纷乱如此。今人率意纷更，凡疏及释文所云云者，并未寓目。题与说两相矛盾而亦不自知也。《汉书》《三国志》毛氏汲古阁版行者，犹属旧式。他本则不尽然。按：殿本《三国志》因改小题为大题，遂并篇名而失之。张照按语乃云《三国志》既无《本纪》之称，亦无《列传》之目，乃陈寿之微意。今悉遵原书之例，不书纪、传，岂非大可笑之事哉？岛田氏谓在竹简时，首简本止小题，大题则在别一赘策后。改卷子，故移写于下，俞樾谓即《唐六典》所谓签。

卢氏又曰：《史记》《汉书》书前之有目录，自有版本以来即有之，为便于检阅耳。然于二史之本旨，所失多矣。夫《太史公自序》即《史记》之目录也。班固之《叙传》即《汉书》之目录也。及后人以其艰于寻求，而复为之条例以系于首，后人又误认书前之目录即以为作者所自定，致有据之妄訾謷本书者。夫《孟荀列传》以两大儒总括之，何尝齿淳于髡、慎到、驺奭于其列哉？《货殖》等传以事名篇，与八《书》差相类，固未尝一一标姓名也。乃讥《汉书》者谓范蠡、子贡、白圭非汉人，而入《汉书》，以为失于限断。其实班氏何尝为范蠡诸人立传？即彼蜀卓、宛孔间里猥琐之流，亦岂屑屑为之标目，与夫因人立传者同哉？明毛氏梓《史记集解》，葛氏梓《汉书》正文，其前即据《自序》《叙传》为目录，亦为便于观者，而尚不失其旧，在诸本中为最善矣。按：此论甚是，但谓淳于、卓、孔为不屑齿则误耳。妄标目录，不独《史》《汉》。钱大昕《廿二史考异》"五代史目录"条曰：唐庄宗子继潼等、晋高祖叔父万友等、周太祖子侗等、世宗子谊等，皆杂序成文，初非各自为传，而目录一一列之，殊非史例。欧《史》止有传名，后之读史者增注姓名于目录之下，以便检寻，非欧《史》本文也。按：《后汉书》人各为传，每篇首标姓名，刘子玄已讥为文案孔目。今本《后汉书》目录，则又非蔚宗之旧。有附书甚详而不标名者，有止数句而亦标名者，即备翻检亦不足也。

## 二、次第

《钟山札记》曰：凡传古人书，当一仍其旧，慎勿以私见改作。如《蔡中郎集》有宋天圣元年欧静所辑本，虽未必尽合于隋、唐之旧，然在今日已为最古。后日重刻，便可悉依旧式，或有当补者，可别附于后。当刊者，可著其说于篇下。斯得之矣。今乃移易其篇第，并于一篇之中，颠倒其次序，致有大失其意者。如欧本第一卷，首篇乃《故太尉桥公庙碑》，以颂居首云：光光列考，伊汉元公。此为其孤作也，故称列考，即烈考也。颂后公讳某，字公祖云云，至文德铭于三鼎，武功勒于征钺，官簿次第，事之实录，书于碑阴，以昭光懿。此是第二段。下云桥氏之先出自黄帝云云，至巍巍乎若德允世之表仪也已，为第三段。终焉即所谓碑阴也。其四铭即附此篇之后。自明张天如刻《百三名家集》，于《蔡集》以赋为首，次以疏、表、书、论议、对问、设论、连珠、颂、赞、箴、铭，而后及于此碑。则以桥氏之先云云，公讳某云云连为一段，于末妄增铭曰二字，然后以光光烈考提行，至作宪万邦终焉。四铭则别入铭类，不系此碑之后，则全与篇中所云不相应。篇中所云书于碑阴者，即桥氏之先一段文也。若倒在末，则所云碑阴又何所指乎？本朝康熙年间又有华①莘野、刘嗣奇弟兄重刻《蔡集》，分为六卷，碑在第五。此文全与张本同，但不加铭曰二字耳。中郎又有《太尉桥公碑》一篇，乃为故吏司徒崔烈、廷尉吴整作者。刘本则移之于四铭之前，不知文德铭于三

---

① 《钟山札记》无"华"字。

鼎,武功勒于征钺之语,自在前篇。今乃系于后篇,不亦谬乎?甚矣,人之好妄作也。如此为能传古书,则古人之面目反隐矣。

刘向校书,即多厘正篇次。但是以意编次,非为完其旧本。至于篇次杂乱,虽无异本可校,亦可移正。如卢文弨、孙诒让之校《越绝书》。按:据篇名最为精核,吾尝因而完整之。俞樾作《左传古本分年考》一书,谓今本前年末文与次年首文文义连属者,原本连于次年首,为后人误分置前年末,其说曰:事必有其缘起,不容一例冠以年月。如陈及郑平,十二月陈五父如郑莅盟。学者以为当然,未尝谓每篇必当从某月起,而某月之前不容著一字也。年之与月亦等耳。乃月之上不碍有文,而年之前不容有字。每年必以某年建首,而某年之前所有文字必截附上年之末,于是文义之不通者多矣。此说虽无旁证,实能窥见史书大体,亦可信也。

## 三、分注

《四库提要》"赵一清《水经注释》"条曰:郦道元《水经注》传写舛讹,其来已久。诸家藏本,互有校雠,而大致不甚相远。欧阳玄、王祎诸人,但称《经》《注》混淆而已,于《注》文无异词也。近时宁波全祖望始自称得先世旧闻,谓道元《注》中有《注》,本双行夹写,全混作大字,几不可辨。一清因从其说,辨验文义,离析其《注》中之《注》,以大字细字分别书之,使语不相杂而文仍相属。考沈约《宋书》称《汉铙歌》本大字为词,细字为声。后人声词合写,是以莫辨。是传录混淆,古有是事。又如明嘉靖中所刻《齐民要术》,简端《周书》曰"神农之时,天雨粟"云云一条；崇祯中刻《孔子家语·本姓解》中"微，国名，子爵"五字，间以注文刻作大字者，亦时有之。至于巨帙连篇盈四十卷，而全部夹注悉误写为正文，揆以事理，似乎不近。姚宏[①]补注《战国策》，范成大作《吴郡志》，并于注中夹注，前人尝举以为例。而自宋以来，未尝有举及《水经注》者。按：《题要》但不信全氏夹注之说耳。《经》《注》混淆，殿本已正之矣。《史通·补注篇》谓：除烦则意有所吝，毕载则言有所妨，遂乃定彼榛楛，列为子注。若杨衒之《洛阳伽蓝记》是也。今本《伽蓝记》乃无注文。《四库提要》谓不知何时佚脱。顾广圻则谓原是大小字分别书之，今混注入正文。欲如全氏治《水经》之例，改定一本。后吴若准、唐晏即用顾氏之说，然其所分正文甚少，注文甚多，乃似《朱子纲目》，与《史通》所谓除烦意吝，毕载言妨者不合。吾尝属门人熊生重定之，以其言支出除去而前后文相接者，定为子注，然亦注文甚长，不知究能合原本否。且即不除去其文，仍不见大有妨害。又疑《提要》脱佚之言为是也。

岛田氏曰：古卷子本有旁记，有背记。历世既久，又经传写，于是有旁记搀入正文者，有背记误成注文者。

古书又有朱墨别书之例。陆氏《经典释文》原本，音经者墨书，音注者朱书。陆淳《春秋微旨》、郭京《周易举正》亦别以朱墨。今皆已混而为一。惟陶弘景定《本草》，本经以朱字，增补者以墨字。宋大观《本草》改朱文为白字，墨白即俗称阴阳文。犹存其旧耳。木刻分阴阳不为甚难，今复有朱墨套印之法，则古本未始不可复也。

---

[①] "宏"，当作"弘"。

## 四、行款

《钟山札记》曰：《史》《汉》数人合传，自成一篇，文字虽间有可分析者，实不尽然。盖数人同一事，彼此互见，自无重复之弊。自范《书》以下，虽有合传之名，实皆专传之体。致有一事而再三见者。文繁志寡，由其不讲史法故也。即如《史记·廉蔺列传》，首叙廉颇事无几，即入蔺相如事独多。而后及二人之交欢，又间以赵奢，末复以颇之事终之，此必不可分也。《汉书·张周赵任申屠传》，皆为御史大夫者，始叙张苍，次周昌、赵尧、任敖，其后苍复为御史大夫，迁丞相，则又详叙其始末，及终之以申屠嘉。此一本《史记》之旧。惟申屠为可分，余皆不必分也。后世史成于众人，若删彼传以入此传，则有欲掩其名之嫌，以故《史》《汉》之法不可复睹耳。按：卢氏此论诚知史家篇体之言。马、班列传有《尚书》因事名篇之遗意，虽以人标目，实以事为主，非为一人具始末。故诸人之事错综于其中，合传之名，乃后人所拟，非马、班本意。本无所分，安可言合？陈、范以降，人具首尾，识者有卯册之讥。后史沿之，人习见此体，反以马、班书为合传，为变体。其甚者，则强分节段，称为某传某传。今二书刻本，一传之中皆屡提行分段。《酷吏》《货殖》诸篇提行愈多，而愈不可通。说者据此刻本，遂有谓某传中带叙某人，某传末复叙某人者。重陛虺谬，皆刻本提行分段误之。今之史本，实沿两宋。提行分段之妄，当始宋人，且不独《史》《汉》为然。《后汉书》虽各为传，而亦有附书。今本乃于每段之首加某人传三字。《刘永庞萌》本是一篇，而划为二传；《华佗传》末附书之人悉割为某传，某传末之总叙遂不可通。范《书》虽本可提行，而《郭泰传》中十一人事，亦每人提行，则非其旧。孙志祖《读书脞录》曰：朱明镐《史纠》谓《北史》张景仁以八体进身，不当厕诸《儒林》。按：景仁非儒林中人，史附见于《马敬德传》后，非专传也。《北史·儒林传》多此类。如冀儁、赵文深之附黎景熙、萧该，包恺之附何妥。目录俱当小字分注，今刻本俱提行别传，非也。此传写之失，不当以咎本书。陆心源《仪顾堂题跋》"宋椠明修《魏书》"条曰：《韦阆传》末，又有武功苏湛云云。此史家附传通例。校刻北监本者，误以苏湛提行别起，而以又有武功连属燕郡太守下，则不可通矣。《刁雍传》附其子纂、遵、绍、献、融、肃①。肃后复叙遵事，而后叙遵之子十三人。汲古本《遵传》末《注》云遵字疑皆作肃，谬甚。然可见收书于附书诸人，本不提行。其提行者，嘉祐诸人校刊之失也。按：此乃显然不通者，人皆能知之，马、班书之大体，则知之者罕矣。一易行款，而史体遂亡，卯册之式，竟为通例。行款之关系，顾不重哉。

《后汉书》卷五十二末《云台功臣次第》，《殿本考证》曰：罗点《闻见录》曰：后汉二十八将名次不可晓。薛季宣常州云旧本《后汉书》作两重排列。谓上一重邓禹居首，次吴汉，次贾复，次耿弇；下一重马成居首，次王梁，次陈俊，次杜茂。后人重刊，遂错讹。此极有理。范蔚宗论云：其外又有王常、李通、窦融、卓茂，合三十二人。今本乃以王常、臧宫、李通、马武、窦融、卓茂为序，则将上下重，误合而为一，明矣。臣承苍按：《小学绀珠》载二十八将名次，正与薛常州所言符合，较今本《后汉书》所引二十八人次第，凡值奇数十四人，名俱在前，凡值偶数十四

---

① "肃"，《魏书》作"书"。

人，名俱在后。其末别载王常、李通、窦融、卓茂四人，合为三十二人。盖王伯厚所见《后汉书》犹是未误刻时本也。按：监本作一排，毛本则分两排。

卢氏《钟山札记》曰：古书两重排列者，皆先将上一列顺次排讫，而后始及于下一重。自后人误以一上一下读之，至改两重为一列，亦依今人所读，而大失本来之次第矣。《后汉书·马武传》后附载云台二十八将，昔人颇多致疑。薛季宣、王伯厚始移而正之，后人并晓然于其故，今可不论。惟《史记正义》所载《谥法解》亦本两重，改为一列，文多间杂，亦当移正。但其中颇为讹脱，与《逸周书》亦不尽合。今虽分之，未能如云台之一转移即是也。末三十余谥，美恶杂糅，似为后人所乱。云：

| | |
|---|---|
| 民无能名曰神 | 一德不懈曰简 |
| 靖民则法曰皇 | 平易不訾曰简 |
| 德象天地曰帝 | 尊贤贵义曰恭 |
| 仁义所在曰王 | 敬事供上曰恭 |
| 立志《周书》作制。及众曰公 | 尊贤敬让曰恭 |

下略

以上皆两排读法。墨经文未明注旁行，今已复其旧矣。

# 文字第十三

宋岳珂《刊正九经三传沿革例》，为古今校书例之善本。其书凡分六类：曰字画，曰注文，曰音释，曰句读，曰脱简，曰考异。其于字画，以古本正俗讹，而于古之甚骇俗者则通之以可识者。此沿张参、唐玄度之法，不似明人之好作古体。人称其通。其于注文脱误，据他本外或据疏以改补。然于诸本皆然，及疏义已误者，则不改。于脱简，则后人更定者别写附后，而不辄改原文。此皆校古书之法。至于音释句读，则以己意斟酌，不尽从释文、注、疏，辨正甚细，此则自定一书之法也。

文字之当正者，于字则曰误，曰倒，曰脱，曰衍，于篇章则错。

《乐记》简错，郑康成但记其说于《注》，而不辄改正文。宋兴国于氏刊本乃直改之。岳珂刻本犹止附于氏本于末，而仍存原文，是其慎也。宋儒说经，乃好言脱简。后来相沿，各以意定。如《洪范》《武成》及《大学》，聚讼纷然，而未有定。《四库提要·存目》"宋王柏《书疑》"条下云：改定《洪范》，自龚鼎臣始。见所作《东原录》。改定《武成》，自刘敞始。见《七经小传》。其并全经而移易补缀之者，则自柏始。考《汉书》载：刘向以中古文校欧阳、大小夏侯三家经文，《酒诰》脱简一，《召诰》脱简二。率简二十五字者，脱亦二十五字。简二十二字者，脱亦二十二字。文字异者七百有余，脱字数十云云。此言脱简之始也。然向既校知脱简，自必一一改正，必不听其仍前错乱。又惟言《酒诰》脱简一，《召诰》脱简二，则其余无脱简可知，亦非篇篇悉有颠倒。且一简或二十五字，或二十二字，具有明文，则必无全脱一章一段之事。而此二十余字之中，亦必无简首恰得句首，简尾恰得句尾，无一句割裂不完之事也。柏作是书，乃动以脱简为辞，臆为移补。有割一两节者，有割一两句者，何简脱若是之多？而所脱之简又若是之零星破碎，长短参差，其简之长短广狭，字之行款疏密，茫无一定也？其为师心杜撰，窜乱圣经，已不辨而可知矣。按：《提要》惩宋人纷纭之弊耳。宋人所改，大都文义本通而逞其己见，若文义本不通，自当移正。如张惠言之校《春秋繁露》，所改最多，而皆确不可易，亦何尝如宋人之纷纭无定哉？

朱彝尊《江村销夏录·序》曰：昔之善读书者，匪直晰其文义音释而已，其于简策之尺寸必详焉。郑康成曰：《易》《诗》《书》《礼》《乐》《春秋》，策皆一尺二寸，《孝经》谦，半之，《论语》八寸。策者三分居一，又谦焉。服虔传《春秋》，称古文篆书一简八字，而说书者谓每行十三字，括苍鲍氏以之定正《武成》，诸暨胡氏以之定正《洪范》。予尝至太学摩抄石鼓文，验其行数，据以驳成都杨氏之作伪。按：后来校勘家尚有用简策字数以订正脱文者，然此实未可凭信。《易》《诗》《书》《礼》《乐》《春秋》，策皆长二尺四寸；《孝经》谦半之，一尺二寸，《论语》八寸，见《论语》郑《注》引《钩命决》。《尧典》二尺四寸，亦见《后汉书·周磐传》。《论语》八寸亦见《论衡·正说篇》。律二尺四寸亦见《盐铁论·诏圣篇》。每行造字数则仅郑注《尚书》

二十字一简之文。服注《左传》云：古文篆书一简八字。《汉志》：刘向以中古文校《今文尚书》，古文简有二十五字者，有二十二字者。是同一二尺四寸之简，而字数已不同，何由悬定邪？胡一中之订正《洪范》，《四库提要》已驳之曰：一中既称一行十三字，何以于厥庶民锡汝保极以七字而错一简？五皇极曰皇建其有极，以九字而错一简？曰王省惟岁以下复以八十一字错简也？盖竹简每行字数未必即有定规，而古书之传由简而帛，由帛而纸，皆在堂前。其有错乱，岂必皆在简时？据简而说，特校勘家之巧取证据耳。

钱谦益《跋王右丞集》曰：《文苑英华》载王右丞诗，多与今行椠本小异。如松下清斋折露葵，清斋作行斋；种松皆作老龙鳞，作种松皆老作龙鳞。并以《英华》为佳。《送梓州李使君诗》：山中一夜雨，树杪百重泉，作山中一半雨，尤佳。盖言其风土。崔颢诗：寄语西河使，知余报国心。《英华》云：余知报国心。如俗本，则颢此句为求知矣。如此类甚多，读者宜详之。

卢文弨《题贾长江诗集后》曰：明海虞冯钝吟评本，其字句盖远出俗本之上。如云：十年磨一剑，霜刃未曾试。今日把示君，谁为不平事。今本作谁有不平事。钝吟云：谁为不平，便须杀却，此方见侠烈之概。若作谁有不平，与人报仇，直卖身奴耳。一字之异，高下悬殊。旧本之可贵类若是。余得其本，因临写之，令后生知读书之法。

顾广圻《孙可之集·跋》曰：《龙多山录》樵起辛而游，洎甲而休。此用《书》辛壬癸甲也。《刻武侯碑阴》云：独谓武侯治于燕、奭。此用《左传》管夷吾治于高傒也。见宋刻而后知正德本之谬。校定书籍可不慎哉。按：明本误作起耒而游，洎车而休；武侯之治，比于燕、奭。日本古抄经注多有虚字语助，为中本所无。阮元《校勘记》疑是彼国人妄增。杨守敬谓：通观其抄本，知实沿隋、唐之遗。即其原于北宋者，尚未尽删削。今合校数本，其渐次铲除之迹犹可寻。然亦有连写六七字不可通，乃出抄胥之取整齐，岛田氏已言之。按：颜之推《家训》云：助句之词，河北经传悉略此字。是古本有无虚字者，盖版刻未兴，传习之书多为俗士删简，以便记诵、省抄录。如《说文解字》之说解，唐前人所引每较今本字多。王筠以为是唐习明字科者所删，理有可信。删节之事，固不始于明人。虚字助词所系犹小，若《论语集解》引诸家说，日本正平本皆备标姓名，而华本皆止云某氏，此则所关大矣。

叶氏《书林余话》曰：今刻书阙文处用白框或墨块。白者谓之空白，墨者谓之墨钉，亦谓之墨等。《逸周书》《穆天子传》中多方白框，《大戴记·武王践阼》机铭：皇皇惟敬，□生咊，□戕□。卢辨《注》曰：咊，耻也。言为君子荣辱之主。口能害口。此犹不识□为阙文，而以为口字。然文义犹可通也。若明人锺惺云：读□戕□三字，竦然骨惊。谭友夏云：口字叠出，妙语。则尤为可笑矣。墨块之本，自南宋时已有之。用白框者必出古书抄本，而刻本因之；用墨块者则出宋时刻本，犹有访求善本待补之意，非若白框之已无从补也。按：此说是也。明人刻书多臆补空阙，如钱曾所举杨君谦抄《元氏长庆集》，行间多空字，以宋本藏久漫灭，不敢益之。东吴董氏翻雕，以己意妄填空字。杨守敬所举黄刻《中论》，原本有空格。何氏《汉魏丛书》臆补之。钱氏守山阁刻遂沿何误。应据《群书治要》校正。他尚有之。《逸周书》向有阙文，而朱骏声传有补阙之本，所补颇近似而不言所据，未敢信也。

顾广圻《焦氏易林·后序》曰：读此书之法又有三焉：以复见求之也，以所出经子史等求之也，以韵求之也。如《比》之《震》，扶杖伏听，误。《无妄》之《中孚》，扶下无杖字，听下有命字者是。《兑》之否扶作俯亦非。扶伏者，匍匐也。此可得之于复见者。如《乾》之《咸》，反得丹穴，女贵以富。贵当作清。本《史记·货殖传》巴蜀寡妇清，其先得丹穴。《大畜》之《讼》，哀相无极。哀相当作衷袒。此皆可得之于所出经、史、子等者。如《讼》之《损》，更相击剑。剑当作询。《明夷》之《临》，不误。《大畜》之《家人》作询，亦非。以询与下走为协，此可得之于韵者。

文字之异，非独两本为然，乃有注本所据正文与今本正文已不同者。卢氏《钟山札记》云：《左》《公》《穀》三传，经文多有互异，后人别白注明。今《史记》三家之注亦多异同。今若不依"三传"之例，于正文先注明，则必有改易迁就之失。即如《五帝本纪》旸谷，《正义》作阳谷；南讹，《索隐》作南为。《殷本纪》羑里，《正义》作牖里。《周本纪》居易无固①，《索隐》作居易。其他义同而字异者尤多。后若重梓此书，宜有以别白之。段玉裁《与诸同志论校书之难》曰：校书之难，非照本改字，不讹不漏也。定其是非之难。是非有二：曰底本之是非，曰立说之是非。必先定其底本之是非，而后可断其立说之是非。二者缪轇不分，如治丝而棼，如算之淆其法，实而瞀乱。乃至不可理。何谓底本？著书者之稿本也。何谓立说？著书者所言之义理也。《周礼·轮人》：望而视其轮，欲其幎尔而下迤也。自唐石经以下，各本皆作下迤。唐贾氏作不迤。故疏曰：不迤者，谓辐上至毂，两两相当，正直不旁迤，故曰不迤。文理甚明。今各本疏文皆作下迤，其语绝无文理，则非贾氏之底本矣。此由宋人以疏合经注者，改疏之不字合经之下字，所仍之经非贾氏之经本矣。然则本有二，下者是与？不者是与？曰：下者是也。望而视其轮，谓视其已成

---

① "居易"，徐广以为"居阳"。

轮之牙。轮圜甚，牙皆向下迆邪。非谓辐与毂正直，两两相当。经下文，县之以视其辐之直，自谓辐。规之以视其圜，自谓牙。轮之圜在牙。上文毂、辐、牙为三材，此言轮、辐、毂，轮即牙也。然则唐石经及各本经作下是。贾氏本作不，非也。而义理之是非定矣。倘有浅人校疏文下迆之误，改为不迆，因以疏文之不迆，改经文之下迆，则贾《疏》之底本得矣，而于义理乃大乖也。依今《疏》作下迆，而贾不受也。依贾作不迆以改经，而《考工》经不受也。故校经之法，必以贾还贾，以孔还孔，以陆还陆，以杜还杜，以郑还郑，各得其底本，而后判其义理之是非。而后经之底本可定，而后经之义理可以徐定。不先正注、疏、《释文》之底本，则多诬古人；不断其立说之是非，则多误今人。自宋人合《正义》《释文》于经注，而其字不相同者，一切改之使同，使学而不思者，白首茫如。其自负能校经者，分别又无真见，故三合之注疏本，似便而易惑，久为经之贼，而莫之觉也。王引之《经义述闻·通说》曰：经典讹误之文，有注、疏、《释文》已误者，亦有注、疏、《释文》未误而后人据已误之正文改之者。学者但见已改之本，以为注、疏、《释文》所据之经已与今本同，而不知其未尝同也。

龚自珍《王文简公引之墓志铭》曰：闻于公曰：三代之语言与今之语言如燕、越之相语也。吾治小学，吾为之舌人焉。其大归曰：用小学说经，用小学校经而已。俞樾《群经平议·自叙》曰：治经之道，大要有三：正句读，审字义，通古文假借。得此三者以治经，则思过半矣。《诗》曰：昔吾有先正，其言明且清。圣人之言，岂有不明且清者哉？其诘籅为病，由学者不达此三者故也。三者之中，通假借为尤要。按：此二文于王氏一派读释之学最为明白。盖其功不在正书本，而在通训义；其志不在完前人之著作，而在通古人之言语。其所施用，专在三代、两汉之书，而唐以下不及焉。引之撰《经义述闻》，阮元序之曰：昔郢人遗燕相书，夜书，曰举烛。因过书举烛。燕相受书说之。曰：举烛者，尚明也。尚明者，举贤也。国以治。治则治矣，非书意也。郑人谓玉未理者璞；周人谓鼠未腊者璞。周人曰：欲买璞乎？郑贾曰：欲之。出其璞，乃鼠也。夫误会举烛之义，幸而治；误解鼠璞则大谬。凡误解古书者，皆举烛、鼠璞之类也。《经义述闻》一书，凡古儒所误解者，无不旁征曲喻，而得其本义之所在。使古圣贤见之，必解颐曰：吾言固如是。樾作《古书疑义举例》，《自序》曰：夫周、秦、两汉至于今远矣。执今人寻行数墨之文法，而以读周、秦、两汉之书，譬犹执山野之夫，而与言甘泉建章之巨丽。夫自大小篆而隶书，而真书；自竹简，而缣素，而纸，其为变也屡矣。执今日传刻之书，而以为是古人之真本，譬犹闻人言笋可食，归而煮其箦也。嗟夫，此古书疑惑所以日滋也欤。观上数说，则此学之重，与其异于寻常校勘家者明矣。此学之例未易略言，学者读王氏《经义述闻·通说》下卷及俞氏《古书疑义举例》足以知之。一曰正讹文，此属于文字，二曰明假借，三曰明语词，四曰明文例，皆属于训诂。

龚自珍《王文简公墓志铭》曰：闻之公曰：吾用小学校经，有所改，有所不改。周以降，书体六七变。写官主之。写官误，吾则勇改。孟蜀以降，椠工主之。椠工误，吾则勇改。唐、宋、明之士，或不知声音文字，而改经以不误为误，是妄改也，吾则勇改。其所改，若夫周之末、汉之初，经师无竹帛异字，博矣，吾不能择一以定，吾不改。假借之法由来旧矣，其本字十八可求，十二不可求。必求本字以改假借字，则考文之圣之任也，吾不改。写工椠工误矣，吾疑之，且思而得之矣，但群书无佐证，吾惧来者之滋口也，吾又不改。此说得其大要。《经义述闻·通说》有一条曰：经之衍文，有至唐《开成石经》始衍者，亦有自汉儒作注时已衍者。又有旁记之字误入正文者。又有上下相因而误写偏旁一条，与旁记之说同为其正误之要例。又一条云：经典之字，往往形近而讹。改之则怡然理顺。此皆归之写官而不尽从汉注者也。俞氏《古书疑义举例》所举，其属于字者，则有两字义同而衍，两字形似而衍，涉上下文而衍，涉注文而衍，涉注文而误，以旁记字入正文，因误衍而误删，因误衍而误倒，因误夺而误补，因误字而误改，一字误为二字，二字误为一字，重文作二画而致误，重文不省而致误；阙字作空围而致误，本无阙文而误加空围，上下两句互误；字以两句相连而误叠；字因两句相连而误脱；不识古字而误改；文随义变而加偏旁；字因上下相涉而加偏旁；两字平列而误倒；两文疑复而误删；误增不字诸例。其属于句者，则有上下两句易置。其属于篇章者，则有分章错误，分篇错误。又有字句错乱，简策错乱二例，是皆正讹文之事也。

　　王氏一派之功，校改为小，而读正为大。校改者一切校勘家之所同，读正则此派之所独。读正者，即汉儒读为之法，所谓通假借者也。段玉裁《周礼汉读考·自叙》曰：汉人作注，于字发疑正读，其例有三：一曰读如、读若；二曰读为、读曰；三曰当为。读如、读若者，拟其音也。古无反语，故为比方之词。读为、读曰者，易其字也。易以音相近之字。故为变化之词。比方，不易字。故下文仍举经之本字。变化字已易，故下文辄举已易之字。注经必兼兹二者，故有读如，有读为。字书不言变化，故有读如，无读为。有言读如某，读为某，而某仍本字者。如以别其音，为以别其义。当为某者，字之误，而改其字也，为救正之词。形近而讹，谓之字之误；声近而讹，谓之声之误。字误、声误而正之，皆谓之当为。凡言读为者，不以为误，凡言当为者，直斥其误。三者分而汉注可读，而经可读。三者皆以音为用，六书之形声、假借、转注于是焉在。王引之《周秦名字解故·自叙》曰：诂训之要在声音，不在文字。声之相同相近者，义每不甚相远。故名字相沿，不必皆其本字。其所假借，今韵复多异音。画字体以为说，执今音以测义，斯于古训多所未达。不明其要故也。《经义述闻·通说》曰：《说文》论六书假借曰：本无其字，依声托事，令、长是也。盖无本字，而后假借他字，此谓造作文字之始也。至于经典古字，声近而通，则有不限于无字之假借者。往往本字见存，而古本则不用本字，而用同声之字。学者改本字读之，则怡然理顺；依假借字解之，则以文害词。是以汉世经师作注，有读为之例，有当作之条，皆由声同声近者以意逆之而得其本字。所谓好学深思，心知其意也。以上所说，所谓明假借者也。

《通说》又曰：经典之文，字各有义。而字之为语辞者，则无义之可言，但以足句耳。语词而以实义解之，则扞格难通。余曩作《经传释词》十卷，已详著之矣。按：自王氏发此，继起者有孙经世《经传释词补》、吴昌莹《经词衍释》。俞氏书亦有助语用不字，也邪通用，句尾用故字，句首用焉字，古书发端之词，古书连及之词，误读夫字诸例，皆申释词者也。

训诂义例有文字学专书论之。其施于读书，则依文义而定。王氏《通说》有四说：一曰古文训诂，不避重复，往往有平列二字，上下同义者。一曰经文数句平列上下不当歧异。此皆绳以文法而整齐之也。又一条曰：经文上下两义不可合解。则又防其牵合也。又有增字改①经一条，尤为精要。其言曰：经典之文，自有

---

① "改"，《经义述闻》作"解"。

本训。得其本训，则文义适相符合，不烦言而已解；失其本训而强为之说，则阢陧不安。乃于文句之间增字以足之，多方迁就，而后得申其说。此强经以就我，而究非经之本义也。

俞氏书中如上下文异字同义，上下文同字异义，两句似异而实同，两字一义而误解，两字对文而误解诸例，皆以文例定字者也。俞氏又有重言释一言①，语急，语缓，大名冠小名，大名代小名，小名代大名，以双声叠韵字代本字，以读若字代本字，美恶同词，实字活用诸例，则属于文字学矣。

其属于文例之句例者，则俞氏所举有倒句，倒序，错综成文，参互见义，两字②连类而并称，两语似平而实侧，倒文协韵，变文协韵，蒙上文而省，探下文而省，举此以见彼，因此以及彼，语词叠用，语词复用，文具于前而略于后，没于前而见于后，句中用虚字，上下文变换虚字，反言省乎字诸例。其属于章节者，有古人行文不嫌疏略，古人行文不避繁复，一人之词而加曰字，两人之词而省曰字，叙论并行诸例。

王氏之法，人称为前无古人，然宋金履祥注《尚书》，说自周有终，相亦有终。周当作君，形近而讹。袁文《瓮牖闲评》论多、只二字通用。元俞成《萤雪丛说》述王虚中《解书诀》曰：辞之内不可减，辞之外不可增。此皆王氏之先觉也。特推例不如其密，小学不如其深耳。然王氏之学，既明以来学者更相传习，亦遂不能无弊。求整齐太过，于并列之本可异义者，必改读僻字，以使之同说。假借太滥，于本义之已无扞格者，必辗转牵附以使之通。其例甚多，兹不列举，亦学者所当戒也。

---

① "字"，《古书疑义举例》作"事"。
② 《古书疑义举例》"重"前有"以"字。

以上所说限于文字诂训，盖校读古书之难，正在于此。至于考证事实，自有考据家法。推求宗旨，更无法例可言。俞氏所举，亦有两义传疑而并存及古书传述亦有异同二例。然如此之例，已在校雠范围之外，兹不能及。若夫经史家法，子集流别，自有专门，更非此课所宜粗述也。

## 末论第十四

编述既竟,更有进言者二焉。一则目录学中诸事当互资兼备,不可偏恃。若精于一而忽于一,则其所得亦不为得。熟版本者,可谓尽目录之工细。然但讲版本,虽不流为赏鉴,亦不免有横通之弊。章氏《文史通义》有《横通篇》,谓老贾善于贩书,旧家富于藏书,好事勇于刻书,其闻见亦颇有可以补博雅名流所不及。而道听途说,根柢之浅陋,亦不难窥。周长发以此辈人谓之横通,其言奇而确。黄丕烈据宋陈氏《吟窗杂录》校锺氏《诗品》,于殷仲文下补晋谢琨三字。不悟时无谢琨,惟有谢混,已具评于中品。此三字乃后人因此条有谢益寿而旁注其名,又误混为琨耳。此但讲版本之陋也。精类例者,可谓见目录之深宏。而但言类例,往往忽于考证,适足来夸梠之讥。章学诚长在通识,而短于专精。论及古书,常有疏误。如以尹文三名概名家,不知田俅为墨徒,而与尹佚并称,云在墨前。不知《世本》有《居篇》《作篇》,而曰当入历谱。不知《成相》乃曲词而拟之连珠。此但言类例之缺也。至于熟版本者不尽娴考证,则惟知珍异,不能抉择;工考证者常不究类例,则一涉体义,便多踳违,尤是恒情,不须举例。不知则缺,善取诸人,非学者之当务乎?一则目录学止是学之锁钥门径,不可即以是为足。叶德辉论版本之学,谓自乾、嘉以来，谈此学者咸视为身心性命之事，此固一时之实情。然此果遂可视为身心性命之事乎？部类之学，进而见天地之纯，古人之大体，以成批评之学，则固不止于编目而已矣。然但能通论而无专精，犹不免如谚所云：腰无半文钱，口数他家宝。况版本之学，若甘止于此，则不侪估人，上亦不过为玩赏，此岂学人之所当志乎？积财本以供用，而守财虏反不肯用。初为衣食而求钱货，继乃宁减衣食以完钱货，反若所求本为钱货者。以工具为目的，积习生常，乃人之通弊，不可不警也。

教科书末，例有习题。今录旧文二篇于末，能答上篇之所问，则目录学有成矣；能注下篇之出处，则版本学有成矣。

## 龚自珍《家塾策问》一道

问：三代先秦古籍篇篇皆单行，若《夏小正》《弟子职》，不待言矣。汉世征窦公献其书，乃《大司乐章》也。然则三百六十官，每官亦可单行。凡采辑群书而纂录之者，古来几家？以何家为首与？古籍有一篇而数家皆采之者，若《月令》《投壶》《劝学》是也。能一一举之与？古籍在册府者，真者三四，伪者六七。其灼然伪如东晋《书古文》、王肃《家语》，夫人而知之矣。此外尚有何书？能疏证之与？诸子伪者益多，真书《老》《庄》《列》《管》《韩非》《荀》《墨》《孙》《吴》而外，不难一一偻指，能扬抉之与？有文甚古而实无此书者，后人刺取《庄》《列》中语为《广成子》，为《亢仓子》是也。尚有类此者与？亦有原本相沿已久，而实无精言大义者，《晏子春秋》是也。能推举之与？伪书不独后世有之也，战国时人依托三皇五帝矣，或依托周初矣。汉之俗儒已依托孔门问答矣。然亦颇有所本，传授或有微绪，未可以尽割也。能言去之取之之甘苦与？即以汉后伪书而论，除极诞极陋者，姑不必言，亦有古训相沿，稍存义例者，为何等与？古书真而又完具者益少，佚篇尤多者，《司马法》是也。能言各书之遗憾与？又有古人作伪，并其伪而亡之，后人又伪伪，如唐张弧作《子夏易传》，今则并非弧书是也。尚有类此者与？古书沦亡，后人掇拾他书所引，辑为一书，近人为此学者众矣。卷帙孰为最富？钩稽孰为最密？编收校雠孰为最善与？古书自有旧式，凡叙目皆当一篇，不可以后世坊刻俗式乱之也。能言其要例与？叙目或在前，或在后，依《史记》《说文》则目在后。诸书有目在前者与？诸子书凡刘向校上之奏，今存者有几通与？医卜、日者、种树、堪舆之属，下至相牛相马，今世杂流，其所抱所守，有古笈可问者与？《汉书·艺文志》与隋、唐《经籍志》①互相出入者有几事与？晁公武、陈振孙两人比吾曹生稍古，其眼福胜吾曹者几大端与？二人识议，孰优劣与？元明丛书，真伪杂糅不必言，又往往不取足本，所宜纠者几事与？抑更有问焉者。近儒学术精严，十倍明儒。动讥明人为兔园、为鼠壤矣。然三代先秦之书悉恃明人刻本而存。设明人无刻本，其书必亡，何与？或曰，明人学术虽陋，而好古好事不可埋没。抑何近世士大夫不好事、不好古与？昔之士大夫何其从容而多暇日，商及刻书。今之士大夫何其瘁而不暇与？此亦上下古今之士所宜求索厥故者也。其略言之。

---

① "隋、唐《经籍志》"，《家塾策问》作"《隋书·经籍志》"。

## 杨凤苞《与许青士书》

承询宋刻书籍，前时仓猝，未有报也。缅夫熹平一字，以刻石肇端，长兴诸经，实刊本始作。开运乃其继起，显德又为后时。昔陈鹗工率更之法，梓本多其所书；振孙宝元度之编，《字样》存其初造。《宋史·艺文》志始于周；《十国春秋》归美于蜀。非定论也。逮《释文》继雕于开、宝，《易》《书》重梓于祥符。景祐定两汉之书，嘉祐刊七朝之史。凡杜镐等之复雠，赵安仁之留写。曾、王存校上之文，余、宋察馆中之本，经史大备矣。故景德库藏漆版逾亿①。天禧降诏，书价禁增。或看议②于秘省，乃充坊行；或下诏于临安，再令雕造。此宋刻之可贵也。夫正脱简，订讹字，存旧式，其所长也。字或臆改，注多妄增，又其短也。《礼记》诸篇疏多阙失，《诗谱》弁首，文竟佚亡。脱杜预之《叙》，昧发冢出书之由；灭郭璞之辞，失就注作音之例。《史记》乱守节之旧次，《正义》复《集解》皆删；《后汉》去刘昭之《序文》，范《书》与司马相混。此脱简之失也。《士冠》讹建作捷，误读夫德明音注之文；《天官》乱玉于王，研辨于倦翁校经之例。《檀弓》之子路、子贡，过泰山者似两人；《释草》之卷葹、卷施，解拔心者有二物。修翛字异，《诗》则蜀、越之体殊；尸户形疑，《传》惟淳熙之本正。至于亚文谬亚，韦贤之传从疑；娄县讹安，吴郡之名难考。误尾作危，误紾作井，分野之度失而《地理志》鲜通；

---

① "亿"，《与许青士书》作"万"。
② "议"，《与许青士书》作"详"。

以宣为宁，以平为年，封国之号殊，而《百官表》失读。此讹字之失也。南宋始行兼义，则先时疏乃别行。古籍皆首小题，则开卷发端已失。《货殖传》失于跳行，而班掾以滥载贻讥；《律历志》失于排列，而刘歆之遗法难考。《释文》附经，不两读者，必至牵改；《索隐》合《史》，其更定者难考本来。《年表》删徐广之字，而史公以甲子纪年，是当以后表正之；列传有郭泰之称，而范氏以家讳载笔，是当于分注求之。此旧式之亡也。不得最先之本，孰正后来之失？然而向壁虚造，妄正是非者，谬也。专己守残，不能别白者，又固也。苏子瞻谓近人以意改书，鄙浅之人从而和之。陆放翁谓近世喜刻书版，略不校雠，错本散满。观张淳《识误》之编，岳珂《沿革》之例，所举各本未尽同原，而况搜遗于麻沙市中，访旧于睦亲坊下。经或别为篆图，史每珍为详节。又宋本之至下者乎？夫若纲在网，田敏不无妄改；未死而谥，伯厚犹滋误读。《汉表》始元，明允见为元始者，非善本也；武王十乱，原父疑为称臣者，循衍文也。况乎壶矢壹关，师古存疑；宝力宝刀，之推致诮。谇讯不辨，憯惨同音，《释文》之谬也；雕雍互更，殴殴失考，《石经》之舛也。以及箕子荄滋，见疑于孟喜之传；柳谷昧谷，驳难于虞翻之书。《酒诰》俄空，《彼都》志佚。汉、魏已前，尚难遍信。而必执建宁之遗刻，据宋世所刊行，秘在枕中，奉为圭臬，则必金根白及，字字可遵；淮别银铛，孜孜必究。是执削者之长，非操觚者之正矣。

续《校雠通义》上册

附 《校勘记》上册

# 通古今第一

古曰七略，今曰四部。章先生明四部之不可复为七略，而欲人存七略之意于四部中，诚善矣。乃其撰《和州志·艺文书》，一用七略旧法，而以史部诸目七略所无者，别为《纪载》一目。又强编文集于儒、杂二家，仅能胜于郑樵，而不能弥其偏缺。又其所收书少，门目不备，未有折衷。夫七略经数变而后成四部，同异纷然。四部之势已成，万不能复于七略，章先生之所定，未可用也。若仍用四部法，但于《叙录》略加数语，而不问四部分目之当否，七略旧法之何在，则又空言而已矣。

吾所以通之者，明四部之无异于七略耳。七略之大义明，即以为四部之大义。而吾之四部，乃真与七略合，而非俗之四部矣。七略之大义云何？六艺统群书，干也。诸子、诗赋、兵书、术数、方技，支也。诸子出干为支，犹之小宗别立门户也。诗赋、兵书、术数、方技则附干之支，犹之正宗之中有一室焉，人繁而异宫也。班孟坚可谓知刘氏意矣，名志曰《艺文》。艺者，六艺也。文者，该诸子以下，凡著述皆统名为文也。加艺于文，见文之皆本于艺也。《隋书·经籍志》以经易艺，以籍易文，其犹知班氏意乎？

四部之大义云何？以史、子为干。六艺者，干之根也。则为经部,但收附经之传说;六艺之流,则归之史焉,别出则子焉;文集者,由诗赋一略而扩大之,兼收六艺之流者也,则殿焉,是干之末也。譬之于人居,史为大宗,子为小宗,经则庙也,集则小宗而又杂居者也。经、史者,七略之六艺;子者,七略之诸子。兵书、术数、方技、集者,七略之诗赋。如此则四部犹七略也,何必如章氏分裂史部诸目,强编文集,而后为七略肖子哉!

要之,昔之视四部为平列,今之视四部则史、子为主,经在上而集在下。盖天下之文,以内容分,不外三者:事为史,理为子,情为诗。以体性分别,不外记载与著作。史,记载也;子、诗,则著作也。诗不关知识,知识之所在,则史与子而已。天下之学惟事理,故天下之书惟史、子矣。集则情文而兼子、史之流者也;经则三者之源也。此四部之大义也。

六艺者,六部最古之书耳,何以能统群书邪?盖后世之群书,六艺已具其雏形。六经皆史,古人不离事而言理,史之于经,如子之于父;子之于经,如弟之于师。吾于《中书》申章先生之说已详矣。《书》《春秋》《礼》之流为史甚明。《易》虽言理,而意在藏往知来,《诗》虽言情,而意在观风俗,其用皆与史同。若论其体,则《易》之流为术数,《诗》之流为诗赋,诗赋别为一略,以情文与事理并立也。术数与方技、兵书不与诸子同编者,固由专门各校,亦以其体实微与诸子殊也。章先生谓为虚理、实事之分,其立名不甚显白,且易与史、子之别相混,此当借西方之名以名之,曰通理与应用之分。盖诸子皆言大理,举一义以贯众事,即阴阳家亦其止言术数之理。兵书、方技、术数则局于一事者也。故六艺外之五支,凡分三类焉,而皆统于六艺,此七略之大义也。

# 治四部第二

七略、四部之大义既明，则可以七略法治四部矣。治之云何？一曰尊经，二曰广史，三曰狭子，四曰卑集。

何谓尊经？经既以尊，而别出为部。部中所收，当限于经之传说，人人所知。奈何《隋志》以后皆以律吕之书入于乐也。宋郑寅《七录》经部不收乐书，曰仪注、编年不附《礼》《春秋》，则后之乐书固不得列于六艺。此论甚卓。既为四部，凡六艺之流，皆入史、子部，而独存律吕于经部，亦可谓不善学《七略》矣。譬之伯仲皆析居，而季独守宗祠，此得为平乎？《四库提要》又以私仪注概附《礼经》，名曰通礼、杂礼书，此又非《隋志》所有矣。《隋志》仪注一门在史部，惟说三礼者乃附于经。彼虽不明于乐，而犹明于礼也。《提要》乃曰公、私仪注《隋志》皆附之礼类，是太诬矣。《提要》又曰：朝廷制作，事关国典，隶史部政书。私家仪注无可附丽，汇为杂礼书，附礼类，犹律吕书皆得入乐类也。此真妄也。凡书当论其体，同为仪注，何分公、私？必若所言，兵家者，司马之流，法家者，司寇之流，兵政律例既入政书，何不竟以兵家、法家附于《周礼》？曰此私也邪。仪注之体，非诡异也，何谓无可附丽邪？故去礼、乐之妄附，而经尊矣。

马端临亦谓自有《四库》之目，而后世之书入史门，诗入集门，独礼、乐则俱以为经，因以后世仪注、乐、律书，别列经解之后。此所见与郑寅同，而止别列目，则与郑樵同。明祁承㸁《澹生堂书目》谓一代之礼乐犹刑政，当附之史，此乃得之。

何谓广史？六经之流，皆入史部，苟非诗赋、子兵、方技、术数，无不当入史部。许慎曰：史，记事者也。记实事者皆史也，何为乎谱录、杂记乃入子部邪？《隋志》史部纯洁无淆杂，而门目未备，条而别之，极其精，则史广矣。或曰：昔人皆谓史部自《春秋》一类而充大之，今谓六艺之流入史，章先生未之言也。曰：谓史出《春秋》，特见史部首纪传，而迁书、《七略》附《春秋》耳。《官礼》流为政书，《礼经》流为仪注，《军礼》《司马法》流为军政，《尚书》入于《春秋》而为杂史之原。何一不入于史？使就《七略》之书而以四部法分之，六艺所附，无一不在史部也。独《易》流为术数，《乐》流为乐律，《诗》流为辞赋，下流浸广，别为专部耳。故明乎六艺之流而史广矣。

章先生撰《和州志·艺文书》，全用七略法，以诏令、奏议入《尚书》，琴调谱入《乐》，仪注入《礼》，年历、纪传入《春秋》。而别立纪载一门，分地理、方志、谱牒、目录、故事、传记、小说、传奇八目。其言曰：后世仪注入史，是以《仪礼》为虚器。荀勖、阮孝绪分出史、传，不得统纪。地理、方志以下，《周官》各有掌故，尽归六艺，则部次繁而难条别。《春秋》家学不可亡，马、班以下，不得别立史部。特立史部，则全夺六艺，传业无复源流。或曰：章先生此法可谓能存古而不戾今矣，何不从之，而必治四部乎？曰：章法未可从也。既不欲源流分裂，则纪载类诸书莫非源于六艺而成家学，何又别之邪？仪注之于《仪礼》，军政书之于《司马法》，工政书之于《考工记》，类也。仪注附《仪礼》，则军政、工政皆当附《官礼》，何又别为故事乎？若用七略，则纪载类中皆当条归六艺，若别立纪载，则年历、纪传、仪注、琴调皆当离六艺，二者不可兼。今既患概归之繁而又偏举此数者以附于六艺，是为小六艺，非为表六艺也。《七略》盖以《军礼》《司马法》与《仪礼》并矣。但见《仪礼》遂附仪注，不见五礼之全，遂别故事于六艺，此可为通论乎？从吾之法，经部为源，史部为流，申明源流，众知史部之皆出六艺官守，奚必附六艺为一部而后明，又何至如章氏所谓全夺传业乎？金石一类，资考实迹，专立史部，自可附入。章氏别立纪载，反无所归，而别为一类殿末，使与六艺诸子诸类大小不称，前无所系，亦可见不通今之弊矣。故曰：四部万不能复为七略，不得不治四部也。

何谓狭子？子者，能成一家言者也。九流既衰，成家之学已少，兵书、术数、方技合并，后世子部已广，何为乎谱录、杂记、类书皆入子部乎？杂记非有宗旨，而多记事，岂得为子？此章先生所谓纷然以儒家、杂家为龙蛇之菹也。小说者，扬厉多风，非质实记事，以传记为小说，而小说之义亡矣。若夫谱录之书，自昔入史部无异辞。尤袤妄分门目，遂与史部目录歧而为二，何可从也？凡若此类，剔而去之，则子狭矣。

夫史、子之别甚显也。盖实事与虚理、纪载与著述之分也。章先生于六艺、诸子二略，得官师二义，此以子、史之源言也。子、史之体，则不以是分。盖后之史，已不必为官书，而儒家中或有官撰功令之书矣。然即实事、虚理、纪载、著述之分，亦有史、子相出入者，如政书中之议论，及前所谓应用之术是也。刑法，制度也，而有律学。如近世绍兴人之传。礼，制度也，而有礼学。六朝与儒、玄、文、史并立。至于今，则有生计学、政治学，此皆与兵书相类者也。乐亦制度，而流为乐律专门，正如《易》之流为术数专门也。六经虽皆史，而《易》《乐》之传则别矣。依四部之成例，推上文之大义，则律学、礼学、乐学之书，当入制度，而兵学、术数则又入子部，是非同类而歧出邪？虽六经为史、子之宗，足以统之，而子、史二千不已淆乎？《四库》刑法、兵制在政书，而律学入法家，兵学入兵家，典礼在政书，而礼学又附经部，是两歧也。乐制不入史部而入经部，而俗乐又入子部艺术，则三部皆混矣。将全入制度欤？则兵书、术数、方技莫非官守，皆当移入史矣。将入诸学于子部欤？则诸制度又不可入子。是一类书而分在两部矣。郑樵尝于经、史、子外，别立礼类、乐类、食货类，而星数、五行、艺术、医方亦皆别为类。此可从邪？礼、乐、兵立类，则刑、工亦当立类。是将取国之制度，悉分立之如《通典》《文献通考》之例，以是与经、史、子、集并立，伦邪？不伦邪？章先生谓诸子与兵、术、方三《略》有虚实之分，合之者为非，当仍分之，此可从邪？于此三类则得之矣，于礼、乐、刑又何以处之邪？四部法之败缺，盖在是矣。虽然，此无伤也，四部之法不必更张也。盖世间诸事端，罔非官有制而私有学，而言事不离理，言理不离事。史有宗旨，亦似子。子须征实，亦资史，犹之记载之文，或参议论，议论之中，亦有记载，固不可以严划者也。《书》《春秋》之流，以记实为主，九流之流以陈大旨为主，固纯乎其为史、子矣。彼礼学、律学虽已有专家之业，而其说固依于制度，未有舍制度而空陈大理者，且亦无技巧之相传，如兵、术、方之类也。是以制度为主者也，固当入之史。兵书虽以兵制出入，而权谋、形势、阴阳、技巧与编制、营伍之法，终不相同，是固可分别入两部也。术数、方技虽有官守，而皆专门技术，民间传用官书，特因而定之耳，固与礼、刑之为儒者通讲者不同矣。是以技巧为主者也，固当入之子。乐亦有制度，然其状实与兵、术、方同，而不与礼、刑类，是亦当入之子部。由是以谈礼学、律学，附礼、律而入史部。乐与兵、术、方及诸艺术书、画、篆刻之类。并立于子部，仍次九流之后，以示纯理应用之分。兵之制度在史，乐之制度入子，斯亦皎然不混矣。不必更张四部而别立门目也，惟当知其相类而已。

何谓卑集？汉、隋二《志》时，集中无子、史专书。后世文集之滥，章先生详言之矣。然既有此部，已成万不可反之势，知其为下流所归可也。章先生欲条其能成家者，著于《叙录》以杜滥，其意善也。而其撰《和州志·艺文书》竟以儒者文集入之儒家，其余入之杂家，自谓能明古立言之旨，而不自知其谬也。九流既衰，后世皆貌儒术，不成家者十之八九，非兼儒、墨，合名、法，如古之杂家也。其成家者，亦未易别其为儒、道、法、纵横也。必强定之，则皮相而以为儒，难名而以为杂，固必然之势。以儒、杂二家为龙蛇之菹，非自言之而自蹈之乎？且后世文集虽甚杂，诗赋之流，究犹多而为主。既用七略法，则不得不列诗赋专集，而诗赋多者，反以为文集而溷入杂家，其不可从明矣。章氏又谓宋郑寅《七录》去集之部目，所见过于郑樵，此亦误也。寅与樵俱变集称文，徒更其名耳，何优何劣邪？要之，集本卑名，非复七略诗赋之旧。既已卑矣，多容何害？必附诸子，不至于强凿不止也。

# 外编第三

七略义例所有，虽七略无其书，亦可治也。七略义例所无，强编四部之中，而四部以芜，七略以乱，此则不可治也。收之不可，弃之不能，惟有别为外编，使与四部并立。亦如章氏修方志，三书之外，别为丛谈，不使混于经要也。

章氏举四部之不能返七略者五端，而各为之计。一曰史部不能悉隶《春秋》；二曰名、墨后世无支别；三曰文集不能定百家九流之名目；四曰抄辑之体非丛书，又非类书；五曰评点诗文似别集而非，似总集而又非。夫史之所包本广，文集不可强分，已说于上。名、墨无传，然尚有其书，可分立部目也。所患乎不能复古者，在增古所无，难于位置耳。若减古所有，固不足病，不必如章氏以考证书释道家，附会名、墨也。所患者，抄辑、类书、评点三者耳。尚不止此，吾为增之。一曰杂记，二曰考证书，三曰蒙求。除评点可如章说，余五者当统为外编，以别于四部焉。

类书一门，章氏谓有源委者，如《文献通考》之类，当附史部故事。无源委者，如《艺文类聚》，当附集部总集。或择其近似者，附于杂家之后。此说未尽也。《文献通考》意主典章以辅史、志，固可入之故事；《艺文类聚》意在辑文以辅《文选》，固可入之总集。然类书不特此两种也。类书源于《皇览》，如《初学记》《北堂书钞》《太平御览》，皆非有意于辅史辅文也。其门类所该甚广，非专于典章与艺文也。小小摘比，尤不可殚举，或主益辞章，掺求秀艳，或取便翻检，纲罗数名。其体甚大，不比抄摘之短书；其用亦宏，不比考史之谱录。若不别立一门，强配必滋弊病矣。自宋郑樵、郑寅，明陆树声、胡应麟、沈节甫、茅元仪、祁承㸁，皆以类书别于四部，盖类书之非四部所可该，固显然也。类书体别甚多，说详《四库子部篇》。抄书与类书不同，章氏别之甚当。此有数例：抄辑群书，删为简本，如《群书治要》《说郛》之类，一也。纂录杂记，依类分编，如潘永因《宋稗类钞》之类，二也。摘比华采，略分门类，抄一书，如洪迈《两汉博闻》；抄群书，如《俪府字锦》；限一体，如诗赋四六之类，三也。此三种六朝已有。《隋志》附之杂家、小说中，多取丽字为名。其书不传，亦不能辨为何体矣。其纯取格言、小说，自当归于儒家、小说，而又不尽然也。《四库提要》以一者入之丛书，不知抄辑删简，非合刻之比也。三者入之类书，则又非分隶群书也。二者列之杂家为杂纂，则彼记事纂言，又非有宗旨也。章氏谓当别立一门，名曰书抄。书抄之名，亦出《隋志》，举以该此三种，甚为允当。若谓附之史抄，则又未是。史抄隋前已有之，《隋·经籍志》附之杂史。《叙例》所谓抄撮旧史，自为一书，亦各其志而体制不经者，此乃后世纲鉴之流，非《两汉博闻》之例。彼自勒成首尾，其高者亦或自有意旨。书抄既未可比之，而复不专于史籍，何可因抄而混之邪？祁承㸁亦谓杂纂当附四部后。

评点之书，明以来为盛，间亦论事，或加考证，如纪昀所评《史通》《文心雕龙》之类，其用与注等。黄钺《韩诗增注正讹》亦批点体也。此岂可尽附文评邪？专论文者，宜附文评。兼考论者，宜仍依本书。各归其部，以其体虽卑，而于本书有裨也。

杂记者，札记随笔之书。记事论文，考古谈今，大或关于经、史，细或涉于市井，盖以宋为盛。唐人之书，或专记事，自为传记，或专考订，其体犹纯。虽间有出入，无此瞀乱也。自宋以来，此类始不可方物矣。目录家强附之子部，又分其多记事者入史部。《四库提要》于杂家中立杂考、杂说二目。又以记事大者入杂史，小者入小说，皆从其多者强分之。其实杂家兼儒、墨，合名、法，虽不纯而成家，非杂说之比也。杂史之目，乃以目纪传、编年二体外之成体者。小说者，扬厉多风，意存讽劝，皆非此类之体。盖有此类而子、史二部皆乱，出此入彼，虽严辨，终不齐，有质实记事而误入小说者矣，有多考证而误入杂说者矣。考证多则入之杂考，记事多则入之杂史。小说亦考证，亦记事，无可归，则驱而放之杂说焉，意已苦矣。乃又援《论衡》《风俗通义》为原彼二书者，固杂家也。质定世疑，自有宗旨，夫岂随手札记之伦哉？类书、抄书虽混入四部，犹聚一处，易于剔出。此类出入诸门，散处如流寇，故不别之于外编，四部难理也。其中有较纯者，意存考证，别为一目，意主记事，可入传记，在乎善别择而已。

杂记之专考订者，昔人援《风俗通义》《独断》《古今注》为始，《独断》者记典章之书；《风俗通义》自有宗旨，宜归杂家；《古今注》专主辨名，旨无旁及。皆非后世考订书也。唐人始多考订之书，然《匡谬正俗》辨别文字，自是小学支流。惟李涪《刊误》、丘光庭《兼明书》乃真考证书耳。《四库提要》列之杂家，为杂考，不知其无宗旨，不得为杂家。张氏《书目答问》列之儒家，则又过张考据之习气。考据之书，四部兼该，既非立言之体，又非儒者之能事也。章氏入之名家，则未周知其体。补阙拾遗，审音正读，校讹字，证佚文，洵为有益。艺文并非主辨名物，古之名家所谓命物、毁誉、况谓三名，虽涉于小学之书名，实以质世事之名实，岂考订群书之比哉？近世校勘学兴，且以校勘为一书，版本目录，汇题跋以成编；校补审正，分群书而成卷。既难割裂以属于群书，更不可混同而归之诸子，列之外编，以作《四库》之副，犹《六艺略》之附《尔雅》，集部之附诗文评，则善矣。

《四库》杂家中，有杂品一类，所收如《遵生八笺》《竹屿山房杂部》诸书，皆为家常日用而辑，或抄格言，或集医方，或陈器物，或述技术，出入史、子，不可分划，亦宜归之外编，标为日用书，置杂记之后。

蒙求之书，《唐志》与类书同附杂家，其体排列名数，或为韵括。谓为谱录，则略说而非专门；谓为类书，则顺列而非分隶天地人物。浅而言之，不得以为故事也；周、秦、汉、魏简而数之，不得谓为史抄也。对偶者，非诗非颂；直达者，非史非子。以为书抄，则自以己意为联缀；以为考证，则仅取陈迹于简编。李氏《蒙求》，昔入类书，何尝分门类事；六艺纲目，昔附小学，何尝自有发明。别之外编，而一切蒙学之书有所归矣。张氏《书目答问》于四部之后为别录，列群书读本，考订初学各书、辞章初学各书、童蒙幼学各书，虽不以体分为学者言，而幼学一种，实开我先。盖如六艺纲目，王、李《蒙求》《仪礼韵言》《三才略》，皆不可归之类书经说者也。类书、书抄分划，说详《四库子部篇》。今定外编五类：一曰考证书。二曰杂记，附日用书。三曰类书，分总类、句隶、类考、专类、策括五目。四曰书抄，分为删要、类编、摘藻三目。五曰蒙求。

或曰：何不立丛书一门邪？曰：丛书者，汇刻之书。簿录卷帙，则当别为一目；条别种类，则当散归各门。不宜蹈《汉志》

刘向所序，扬雄所序，苟以人聚，不加别择也。《四库提要》立杂编一目于杂家，以收丛书，杂编、杂纂相次，究何分别立名，已为不当。丛书中大部悉入《存目》，盖其书已散归各类矣。则此门本可不立。既立矣，而所收乃仅《俨山外集》《古今说海》《少室山房笔丛》《钝吟杂录》而已。《外集》《杂录》种类虽多，皆杂说也。《笔丛》则皆考证评议也。《说海》与《说郛》同，抄摘不全，书抄也。皆非合刻之丛书，彼自都一人之作，与专辑小说，岂得谓之杂哉？

或曰：章氏以文集与类书、书抄并论，今诸门皆属外编，何不并文集而外之，愈完七略法乎？曰：文集出于诗赋一《略》。当《七略》时，诗赋已不能附于诗。四部既分，辞赋愈不得不别为一部。今之文集虽滥，而诗赋专家不入子、史之正体，固犹未泯也。子、史专家之散入文集者，亦尚可别而出之也。类书、书抄、评点、蒙学，其体卑不足论矣。考证之书尚考文集，何可与文集并？杂记之书，其中容有近于子、史专家，然本为文集之绪余，其体亦不及文集之完整，零碎之作，固不得与可单行之篇抗矣。

# 定体第四

凡分类必有标准，若标准歧出，则类例不通，此人所共知也。然介在两歧，出入二类之事，则恒有之，虽物质科学归纳所成之类例亦然，况于著录之事。书籍之质素本多混合，而著录者以一书为单位，又不能如治物质之隔离分析，其所分类，例不过论其大体而已，故又有别裁互注之法以济之。且以一文论之，叙事之文，岂无论议之语；抒情之作，亦有记述之辞。然而事、理、情之大别，固不以是破也。是以部类之标准，配隶之界画，不能极其严明，固势之必然，而非学者不精之咎也。然而非无标准也，非无界画也，特不能极其明严耳，非不明严也。明乎此，则配隶之惑可以解矣。所谓标准者何？曰体与义。体者，著述之体裁也；义者，学术之统系也。

既以体、义为主，则自著述体裁学术统系而外，一切分类之标准，皆不可用甚明。而昔之著录家往往歧据他端，以乱部类，此最当先戒者也。如《四库提要》以官定仪注入政书，私仪注则附经部，是以作者之官、私为断也；律吕之学入乐类，讴歌、弦管则入艺术、词曲，是以论者所定之雅俗为断也；记事大者入杂史，小者入传记、小说，是以事之大小为断也；别传在传记，而

《明高皇后传》则入杂史，是以人之贵贱为断也；《建康实录》以载宋、齐、梁、陈事入别史，而《华阳国志》则以载公孙、二刘、李氏事入载记，是以论者所定之正、伪为断也；章氏《史籍考》以家传、家训、家仪附谱牒，云同行于家，是以群之范围为断也。《四库》传记之中，分圣贤、名人二目，而《存目》之安禄山、黄巢事迹遂不得不别名为附录，非自扰乎？

条别著述，虽以义为主，而分别部居，则以体为主。四部之分，以大体，史与子与集是也。史、集之小类，以体分其细目，或以义分，然亦其所究，而非其所立。兵书、术数、方技亦然。惟九流乃以所立之旨义分耳。然子部虽以义，而子之为子，其体固异于史、集矣。迁、固之书，其义岂遂合《春秋》哉？《太玄》拟《易》，用七略法，自当附于《易》。特四部既分，又非官书，不得不归于子家耳。苟以其义，则六艺同出于圣人，亦无庸分为六门矣。后世不知辨体，而执辨义，往往以义混体，如子部之所收是也。诸子之书，皆立言者也，非言专门之道器，不得入子部，人人所知也。天文、算法之法诀固子矣，《畴人传》则传记也。阮元撰。艺术之法诀固子矣，周亮工《印人传》则传记。记书画之书，则目录也。兵家固子矣，《名将传》则传记也。而昧者以其言算、言印、言书画、言将略而归之子家，则史、子淆矣。释、道二家尤为不可解。释家有经、律、论，道家有经戒、科篆、语录、丹诀，固子类矣。《佛祖通载》，杂史也；《释迦谱》《三藏法师传》，别传也；《高僧传》《列仙传》《神仙传》，汇传也；《众经音义》，小学也；《法苑珠林》，类书也；《弘明集》，总集也；《开元释教录》《道藏目录详注》，目录也。乃皆归之于子部，谓之外邪？释、道之邪正姑不论，岂遽不若名、墨、纵横、方技、术数？设名、墨、纵横之家，记其同流者之事为汇传，将亦归之于子家乎？

释、道二家，自古本别为录，不入四部。《隋志》附之集后，但存总数，而录高僧、名僧诸《传》于杂传，录《内典博要》《因果记》诸书于杂家类书之次，此乃所谓能辨体也。晁公武谓神仙、高僧传应系传记，以其犹《列女》《名士》，其见卓矣。法显《佛国记》，游记也，昔入之地理。张氏《书目答问》谓其书意主佛教，入之佛家。彼固地理，何可以意而出之？如以意，则《文士传》意在辞章，可入总集乎？《良吏传》意在政绩，可入政书乎？《七略》，《山海经》附于形家，特以无其类耳。《山海经》非相地之法也，不可援以为例。《战国策》，纵横诸人之传记也，而《七略》附之《春秋》。当刘氏时，释、道未兴，艺术、算法尚无传记，独存《战国策》一书，可以推见其辨体之微意。而后之著录者瞀然不知，好学深思之士，由吾言而推之，然后知后世著录家之以义混体者不少也。

或曰：条别著述，惟其义耳，所以使学者能尽专家也。今惟依体则因体而裂义，何用条别著述哉？曰：唯唯。否否。体之与义，固每成经纬之形，然分部固当以体，若以义则一子部足矣，何七、四之纷纷乎？马迁宗道，班固宗儒，未闻有入之儒、道家者也。惟依体，则求义或不便，故有互注之法以济之。章先生尝言《战国策》当互注纵横家矣，印人、畴人之《传》所以明术艺，互注术艺，使专门者得以探求，是固七略之意。凡专门学史皆当用此例也。虽然，互注非本类也。本类固以体定，互注乃以通其义耳。章先生发明七略，特重学术统系，故发别裁互注之义。然其言互注，已不免多失本与通之辨。吾续其书，则重著述体裁，所以补阙而防弊也。然先生于《和州志·艺文书》列《名僧传》于传记，而互注释教。其史考释例，辨体尤严，固非执义而忽体矣。互注之当限别，说详《匡章篇》中。

或曰：子谓隶书当依体不依义，而子自编书目又沿前人，以王十朋《会稽三赋》、徐松《新疆赋》入地理，吴淑《事类赋》入类书，吴修《论印绝句》①入艺术，张竹简《人伦大统赋》入术数，叶昌炽《藏书纪事诗》入传记，不自相矛盾乎？曰：凡一文体，各有其正用，或假作他用，非其本职，则不当依。诗赋之体，本非征实，而张氏之作，则以为歌括之用，本非赋之正体。王、徐、吴之作所重亦在注。注皆最详，且多溢出，正文之外，是不啻以注为主。叶氏之诗，每首咏人至二三人，注皆详其爵里行事，不专注诗之文，其体实与传记近，但惜不直为传记耳。若畴人诸《传》，则固传记正体，与诸赋之变体不同矣。《晏子春秋》，高祖、孝文之《传》，《七略》入于儒家，以传记书少，故未附《春秋》，且其载言为多故也。今传记既有专门，而诸传记又非其比，不可援古以自戾也。

---

① 吴修著有《论画绝句》，未考见《论印绝句》，疑《论画绝句》之讹。

# 《汉志》余义第五

《七略》义例，章氏发之详矣。有所未及或误加驳斥，补正于左。先汉经说有章句、有故、有内传为一类，随经明诂，其体径直，有外传、有微，则依经立义，其体旁通。又有说，则在二者之间，或述大义，或申旁谊。《七略》先传、故、章句，而后外传与微，具有次第，《淮南道训》即微体也。龚自珍《六经正名》分别传、记甚明，特其大略耳。《隋志》尚能用其遗法。自唐以来，但依朝代，不复条别其体。郑樵有意焉，而考之不精，多立门类，重复讹舛，不可法也。

《古杂》八十篇，沈钦韩谓即《乾凿度》《稽览图》之类，是以纬之属于《易》者附经也。《七纬》皆言神事，可通附之《易》，于此可推其义。

刘向、许商《五行传记》附于《书》者，以伏《书》五行，依《洪范》为《传》，此又依《传》为记也。章氏泥认，遂谓凡言五行者，皆宜属于《书》。夫书之有《洪范》，犹《尧典》之言天文也，可谓凡天文书皆当附《书》乎？《七略》无地理专门，而《山海经》不附《周官》，岂以五行之学属之《书》哉？以此例之，知章氏之言谬矣。又章氏谓历谱当附《春秋》。夫《春秋》资历谱以为用，非历谱出于《春秋》。历谱自是专门之学，其纪录事实，不言法式者，乃可附《春秋》耳。《世本》者，系谥名号，《居篇》《作篇》创表、谱、书、志之体，而章氏亦以为历谱，失之不考矣。

马端临谓封禅秦、汉之事，难厕其书于礼经。此与郑樵之误同，皆全不知《六艺略》体例之言。晁公武谓《战国策》记事不皆实录，虽尽信，盖出学纵横者，当列纵横家。焦竑本之，其说诚有理，然未知周、秦间传记固多不实，岂能尽剔而归之子家乎？

秦大臣奏事兼有刻石记事之文，附之《春秋》，未为失旨。况无故事专门，愈不得不附《春秋》。郑、章之说，皆过疑也。

《五经杂议》，王先谦曰：此经总论也。《尔雅》《小尔雅》《诸经通训》《古今字》《经字异同》皆附焉。《弟子职》缘《孝经》而入者也。《尔雅》《古今字》所以通知经义、经字，故并附于此。此说是也。晁公武谓《尔雅》不当附《孝经》，非也。《孝经》本记也，六艺之附庸，以立学官，不得不别为一目耳。故凡经训、经字，皆附入之《尔雅》者，经之训诂，因经而作，非字书之体，入之小学固可，出之小学，亦未为不可也。既专以六书为小学，则《弟子职》不得不附《孝经》。焦、章之说，皆未当也。小学一门，亦以字书居前，字书传故居后，与诸经同。

《晏子春秋》乃传记书，《四库提要》辨之甚明。古之传记，本出入于子、史，晏子事乃儒家所记，故入之儒家，但恨未互著《春秋》耳。其书偶有不纯，乃后人所羼，不得因而出之，柳说本不足信。章氏乃以《檀弓》《梁惠王》为比，夫《晏子》书记晏子一人之言行，岂《檀弓》《梁惠王》之偶取名篇者比邪？

《六弢》，沈涛曰：今之《六韬》，乃兵战之事，而此列儒家，则非今之《六韬》也。六乃大字之误。《人表》有周史大弢，古字书无弢字,当为弢字之误。《庄子·则阳篇》仲尼问于太史大弢,盖即其人,此即所著。故班氏有孔子问焉之说。颜以为《太公六韬》,误矣。今之《六韬》,当在太公二百三十七篇之中。此说是也。章氏误疑,《注》称惠、襄间,又曰周史,岂太公书邪?

《周官》而外,不闻别有言政之书,周政、周法与河间周制相次,盖儒家者流追论拟议之辞,如贾谊之《五曹官制》,徒托空言,通论政理,未见实事,非记实制者也。入之儒家甚当,何可附之《礼经》?章氏之论,太不察矣。既有《官礼》可附,何待立史部?以刘、班之识,岂因不立史部,而以可附者归之儒、杂邪?

《高祖传》注曰:高祖述古语及诏策。《孝文传》注曰:文帝所称,及诏策所称,即述古语。严可均谓《魏相传》相表奏引高帝所述书,天子所服。第八即十三篇之一,盖即诏策所称也。按:此二书乃二帝称述先王,故入儒家,诏策亦以述古而附之。章氏欲附之《尚书》,泥于诏策耳。河间献王对三雍宫不附《礼经》,是其例也。

《管子》书实兼道、法二家,前后诸变之说,入于道家,从其原耳。焦氏乃沿陈振孙之说。章氏亦于诸子未审,故沿其说。至高似孙谓《邓析》义出申、韩,不当列名家,则又据今书,而不考《邓析》宗旨之误也。郑樵谓《尉缭》当入兵家,诋刘氏为看名不看书。不知兵家固有《尉缭》,而郑氏所见之今本,又伪书也。

公梼生《终始》在邹子《终始》之前,《墨子》亦在《田俅》《我子》诸为墨学者之后。章先生疑其误。田俅乃墨徒,章谓在墨前,亦误。黄绍箕谓《向意》七十一篇多弟子所论纂,亦有蔽者增附之,其本师之说,不尽如是。此说似通而实非。诸子书何莫非弟子论纂邪?

于长《天下忠臣》，王应麟曰：《忠臣传》当在史记之录，而列于阴阳家，何也？刘歆，汉之贼臣，其抑忠臣也则宜。何焯曰：长书不传，其列阴阳家也，必有故，无取横加诋斥。陶宪曾亦曰：后人不见其书，无从臆测。吾谓奸臣未有明抑忠臣者，抑之何必于阴阳家。王氏所讥，本不情也。

《子晚子》，《注》：好议兵，与《司马法》相似。云好议兵，非必全书皆议兵也。章氏谓当入兵家，固矣。

章氏又谓尸子为商鞅师，当入法家。尸、商授受，后世不能详。观鞅说孝公，次第进帝王伯之术，则其所学固杂。今存《尸子》书，明是杂家，非专任法术，章氏可谓凭臆悬断矣。又谓《申子》当入名家，则不知《申子》实主术非名，辨循名责，实固名、法之所同也。

章氏又谓《吕氏春秋》当附《尚书》。《吕氏》虽意主政治，而空言非实迹也。但见十二《纪》，遂谓为兼存典章，亦太疏矣。其于《春秋》，特得属辞比事之意耳。史公虽取法焉，其书固非史体，不得竟附《春秋》也。章氏既知诸子以《春秋》为独见心裁之总名，则彼固诸子而取《春秋》之意者也。体既不同，何可混邪？

《荆轲论》亦称《赞》。论、赞通名，无以定为有韵之文。章氏谓当互注诗赋，殆非也。

小说与史，迥乎不同，史质实，而小说扬厉以寓意。《周考》《青史子》二书，必多扬厉不实，故入小说。古之辨小说与史甚严，非如后世视其所记事之大小以为别也。《臣寿周纪》固不同于本纪矣。章氏乃谓记事当入《春秋》，若然，则小说皆记事，皆可附《春秋》，何为别立一类哉？《保傅篇》引青史氏之《记》，汪中疑青为王字之误，似可信。即使是《青史子》，亦止一条，无由概全书为史类也。

章氏疑《淮南群臣赋》《秦时杂赋》何不入杂赋，亦似非也。总集类编，与别集合刻，本不相侔。淮南群臣及秦杂赋必是合本，与诸杂赋之类编者异。后世著录家误以别集合刻入总集，不意章氏亦有此陋也。

赋、颂通名也。屈原赋有《橘颂》，董仲舒有《山川颂》，马融《长笛赋·序》云作《长笛颂》。其《广成颂》则《上林》《长杨》之流也。《孝景皇帝颂》当亦是赋而称颂耳，章氏疑之未当。

杂赋分九类，《昭明文选》之所祖也。一曰客主，假设客主之辞；二曰行出及颂德者，《文选》之述行与颂也，如诗歌之出行、巡狩也；三曰四夷及兵，诗歌之兵所诛灭也；忠贤失意，<small>整理者按：忠贤前当脱四曰二字。</small>则《文选》之志，如《士不遇》《九叹》之类也；五曰思慕、悲哀、死，《文选》之情与哀伤也。《鼓琴》以下，则《文选》之物色也，而以人事天地、动物、器械、植物分为四类。《成相》者，弹辞之体；《隐书》者，谜之类。以书少而附此。章氏谓当别出，泥矣。拟《成相》于《连珠》，亦误也。

章氏又疑失载《秋风》、《瓠子》、苏李《河梁》，亦未审也。沈钦韩谓上所自造赋二篇，当是《伤李夫人》及《秋风辞》。王先谦谓《瓠子》、盛唐《枞阳》等歌及《铙歌》《上之回》等，当在出行巡狩及游歌诗十篇中。二说皆是也。《河梁》之篇，昔已疑其伪矣。纵令非伪，诗歌一略，既以风、雅、颂分体，安得复标主名邪？

诗歌一门，《泰一》《宗庙》二条，颂也；《兵所诛灭》《出行巡狩》二条，大雅也；《临江王》以下三条，后妃、王子、宫妾之作，小雅也。《吴楚汝南》以下八条，以地分编，风也。《黄门倡》以下三条，有名杂诗也。《洛阳》以下四条，中州之诗，周之遗也。附以《声曲折》，即歌声之谱也。惟《高祖》二篇以特尊居首，末《诸神歌诗》四条，当是续补，入二颂、二风，亦自不紊。此四条及《有名》《杂诗》三条，亦容是写倒。大体明白如此，而章氏讥其不诠次，何邪？

蓍龟皆用以卜，与杂占不同，自可并为一类。章氏乃以为未析，过矣。若犹须分列，则五行中，刑德、六甲、孤虚、羡门当各立一门。杂占中占梦、变怪、祷祠、候岁、农占又当各立一门。形法中相地、相人、相物又当分三门。其今不可详，无由分者，尚不知凡几。章氏乃仅以蓍短龟长为说，陋矣。

《医经类叙》云：原人血脉、经络。所收有《扁鹊内经》，则脉书固在医经中矣。《经方类叙》云：本草石之寒温。所收有《神农黄帝食禁》。孙星衍谓禁乃药之误，《周礼疏》引正作药。叶德辉据康赖《医心方》引《本草食禁》谓古本《食禁》附《本草》后，则药书固在经方中矣。经脉，虚理也；方药，实用也。经必诊脉而明，故经可该脉；方必资药而成，故方可该药。章氏漫不细省，遽谓不载脉书、药书为缺略。李柱国，侍医也，岂有医而忘脉与药哉？

# 溯郑荀王阮第六

魏郑默、晋荀勖相继著《中经簿》，分为四部：一曰甲部，纪六艺及小学等书。二曰乙部，有古诸子家、近世子家、兵书、兵家、术数。三曰丙部，有史记旧事，《皇览》簿杂事。四曰丁部，有诗赋图赞。其目子承经后，犹不失《汉志》之意。惟合术数于诸子，已开后来之法。其立丙部，盖以史记故事之书渐多，不知归诸《春秋》《官礼》。而《皇览》为类书之始，于六艺、诸子皆无当，无可位置，故并而别为一部也。图赞入于诗赋，以其为有韵之文，《汲冢书》附焉。斯二人者，盖已不识刘氏之意，然不妄附入而别聚为类，犹不没古人之旧。其《叙录》今不可见，于丙部当有所申明也。

王俭既造《四部目录》，又别撰《七志》：一曰《经典志》，纪六艺、小学、史记、杂传。二曰《诸子志》，纪今古诸子。三曰《文翰志》，纪时赋。四曰《军书志》，纪兵书。五曰《阴阳志》，纪阴阳图纬。六曰《术艺志》，纪方技。七曰《图谱志》，纪地域及图书，道、佛附见，合九条。阮孝绪博采王公之家，参校官簿，更为《七录》：一曰《经典录》，纪六艺。二曰《纪传录》，纪史传。三曰《子兵录》，纪子书、兵书。四曰《文集录》，纪诗赋。

五曰《技术录》，纪数术。六曰《佛录》。七曰《道录》。前五为《内篇》，后二为《外篇》。阮氏书亡，大略存于《隋志》而有增省。其《叙录》具存《广弘明集》中。王氏一用向、歆之法，其识高于郑、荀，增立图谱，尤为有识。虽不能条图归于六志，而总存于末，不使无传，意良善也。阮氏折衷王《志》，颇具斟酌。变七略之法，开四部之先，不得谓为功，亦不得谓为过。其《叙目》论王氏立名之意及己折衷之说甚详。学者罕见，撮录于右而论之焉。

阮曰：王以六艺之称，不足标榜经目，改为经典，今则从之。按：六艺之称，本出汉儒，治经取官，譬之树艺，改之无害也。王《志》经典一部，全用《汉志》之法。加一典字，殆以该六艺之流，史记杂传之类也，源出典章，立名颇当。

阮曰：刘、王并以众史合于《春秋》。刘氏之世，史书甚寡，附见《春秋》，诚得其例。今众家记传，倍于经典，犹从此志，实为繁芜。且《七略》诗赋，不从六艺《诗》部，盖由其书既多，所以别为一略。今依拟斯例，分出众史。按：后世四部，史继经而先子，使六艺诸子相承之意不明，实始于此。然观阮氏之言，非不知刘氏之意，其分门目有职官、仪典、法制诸目，则其意亦以此《录》当《汉志》六艺诸附书也。援诗赋为例，明白无可疵。知此意，则七略、四部固相通也，其命名记传，殆取对经为称乎？古书经外，皆为传记。凡六艺之流，统用此称，职官、仪典不出此也。以此立名，洵精当矣。

阮曰：诸子之称，刘、王并同。又刘有《兵书略》，王以兵字浅薄，军言深广，故改兵为军。窃谓占有兵革、兵戎、治兵、用兵之言，斯则武事之总名也，所以还改军从兵。兵书既少，不足别录，今附于子末，总以子兵为称。按：军字本义乃指营屯。王徒好异，纠之诚当。或谓省诸子而单言子，觉不辞，不知《说文》云：子，人以为称。子家之称，由来久矣。

阮曰：王以诗赋之名不兼余制，故改为文翰。窃以顷世文辞总谓之集，变翰为集，于名尤显。按：王之名翰，主于翰藻；阮时之集，亦止辞章。子、史专家，未尝羼入，不得以后世文集为讥也。

阮曰：王以数术之称，有繁杂之嫌，故改为阴阳、方伎之言。事无典据，又改为术艺。窃以阴阳偏有所系，不如数术之该，通术艺则滥。六艺与数术，不逮方伎之要显，故还依刘氏，各守本名。但房中、神仙既入仙道，医经、经方不足别创，故合术、伎之称，以名一录。按：王氏所改，朝三暮四耳。阮纠甚当。子、兵既合，此亦合为一录，则刘之四略并而为二，《隋志》再合之，则成子部矣。刘氏本意诸子虚理，兵书、数术、方技乃实用。兵家书少，后世犹然，数术、方技亦本相近，特以分属三人，故别为三略耳。后世虽入子部，仍各立一门，专门分校之法，仍可用也。

阮曰：王氏图谱一《志》，刘《略》所无，刘数术中虽有历谱，而与今谱有异。窃以图画之篇，宜从所图为部，故随其名题，各附本录谱。既注记之类，宜与史体相参，故载于记传之末。按：分属诸图，超乎主矣。既知谱体为注记之类，出于《春秋》，又知刘《略》历谱与今谱有异，其视章氏欲以历谱附于《春秋》者，岂不胜哉？

阮曰：释氏之教，王氏虽载于篇而不在志限，未是所安，故序为《外篇第一》。仙道之书，由来尚矣。刘氏神仙，陈于方伎之末。王氏道经，书于《七志》之外。今合序为《外篇第二》。按：后世目录，以释、道附入子家，而传记、目录杂在其中，已详说于《定体篇》矣。刘《略》时仅有神仙家，无后来道家。科法之繁，齐末别集释氏经论于华林园，故王氏不以入《七志》。《隋志》犹但录总数于四部之末，若收入四部，则当别其门类也。

究观四家之递变，可知七略之为四部，有由来也。虽渐趋详整，未尝乱七略之法，讲明其义，且可救后世四部之失。后世泥于四部而不知七略，未究其源也。知其迁变之由，则四部固未尝背于七略明矣。定其门目，叙其源流，安在七略之不可复也。

# 明《隋志》第七

《隋志》因《七录》以成书，犹《汉志》之因《七略》也。昔人谓《志》中附注梁有之书，即据《七录》固已。今以阮《叙目》校之，门类有所增减，其次第周密，叙录精详，附注亡书，依类依时，皆有条理。以阮《目》种数卷数校之，增入不少。即如乐类，阮《录》止五种，而《隋志》多至四十二部。梁有唐亡者三种附注，散于前后，相距甚远。以此推之，必多所更变，非如班因刘《略》，但稍有并省出入，且明注之也。《总叙》谓《七录》分部题目，颇有次序，割析辞义，浅薄不经。又云今考现存旧录所取文义，浅俗者删去之，旧录所遗辞义，可采者咸附入之，异同之故，概可知矣。后世于此《志》义旨罕所推求，著录家以己见定门类，不复寻原。考证者又不留心门类，章宗源作此《志》考证，搜佚文，考体例，为用甚宏。而增本《志》所无之书，则妄为分隶，失其本旨。谈七略者，又以此《志》首定四部，弃不复究，但以考古书存亡名目而已。夫七略、四部变迁，不得不然，而此书实为中权。四部之体初成，七略之意未失，必于此焉求之，不求于此，而徒言七略，则是校雠之学不通于今，但空言存古而已，其可乎？

《总叙》首举六艺，详述史官，见著述之原于史，亦见史官职司典籍史志，所以有经籍也。中叙著录源流，特举《史记》《七略》。末云远览马《史》、班《书》，近观王、阮《志》《录》，以马与班并举，盖见马书列传之条别著述，同于班书之志艺文也，皆与章氏所发明者合。叙尾数语，约说六艺、方技、数术、诸子文章，亦七略旧次，而四部各类序，皆推原《周官》，不失七略官守之义。章氏撰《和州志·艺文书》诸类序目，推原《周官》，皆同于此而逊其详，不知章氏何以不言《隋志》是非。至其书本名《五代史志》补前史之阙，其叙汉事，亦犹《班志·地理上》援《禹贡》，刘知几讥其失断限，误矣。

　　经部次第，略仿《七略》。《易》类，先注，次一篇注，次音，次杂论义，中该外传微体，次疏，终以谱。《书》类，先注，次一篇注，次序及逸篇，次音，次疏与杂义。《诗》类，先《韩诗》存古也，次注，次音，次谱，次杂义及序说，次疏，终以业诗。《礼》类，一《周官》，先注，次音，次杂义，次疏，次图；二《仪礼》，先注，次疏，次《丧服》一篇注疏，次《丧服别记图》与杂说；三《大戴记》；四《小戴记》，先注，次月令，次音，次杂说，次疏，次杂义，次杂礼论议；五三《礼》总说，附注一节之说，次图。《春秋》类，首经文，一《左氏》，先注，次音，次条例杂说，次序说，次疏；二《公羊》，先注，次条例杂说，次疏；三《穀梁》，先注，次条例杂说；四《公》《穀》二家合及三家合；五《土地名》《外传》。《孝经》，先注说，次疏及杂义。《论语》，先注，次杂说，次疏。家法分明，体裁详断，后世著录家所不及。间有杂乱，或由写讹，大体固可寻也。岂惟考经说者不惑，考传说体裁，亦得大略矣。

　　《礼》类之杂礼、论议答问，皆依经立义，非后世四部目录之通礼、杂礼书也。通礼、杂礼书别入史部。《隋志》分明不谬，后世乃混之耳。惟乐类全收，后世之作谱记、声调、曲簿、乐名，当入子部，而仍列于此，则不善学《汉志》也，说详《治四部篇》。

阮《录》《孝经》次《论语》，《后汉志》之旧也。《隋志》以《孝经》居前，而以《尔雅》、五经附《论语》。《论语》固群经之钤键，孔子讲论六艺之言也。易之未为无义。《尔雅》不入小学，《五经总义》不别立部，犹存《七略》之遗。《广雅》《方言》《释名》附之《尔雅》固当。其体例固同于《尔雅》，而非字书也。

《白虎通义》入诸经总义中，此非后人所及也。后世著录，入之杂家固谬，张氏《书目答问》入之三《礼》总义，近似矣。然其书所包，实不止三《礼》，十四博士之说具在焉。

《谥法》《江都集礼》当入史部仪注，而附之《五经总义》之末，未安也。晁公武、焦竑纠之是也。《江都集礼》者，隋炀自定之书，非依经立义者也。在《隋志》不过以《谥法》本《周书》《集礼》，亦释经文，故附于后唐之后。谥法之书相沿而入，则滥矣。焦竑又谓制旨革牲大义，不当入礼，此则其书已亡，无由悬断。至又谓《夏小正》不当入礼，当入时令，则谬矣。《礼记》中固多制度，岂能尽裁入史乎？

纬谶一类，王《志》在阴阳，阮《录》在术伎，此附之于经，已开《四库提要》之先。纬之立名，本与经对，后儒拘说，《提要》正之详矣。纬非六艺之体，不可入之史部，附之于此，不背七略法也。

小学一门，先幼学字书，所以明小学之本义也，《三仓》至《千字文》是也。次字书而《说文》在焉，此类兼形声义者也。次音类，次俗字、俗语、夷音，俗字多音变也。次字体势，次石刻，所以证字体势者也。《会稽刻石》亦附焉，其时无金石专门书也。其分别字书与形、声、义三统甚明，不似后世之混也。而首列幼学，附列刻石，尤有深旨。后世幼学字书已少刻石，别在专门，故不能效之耳。观其《序》云附体势之下，附音韵之末，固于一类之中，兼包子目矣。

阮《录》但云国史，此以纪传、编年为古史、正史，有深意焉。后世沿其正史之称，而改古史为编年，误也。章先生《史籍考释例》辨明之，录于《四库·史部篇》中。观《叙录》云，世有著述，皆拟马、班以为正史。又叙汲冢《竹书纪年》出，学者因以为《春秋》，则古史记之正法。此说正、古二者之所由立，甚显白矣。

杂史一门，《隋志》创立，体例甚严，非若后世为龙蛇之菹也。章宗源《考证》乃以别传编年之书补入之，妄矣。后世不明《隋志》杂史之例，而所称为杂史者，乃混乱不可究诘，今特为明之。杂史者，异于纪传、编年而自成一体者也。《尚书》因事命篇之遗在此矣。杂之为名，与正、古鼎立而三者也。《唐六典》列秘书省书录门类，一仍《隋志》。其杂史曰：以纪异体杂记。异体二字，最为明确。首列《周书》，其义已明。《叙》先详标《国策》《越绝》《楚汉春秋》《吴越春秋》为准，《国策》乃国别体，源于《国语》。《国语》已入《春秋》，故未举。《楚汉春秋》殆亦分篇。《越绝》《吴越春秋》则分篇。称传略似纪传而无经纬之义。而曰：其属辞比事皆不与《春秋》《史记》《汉书》相似，盖率尔而作，非史策之正。此数语亦甚明。章先生言《尚书》为史文之别具，古人简质，未尝合撰纪传耳。所谓简质，即率尔也。下文乃举各记闻见以备遗忘者，又抄撮旧史自为一书者，及迂怪妄诞以其帝王之事备而存之者，盖所谓各记闻见者，颇近于后世之以传记为杂史。然《山阳公载记》《灵献二帝纪》《九州春秋》诸书皆自有体例，勒成一书，不入编年、纪传之家者，非后世偶记一事，条记杂事者之比也。抄撮旧史及迁怪妄诞，特附录耳。抄撮旧史，即后世之史抄。然后世史抄，徒编类辞章典故，此所收乃删简前史以成一书，故附之杂史。《叙》中分别正、附，至为精晰。自《周书》至《陈王业历》，皆所谓异体者也。中推《吕布本事》乃别传。六朝别传多称本事。晋诸公赞乃汇传，皆当入杂传而误入此。自《史要》至《历代记》，则抄撮旧史者也。《拾遗记》所谓怪迁妄诞者也。传记又重出，焦竑谓当入传记。按：此实当人小说。王劭《隋书》用《尚书》体，故附于末。观其首末，可知杂史之本体矣。后半可考者，如鱼豢《典略》《汉皇德纪》亦称《汉皇德传》。《帝王世纪》，皆近后世实录之体，而异于纪传。编年之家，正与《路史》同，则虽附录，犹与杂史正体相近，可知其精于别择矣。后世目录不知《隋志》三门鼎立之意，而以杂传记书叙事大者，混入杂史之中，又妄立别史一门，反取《隋志》所收异二体之杂史入之。而传记之书，本非勒成史体者，反据杂史之席，数百年无人知之矣。阮《录》立为史一门，在法制之后，杂传之前。《隋志》改为霸史，而升居起居注之前，尤为精密。盖阮《录》惟有国史，今以其体分为正、古、杂三门。正为纪传，古为编年，杂为杂体。三门既鼎立，而中有僭霸之国，其臣用正、古之体者，难于收入正史、古史也，则别之为霸史。霸史者，霸国编年、纪传之书也，非概谓纪霸国事者也。后世为史一门，大失《隋志》之意，又妄称载记。其所收者，异二体之杂史，及短书小记，皆入其中。夫著录不过论体，《隋志》辨体甚严，后世不解，乃泥于杂、霸二字。凡杂记者入杂，凡纪偏霸者入霸。于是传记、小说出入混淆，此非不知论体之弊邪。刘子玄夙恨官修之史，乃妄加诋毁，谓《蜀王本纪》《越绝》《江表传》

《后梁史》咸是伪书，而讥《隋志》不收为陋。岂知所举之书，乃异体之杂史，在《隋志》之例，固不当入霸史，子玄不辨，又并诋阮《录》，亦太妄矣。《三十国春秋》入编年，《十六国春秋》入霸史，盖一以中朝为纲，而用编年法，一各自为书，用纪传法。两书分录，其意已显。若如子玄之说，则当移者多矣，岂但所举之四书哉？所收惟《华阳国志》当入杂史，此后皆承其误，章氏辨正之，见《四库史部篇》。

阮《录》有注历一门，次国史后。《隋志》既分国史为正、古、杂三类，升霸史继之，以完史体，乃以起居注次其后。盖起居注记注也，史则撰述也，二者迥乎不同，章先生《书教篇》中言之详矣。观本《志·正史序》曰：当时记事各有职司，后又合而撰之，总成书记。是其于二者之分，已先章氏而明之矣。后世以起居注入编年中，非皮相乎？《叙》末曰：其伪国起居，唯《南燕》一卷不可别出，附之于此。观此足证霸史之立，乃以收伪国二体之史，非凡纪伪事皆入之也。霸史既分伪国之撰述，此亦当分伪国之记注，故特申明之。若传记诸目，则固不分正伪也。刘子玄之妄讥，后世目录之妄收，其皆未读此四语乎？《穆天子传》不过后人入小说，其识远矣。

阮《录》有旧事之名，《隋志》沿之。而所收殊溷，所谓旧事者，即后世之故事，章程之书也。《叙录》援《周官》甚为明白，乃其中如《汉武故事》《西京杂记》《汉魏吴蜀旧事》《交州杂事》《八王故事》《四王遗事》《陶公故事》《桓玄伪事》《沔南故事》《天正旧事》《开业平陈记》皆传记书，不可入杂史者。别之不入杂史，固严杂史之体，然奈何溷之于章程邪？岂但见故事之名，遂合之邪？章氏《和州志·艺文书》讥之，宜矣。观杂史之严，不应如是之溷。阮《录》旧事，多至八十七种，而此只二十五部，又无亡书附注，则移阮《录》之书于别门者不少，岂阮《录》即已滥收乎？不可知矣。传记之义，后世目录家多不详，故收之太狭而阑入杂史。此诸故事，皆后世所谓杂史。《隋志》既知不可入杂史，何不入之传记，岂亦如后世目录家狭视传记乎？

职官一门亦阮《录》本名，先官制品格，次官名簿，惟末三种当移前，盖续收也。《叙录》以御史数从政，解《汉书·百官公卿表》。官制品格，《汉表》上卷之遗法也；官名簿，《汉志》下卷之遗法也。冢宰御史，两职分掌，源流精晰，章氏不得自负其独得也。

阮《录》曰仪典，《隋志》改典为注合矣。此诸书皆称仪注，无称仪典者也。先仪注，次一端杂说及图簿，次私家书仪，秩然不紊。私家仪注亦入于此，以其皆出礼经也。后世失之，说详《治四部篇》。《叙录》末云：载笔之士，删其大纲，编于史志。章先生言史志，但总大要，而掌故别具专书，其言反复详尽，而此已先言之矣。

刑法一类，阮称法制，混于凡制度矣，改之甚当。《叙录》言有律，有令，有故事，分别详晰。律，常行者也，令，随时所增也，故事，则旧所行之例案也。所收先律，次令，次议奏驳弹，次杂制。杂制者，为刑法而设，非一切章程也。六条五服，犹今律例之吏律、礼律也，非官制礼仪也。

古书经外皆为传记，则记事之书，凡非勒成一史者，皆当为传记。目录家误限于别传、汇传，于是传记之书混入杂史矣。杂传一门，亦阮旧名，《叙录》尤为精美，先推本史官、间胥、族师、党正、乡大夫之职，次论穷居侧陋之有传，是史外有传记之原也。次举志尚一例，郡国一例，而附以神怪。所收先郡国之书，以合于间、族、党、乡之义也。次圣贤、高隐、孝友、忠臣，下至阴德悼善,皆自具宗旨。以品为类者,所谓志尚也。次别传、家传,次杂述童子、访来、怀旧、知己、全德,皆随其见闻以寓情感,非有宗旨也。故不与圣贤等为类,而同姓名录附焉。次妇人,次释、道。既举阮仓、刘向之书为志尚之原,而二者不与圣贤为类,又收别传入焉,岂外之邪?抑从释、道二《藏》中录出,故聚为一处邪?然条理固秩然矣。次以祥异、神怪、杂记,此有见于记之广矣。后世以此诸书入之小说,固无不可。然古小说皆自具宗旨,而扬厉其辞,此等书特事怪耳,质书闻见,其体实传记也。阮《录》杂传后有鬼神一门,此并入之,亦当。所散诸书,惟《高僧传》六卷杂入《志尚》之中。

阮《录》曰土地,此改为地理。所收就陆任之书分录,未加诠次,补收陆任所无,亦略有次第,而不甚明晰。大略先分记,次外国,次行记,作二节观之,差可寻耳。《叙录》推原司险、诵训、保章、职方、司徒,而不引外史四方之志、行人五物、太师风诗,盖其时方志未兴,专门地理书不备文献故也。首举《班志》夷险风俗为主,而谓末学但记州县之名,其分别地理专书,可谓甚严。挚虞乃记及事业、民物、先贤旧好,此即《太平寰宇记》之所祖。自挚虞而后,地志之书渐多,旁及文献。方志渐兴,乃同古之国史,不与地理专书同矣。阎百诗欲删《一统志》人物之门,以严地理专书之体。章先生引外史、行人、太师,以立方志之体,谓不同于地理专书。观于此《叙》,而其故了然矣。后世乃以方志入于地理类中,何邪?阮《录》谱状,《隋志》改为谱系,状乃当时之名也。《竹谱》《钱谱》,以其为谱体而附之。盖此类书少,未别立一门耳。若后世列之子部,则大谬也。《世本》一书,实兼表、志之体,未宜入此。而此但云王侯大夫谱,岂已不全,仅存谱系,故入此乎?然唐人犹有引《居篇》《作篇》者,何邪?

刘向、宋衷所撰之不同，则不可考矣。

簿录一门，亦阮旧名也。名物、文章、书画目录，皆入于此，过后人远矣。后世不知论体，文章目录入于总集，书画则入于艺术，混史、子、集之体，皆不究《隋志》之故也。

簿录叙目，引《诗》《书》之序，为别录之源。又谓古之史官，既司典籍，盖有目录以为纲纪，向、歆之书疑即古之遗制。自是之后，不能辨其流别，但记书名，此亦先章氏而发者也。史部、子部叙录，无不推本《史官》《周官》，此亦何让向、歆哉？故事、仪注之叙，章氏《方志掌故叙例》之所本也；职官之序，章氏《职官表序例》之所本也；杂传之叙，章氏《列传人物表叙例》之所本也；谱系之序，章氏《氏族表叙例》之所本也。地理一类，既举众官，又总之曰分在众官。而冢宰掌六典，实总其事，太史逆冢宰之治，其书盖亦总为史官之职，展转推溯，必归于史。盖以明史官司典籍，而史体无所不包。《子部·总叙》曰：世之治也，列在众职下，至衰乱，官失其守，或以其业游说诸侯。章氏非即由此而得之乎？而其书中略不言《隋志》，岂讳其所出邪？

《晏子》《太玄》皆入儒家，沿《七略》也。儒家末附训诫，则后世格言之祖也。

老、庄书亦先注，次音，次杂义，次疏。《叙录》以《周官》之师配道家，则强附矣。

观诸家专篇、别传之入史部，《去伐论》《守白论》《养生论》《摄生论》诸书之入子部，可知隋前文集，未尝混入子、史专家也。

阮《录》道家之后，有阴阳一部，所收只一种，一帙一卷，不知何书也。空论阴阳以成一家者，六朝已无其实。衍数术者，自当入数术家矣。

名、墨、纵横虽数种，亦立一门，不没其源流也。后世乃谓名、墨书少，难立门类，曷视此乎？《邓析》《尹文》《人物志》《墨子》《鬼谷》，今固尚在也。

杂家自《博物志》以下，杂记、书抄、类书及佛家类书也。附录于此，开后世之谬，其中固有可称杂家者，宜别出之。抄纂辞藻之风盖自六朝已然矣。

阮《录》农家只一种三卷，今称梁有者，乃四种四卷。然则昔人谓本《志》梁有皆据阮《录》者，未尽然也。

小说既称为家，自有宗旨。此所收者，谐笑猥琐，已非复古者之旧矣。自古今艺术以下，小而非说，殆以无可附欤！书抄固已入杂家，何不并此移之？《欹器》《器准》，何不依《竹谱》《钱谱》之例，附之谱系邪？唐以前无随笔杂记之书，故杂家小说所附虽杂，犹有条理，然已多不当矣。甚矣，短书之为害也！

兵家《太公》诸书，附于孙、吴之后，盖以为依托，犹有《七略》叙次之意。其先后亦略依权谋、形势、阴阳、技巧，盖《杂撰①兵书》以下至《兵杀历》为阴阳。《马槊谱》以下至末为技巧、权谋、形势，则不可辨矣。殆二者相连，后师多不分论耳。《汉志》附蹴鞠于兵家，以其关于兵。此广其意，凡艺术皆入之。棋博，诚亦有似于兵，无大害也。若后世书画、篆刻，则不得不别为一门。

自天文以下，阮为术伎录，次文集，从《汉志》也，此并入子部。天文一门，约略可分，自《天仪说要》以上为总说，盖天、浑天诸家之异也。次以星占，次以风云、日月、五星诸占，自《二十八宿十二次》以下，又星象总录也。

---

① 《隋志》无"撰"字。

历数一门，阮曰历算，此所收先历术，如四分、三统、元历、七曜、阴阳以其家法不同为类。次漏刻，次算法。算法合于历谱，亦开后世天文、算法合目之先。

阮《录》分五行、卜筮、杂占、形法四部，从《汉志》也。此并为一，虽子目次序相同，而卜筮、形法非尽五行，实未足以该。焦竑讥《汉志》，章氏已纠之矣。所收中次第有复挽，今多不可考。约略辨之。首五种不知何术，次风角，次九宫，次太乙、遁甲、六壬，中多杂乱。次卜筮，亦略如《汉志》先龟后筮。次杂卜，次日时杂占，次有元辰，八卦似混入。次禁忌、嫁娶、生产诸占，与上杂占同，殆中误挽《元辰五罗算》至《分野星图》一节也。杂占至《灶经》止，次为祥异占，次为望气、相地、相物。

阮依《汉志》，分医经、经方二部，此并为一。所收复成二节，亦有杂乱。自首至《明堂孔穴图》，医经也；《本草》至陶氏《效验方》，经方也。自《彭祖养性经》至《四时御食经》，服食也。《疗马方》一种终焉。下又列《素问》《脉经》至《疟论》，又医经也。又列《神农本草》至《疗妇人产后杂方》，又经方也。《黄帝明堂偃人图》至《十二经脉明堂五藏人图》，则针灸也。《老子石室兰台》以下至《治鬼方》《治马杂病经》《造海味法》，则仙佛方及杂治物方也。《论服饵》至《养生要方》，则服食神仙也。《素女秘道经》至《玉房秘诀》，则房中也。《四海类聚方》二部终焉。阮《录》以房中、神仙入道录，故较《汉志》少二门。今此有房中、神仙，而道录全用阮《目》。又有服饵、房中，殆是彼仍原文，但改卷数。此依《汉志》入于医家，而彼失删也。彼称服饵四十六部，此适合，但卷数不合。房中十三部，此则不满十，又何也？

阮《录》经方后有杂艺一部，此无之。惟兵家有棋、博诸书，岂即是邪？杂艺固可别为一门。

集部本由《七略》诗赋一《略》恢廓而成，隋前之集中无子、史之流也。阮《录》集录以楚辞部为首，《隋志》沿之。盖探原诗赋之意，犹《昭明文选》间及子、史，而以诗冠首，此所谓告朔之羊也。目录家不知此义，即沿用其例，亦但谓《屈原赋》二十五篇，为别集之最古。王逸集《楚辞》，为总集之最古者耳。

总集一门，先列不专一体者，而中附评论。盖总集、评论，其始本相连，有评论，而编次之体乃明，且往往存目不录文。挚氏《流别》大体，今犹可考也。次录赋，次颂，次诗歌，次箴铭，次诫，次赞，次七，次碑，次设论，次论，次连珠、杂文，次诏，次表，次露布，次启，次书，次策，次俳谐、释家集。诏令表奏不宜入此，如《山公启事》尤关国典，后世入之史部为当。单篇诗赋宜附别集。叙云并解释附此，故单篇有注者皆入此，非法也。又《诸葛武侯诫》以下六种，皆单篇重出，儒家论之主理者，宜入子部。《正流论》亦重出。杜预《善文》非选表启，殷仲堪《杂集》尤不知何体，搀入表启之间，亦不伦也。集部《总序》沿《七略》诗赋之《序》，举歌、咏颂、雅、屈、宋、枚、马，不旁及经、子、史，意主沈思翰藻，与《昭明选·序》同意。此古之文集，所以不同于后世，故立为专部，无伤大义也。末引陈诗观风以归史体，斯非章氏特立文征之意欤？阮《录》总集后有杂文，殆已并入。

王《志》先道后佛，阮改先佛后道，自谓所尚不同也。此《志》同于王氏道录，分部与阮氏同，仅改符图为符录，卷数亦同，惟经戒稍有增加耳。其时道家尚无语录，其丹诀殆已入于服饵矣。佛录阮分戒律、禅定、智慧类，似论记五部，禅定三门，独以义分而不依体，与戒律论记不类。此以经律论分，各分二乘，与杂并注，讲疏之数，而以记终，较为明整矣。章氏《和州志·艺文书》亦别释教于诸子之外，而谓阮《录》《隋志》子类有道家集，末又附佛、道为不知源流，则非也。子部道家，老庄以下也。集末道录、房中、神仙、符箓、经律也。道教与古道家虽有因缘，然自《七略》已分之矣。郑樵犹知其别，章氏失考。

焦竑驳正《隋志》，是非相参。如谓《周太祖号令》入起居注非，当改制诏。《鲁史》《欹器图》入小说，《竹谱》《钱谱》入谱系，均非，当改入食货。古今艺术入小说非。《棋势》以下入兵家非，当改艺术。《皇览》以下三种入杂家非，当改类家。皆是也。此皆《隋志》因门目不备而附入者也。又谓《老子禁食经》以下，《香方》以下入医方非，均改食货。《书品》《画录》入簿录非，当改艺术。《玉烛宝典》入杂家非，当改时令。此则未是。《隋志》服饵诸方非不类，《书品》《画录》自是簿录，非言技术。《玉烛宝典》自是类书，非言政令，焦氏未察其别耳。又谓《陈王业历》列杂史非，当改编年。《海岱志》入杂传非，当改地理。此则望名而臆断也。至谓《洞纪》《帝王世纪》以下入杂史非，当改通史；《东观汉记》入正史非，当改杂史；《汉纪》以下入古史非，当改编年。是则竟不知《隋志》古史、杂史之为何物矣，不足辨也。

# 唐宋明《志》第八

乌乎，《七略》亡而《隋志》存，其遗意未尽亡也。《旧唐书》《新唐书》出而《隋志》之意亦渐亡。二书固承用《隋志》之部次，而以亡《隋志》责之者，不能通《隋志》之意，守《隋志》之法，使后世循之而变，以至于几不知《隋志》，而《七略》之意乃真亡也。

二书之善否，观其《叙录》而可知矣。谓相沿叙述，无出前修，遂省每类之《叙录》，而《总叙》复笼统其辞，一朝著述体例之异于古者，遂不可知。后史沿用其体，皆刘昫作之俑也。世徒羡欧阳氏之文，不知其于著述、体义、条别之法毫无所解，但泛论经、史、子、集之源流。此则作历代《艺文志序》可耳，果何关于唐哉？但叙唐世书籍之聚散，便尽条别著述之道乎？《旧书志·序》谓昔之《七录》四部，部类多有所遗。即此一语，足知其谬。章先生尝言闻以部次治书籍，未闻以书籍乱部次者。吾谓闻以部次治书籍，未闻以书籍增部次。必不得已而增，必有其义。徒增多之，以求无不可收，则后世目录所由混乱也。

《旧志》全本，毋煚《开元四部》《古今书录·叙》言在《开元目录》外者，不欲杂其本部，据所闻附撰人等传。诸公文集，亦见本传。《新书》竟不言承用毋煚，而称著录者几，不著录者几。不著录者，即开元以后之作也。而全不著其故，待后世射而得之，史才固如是乎？殿本沈德潜《按语》讥《旧志》于诗文大家漏略，斯则全不读《序》之言也。设皆补入，又岂仅如德潜所举乎？又《旧书》既称一部为一家，又称一门类为一家。《新书》不从之而依撰人。是也。然其所谓不著录之书，则更不分次第，不可究诘矣。

《旧志》又有不可解者，每以数门目总数合列一行，致分门不清。如纬与七经、杂解二门目合列一行；编年、伪史合列一行。既已分门，何必省此一行纸邪？

《旧志》之谬，在变乱《隋志》之门类。然暗分子目，犹仿《隋志》，未尽乱也。《新书》乃全依时代，混其暗目，经部竟至以注入时代为次，而不论本经。礼类二《戴》先于《周官》《仪礼》，《春秋繁露》先于三《传》，混乱至是极矣，次第之法至是亡矣，欧阳氏之过也。郑樵撰《艺文略》，碎分子目而自矜为明类例，正矫此也。

经之分部，不特详言。而《旧志·叙》曰：一曰《易》，以纪阴阳变化。二曰《书》，以纪帝王遗范。三曰《诗》，以纪兴衰诵叹云云。彼《隋志》之称纪某某者，以部目名简，恐人不了，故加言其所纪何种书也。六经分部，何待加言？且若所言，是凡阴阳变化皆在《易》部，凡兴衰诵叹皆在《诗》部矣，岂果能用七略法乎？斯亦可谓东施之捧心矣。《旧书》之大谬有五。一则收《江都集礼》《大唐新礼》《紫宸礼要》于礼类，沿《隋志》之滥乐类者而滥礼类也。自此而后，世通礼、杂礼书之目兴焉，经、史于是淆，四部于是不合于七略矣。二则改古史为编年，失《隋志》之意也，说具《四库史部篇》。三则收道、释二家书于道家中，而不别其体也。郑樵广取二家传记，悉入子部，此实作俑，说详《定体篇》。四则收《相马》《相鹤》《相贝》诸书于农家也。后来《茶经》《酒谱》悉入农家，皆原于此。五则别立事类一门，以收类书，使《隋志》之不得已而附录者，竟得立专门于子部也。此五者为《隋志》大法失坠之原，后世四部所以不同于古之四部也，其罪毋畀实尸之。

《新书》之大谬又有五。一则收《隋志》所谓抄撮旧史者于编年也。如李仁宝《通历》以下。乃至《帝王历数》亦入之，后世纲鉴删纂悉混编年，由此启之。皇历年历以下，又依旧法入杂史。盖彼收入编年者，乃所谓不著录者，以己意妄分隶之，而此则沿旧文也。二则伪史一门，妄收《隋志》所谓杂史、编年杂史如《邺洛鼎峙记》，编年如萧方等《三十国春秋》。也。《旧志》犹无此谬，后来认霸为凡纪偏霸事皆可入，实欧阳氏启之。三则杂史一门妄收传记也。唐人随笔记录，不成史体者甚多，皆吾所谓当入传记者也。开元以前犹少，故《旧志》未滥，欧氏乃以《大唐新语》《国史补》诸书并入传记，狭而杂。史为蛇龙菹，欧阳氏启之。四则故事全收传记，开郑樵之谬也。《隋志》故事中混入传记，乃因同名故事而误。《旧志》因之而无所增，《新志》则增入十六家，无非传记矣。所收之书有事迹、传事、事录诸名，何不思乎？五则杂家、农家因旧误而更滥之也。《旧志》多收书抄于杂家，沿《隋志》之谬，又以谱录入农家。《新志》则《蒙求》亦入杂家，《竹谱》《钱谱》《四时纂要》《荆楚岁时记》亦入农家矣。此五谬者，又并《旧志》而不如，合《旧志》之五谬而十。十谬既成，四部不可问矣。至于混收女训于传记、列女之中，而以《列女传》诸书并标为女训，直不足辨也。

《旧志》门目之不同于《隋志》者，移霸史于杂史之前，此无害也。霸史固霸国之编年，纪、传二体，无杂史体也。升杂传于仪注之前，致仪注不与故事相次，则谬也。簿录一门，依《隋志》兼收文章书画，乃更其名曰杂四部书目，无理矣。谱牒次于书目，地理又次谱牒，无意也。兵书倒入天文、历算之下，五行之前，尤为任意。五行之后，从阮《录》列杂艺术一门，以收投壶、棋博则差善耳。《新志》于《旧志》之得者，又多失之。五经总义，《旧志》别立一门，不附《孝经》《论语》，此甚善也。名之曰经杂解尚可，知其为群经之解也。《新志》并杂字而删之，则前此数类，何非经解耶？《旧志》以实录附于起居注，善矣。盖《隋志》实录少，故入之杂史，其实实录与起居注皆记注而非撰述，固可合为一，而不可混于编年也。《新志》显标实录子目，尤为善矣。而以诏令一子目，与实录同属于起居注，则可怪也。《旧志》以诏令散入故事之中，犹有所取，而起居注、故事、职官三门，总数同列一行，欧遂因此而致误。诏令何可属起居注？省并总数，已为无理，更因而致误，非醉人扶醉人乎？小学类收书法之书，则马端临已驳之矣。惟训诂、小学合立一门，差知变通，盖后世训诂书多，自不能仍沿《七略》也。

　　《旧志》每细分子目，而详略失宜，或分或不分，又无定例，实开郑樵之先。如礼类分《周礼》《仪礼》《丧服》《礼论答问》四目，竟忘二戴记、《尔雅》别为训诂一门。《三仓》《说文》《字林》《玉篇》以下，谓之小学，称为偏旁、音韵、杂字，是乃误沿《隋志》也。所标之名，又非《隋志》之次第，浑为小学可也，何必强立名乎？谓偏旁为形书之名邪，杂字又何谓也？杂传一门尤变乱，分目十四：曰褒先贤者旧、孝友、忠节、列藩、良史、高逸、杂传、科录、杂传、文士、仙灵、高僧、鬼神、列女。其前之杂传，即《隋志》杂类；后之杂传，乃《隋志》别传，二名已混淆无别。升孝友、忠节于首，似矣。《春秋列国名臣》《四科传赞》《七国叙赞》《孔子弟子传》何以在止足、全德、悼善诸杂类之后邪？刘向《列女》独次高逸之后，文士诸传居杂传后。《科录》一书而别立一目，《七贤》《四科》何不别立圣贤一目？列女退居最末，亦未安也。其后郑樵复用《隋志》原次而强分之，愈乱矣。道家之中，分老子、庄子、道释诸说三目，殊不类。即云并释于道，道教与老、庄殊，亦当分道、释为二，合老、庄为一也。不以医术立统目，而分明堂、经脉及医术，以经方以下统为医术。又分本草、养生、病源单方、食经、杂经方、类聚方六子目，不均已甚。食经之名，亦不如服饵之该诸书，固不尽称食经也。此皆子目之谬也。乃其职官、仪注、刑法三门，则不用《隋志》之法，而概依朝代，又为《新志》作俑矣。

《新志》省去子目，于《旧书》所强分者皆不用。然偶又一立子目，详略不齐，则与《旧志》同，如正史不分通古、断代，而忽标集、史是也。道家别出神仙一子目，以别于庄、列，似矣，而传记、目录悉入焉。释氏亦别立一目。总集之中，别立文史一目，《文心》《史通》《史例》《诗格》皆入之，夫文、史二字，何由知为评议之书、议史之书，何为入总集？此不可解也，而后世沿之，何邪？

《新志》既混乱子目，而于杂传总集一门，忽又不混合之，似可观矣。乃孝子中厕止足，孝德传又在文士之后，良吏、先儒、止足又错杂焉。竹林七贤忽入别传之中，科录、画赞又次其后，列藩、交游、忠孝又在家传之后，颠倒错杂，不可究诘。总集亦承《旧志》之谬。至其增入所谓不著录者，尤不可问。然有可喜者，《朝野佥载》诸杂记事实及一事始末之书，后世误以为杂史、小说者，乃在传记，颇为卓特，然非能知传记之例广也，特漫然附之耳，观杂史、小说所收可知矣。

《旧志》编次分隶之谬，经部则退音于疏后。《周易释序义》居音后，《难孙氏毛诗评》不次本评而居音后。《春秋繁露》，公羊家也，而次二传合之后。《孝经瑞应图》，纬谶也，而入《孝经》。《匡谬正俗》，集大名称训诂之支，而入经杂解。石经之末，复列杂字书一种。史部则分《三国志》《魏书》、《蜀书》、《吴书》为三，而妄改书字为国志，且以魏入正史，蜀、吴入霸史。至于杂史，收《关东风俗传》补《隋志》之遗，尚得其体。《关东风俗传》分编记事，实成体之史。又收《开业平陈记》，则《隋志》误入杂史者。《江表传》不入霸史，尚能知《隋志》意。而杂史中乃收《吴朝人士品秩状》《吴士人行状名品》，则汇传而误入也。又以家传入之谱牒，亦开后世以年谱误入传记之谬。子部则移《鲁史》《欹器图》于儒家末，谬也。《五经析疑》入法家；崔豹《古今注》《荆楚岁时记》《玄石图》《瑞应图》入杂家，则妄矣。五行一门，略仿《隋志》，而遁甲居六壬太乙之后，杂占在形法前，而卜筮、占梦、灶经又次形法后，杂乱不可诘。《遁甲开山图》，谶书也，亦入遁甲，则郑樵所谓看名不看书也。总集一门，类从《隋志》，而改易先后，赋中羼颂、集、杂、传中之赞，重出四种于此。先启后表，亦为倒置。七居策后，不与连珠次，亦无理。以释氏总集、妇人总集次俳谐之后，盖卑之也。然次以评论，又次乃诗集，则妇人诗集又何幸居前邪？集苑、集林、集抄又不与《文苑》《文选》同居首，何邪？

《新志》无所谓编次也，仅有分隶之谬耳。崔豹《古今注》入仪注；《渚宫遗事》《蛮书》入地理；任子《道论》、杜夷《幽求》真道家名理也，而入神仙。《隋志》名家有《人物志》，其书辨人品也，乃因而增入《河西人物志》《吴兴人物志》，则郡国传记因名同而混入矣。传记中，《幽州人物志》何不移出邪？盖幽州乃旧有，彼二种则不著录者也。《古今注》既移入仪注，又仍旧入杂家，郑樵已纠之矣。乃因有崔书而复牵杂史之伏侯。《古今注》入杂家，小说一家乃收《诫子》《家范》《茶经》《煎茶水记》及《刊误》《资暇》诸考证书。《世说》在小说，王方庆《续世说》则入杂家；《钱谱》妄入农家，《续钱谱》则入小说。此皆由沿旧增新之歧出。艺术一门，增入书画法诀可也，诸图悉入焉，若如其意，则簿录一目将尽收四部书乎？

其他《旧志》沿《隋》误，《新志》沿《旧》误者，悉不具论。《隋》误《旧》必误。《旧》误《新》必误，乃至《旧志》误字，《新志》亦沿之焉。其郑樵所已纠，今亦不复论也。自宋以来，公私目录益不可究诘矣。

《宋史》之疏谬，盖众所知。宋世私目甚多，修志时乃凭借旧史，《艺文志》云经四修删合成，此亦有补者，仍称不著录。其门类多同于前志，而古书多亡，新著大增，不似唐世之书，犹易条别，故多牵混。三《礼》、三《传》之依注人，他门之无暗目，皆沿同欧阳之误。史馆列传悉入正史，起居、实录并入编年，乃至年表、纪事本末、通鉴总类亦与《通鉴》同编，此皆谬误显然。编年之后，特创别史一目，而所收乃隋、唐之杂史也，所谓伪史者亦入焉，官书之《圣政录》《宝训》亦入焉，年历、图表亦入焉，《东观汉记》、《建康实录》、郑樵《通志》、萧常《续后汉书》、李杞《改修三国志》皆入焉。盖凡不入正史者皆统焉，而又不加诠次，谓之混史可也。别史之后，特立史抄一目，则论事、纂辞、考异皆入焉。而年表及删抄旧史、杂记见闻，又或不入别史而入此，不知何意。何以为史，又何以为抄，盖至此而《隋志》正、古、杂、霸四门相次之意，乃全亡矣。霸史一门，又降居史部之末。小学杂收蒙求，乐类多收琴曲。传记之纷，甚于《新唐书》，乃至墓志、笔记、游记、进卷亦入传记。而职官所收杨王休《诸史阙疑》以下六部，竟是考史之书。贾谊、陆贾、刘向之书入于杂家，官箴、韵对亦入焉。《砚谱》及医马牛书皆入艺术。《会要》、《史韵》、高氏《纬略》、《子略》、钱文子《补汉兵志》皆入类书。凡《新唐书》之谬，此皆有之，复出者尤不胜举。其有善者，蔡邕《独断》《朝野杂记》入于故事，公私仪注不附礼经，姓名之书入于谱牒，农家先于杂家，摘抄之书入类书，此则小有可取。《夏小正》《月令》冠于农家，章先生见之，得毋惊为卓识。然而《茶经》《花谱》《时令》之书，既入其中，农家之本义亡矣。蓍龟别出于五行，似矣。历算更居蓍龟之后，何也？

《明史》但录一朝，实本黄氏《千顷堂书目》。改经解之目为诸经，《提要》已纠其失。别立四书一类，是也。编年竟入正史之中，而年表、实录、宝训、日历及私家不成体之史皆在焉。杂史尤为琐滥，而考前史者亦入之。此盖限于一代，不能备目，然亦太简矣。次正史曰杂史，次杂史曰史抄，又次则故事。以下全用前史之法，惟地理居谱牒前，而无目录一门。太祖之训亦入故事传记，总别不分。地理全收方志。名、墨、纵横悉并于杂，而道家、释家退居于末，于是儒、杂、农、小说相连。兵书升继小说，五行仍不分门，医书附于艺术，而类书次之。考证书皆入杂家，或入小说，殊无定例。明人鉴赏器物之书入于艺术，而类书之中阑入丛书。凡此皆偶异于前，而即不安者也。

# 纠郑第九

郑樵激于《崇文总目》《新唐书志》之混合子目也，愤而撰《校雠略》《艺文略》，斤斤于谨类例，其文意所注射可见也。创开芜秽，复兴条理，不得谓无功矣。然既知谨类例，类例本于《七略》，原于六艺，不知《七略》之意，不考王、阮、《隋志》变迁之故，徒取《隋志》《旧唐志》，碎分子目，何以能合乎？樵之为学，好高视独断，而不知循源流师承，不独校雠为然也。言校雠者，固必读樵书，然《校雠略》中多大言失考，章氏补郑篇，未及纠也。《艺文略》分类尤舛谬，恐学者以其善言校雠而误遵之也，故具纠之。

编次记亡书，《隋志》之法，乃因其书上续五代，故必记梁有之目。樵谓王俭作《七志》已，又条《七略》及二《汉》《艺文志》中经簿所阙之书为二《志》。阮孝绪作《七录》已，又条诸阙书为一录。此直欺人耳。王、阮之书，宋已不存，樵何由见之？王《志》目录，见《隋志·叙》中。阮之《叙目》今尚存也，何尝有阙书之录邪？纠《崇文总目》之不记亡书，是也。而诬王、阮则先无以自信矣。名亡实存，亡书复出之论，亦有不可信者，已别辨之。

樵所抨弹《唐志》《崇文四库目》，当矣，而妄讥《汉志》则非也。实斋所未纠者，尚有数条，如谓《尉缭子》兵书而入杂家，为班固见名不见书。按：此乃《七略》之旧。《七略》所收，皆经校定，非如樵之止抄旧目，安得不见书？兵家、杂家，固皆有《尉缭》。今《尉缭子》乃伪书，何反以讥刘邪？又谓《隋志》分收谥法、谥议为非，谥法本不当入经解，《隋志》误收，其入于仪注者是也。《唐史》于正史中，分出集史一门，故于集史前列集史总数，集史后乃列正史总数。而樵以为正史不计卷，殆看前不看后矣。

《校雠略》中论门类分隶，谬处尤不少。刊谬正俗，训诂之支流，何可入经解？货泉之书，安可入农家类？类书者，其体为抄撮分类，非谓总众类不可分也。若天文、职官书有分类者，彼自天文、职官不得名之为类书也。樵于此未明杂史何以分二家，乃极称《崇文目》之分二家为善。《皮子文薮》实一人之作，今犹存也，樵徒见薮字，遂以为总集，非看名不看书乎？凡此皆足形其不明类例，而乃大言曰刘氏胸中元无伦类，何其不惭也。

樵之言校雠，不过能知《唐志》《崇文目》浅陋讹误之失耳。其于七略、四部，大体无所知，又不深探王、阮以来变迁之迹，乃以己意定十二类，一经、二礼、三乐、四小学、五史、六诸子、七星数、八五行、九艺术、十医方、十一类书、十二文。其不以星数以下合于诸子，似用《汉志》之法。然礼、乐何以分立于经外邪？史部何太略邪？若谓礼、乐、史三门之书为六艺之流，故别为一类，则史之中故事、职官，亦官礼之流，何不别立一类？乃其礼类仍列三《礼》，则亦徒见后世礼经后附杂礼书太多，及乐类屡入后世书，故别之而已。樵若知《隋志》礼后不附仪注之意，则礼虽别为类，三《礼》仍当归于经。今忽割六经之三《礼》别立门户，何理也？其分出十二，不过酌其多寡耳。故吾谓樵尚不知《隋志》之意，毋论《七略》也。至其子目，尤多谬乱，条而纠之。

樵书部类大体之谬，又有前此所无者。如《拟易》附《易》，《续书》附《书》充其类，则诗歌皆当附《诗》，章程皆当附《官礼》矣。礼类立月令一门，与三《礼》并，则以后世岁时之书多耳。充其类，则《王制》亦可别为一门，以统后世之典制；《禹贡》亦可别为一门，以统地理书；《洪范》亦可别出，以统诸五刑书矣。然则樵非惟不知七略，并不知四部也。

史部别立食货，则鉴于器用、货具、茶经、酒记之妄入农家。然簿录之书不尽食货，而器用又非食与货也。动、植之谱，而名之曰豢养种艺，是则名物与技巧淆矣，且何以别于农家也？此创立之谬也。《隋志》刑法类末附杂制，旧、新《唐志》广收诸格式，盖有出于刑法之外者矣。至樵则财货、贡举之制，官箴、官法之书，皆入之矣，此因袭之谬也。杂占中有相易、相印诸目，而相龟、相鹤则入食货中。目录中有文章、经史诸目，而金石目则入总集，此沿《旧》而未及增者也。释家分十目，而无佛经；兵家分五目，而无技巧。樵尝诋前人失收。吾亦效其言曰：岂有唐而无佛经乎？樵将应我曰：吾抄旧目，旧目自无此耳。然则此岂足以明类例邪？

文类别集、总集之后，又以体分诸目，核其所收，尤为错谬。《隋志》附评论解释之书于总集后，故单篇赋颂有注者亦入焉，已非法矣。又于总集中专一体者，略为类次，则至善也。樵不知其意，则谓凡别集中有诗赋、表奏自成一集者，皆当分出，广收单篇，罗列众体，而不自知其拙也。奏议、策书列俳谐之后，连珠、设论与七混入论中，又可见其不辨文体也。

樵书每类分门，门分细目，最为繁详。然参差碎杂之处，不可悉数。约言其谬，凡有三端。

一曰重复。如诸经中此为论说，彼又为统说；此为问难，彼复为问难。既有章句训诂，复有义训。既有论难，复有辨正。书有逸篇，又有逸书。传记有冥异，复有祥异。道家既有论，又有书。天文有天文，复有天象。

二曰大小不伦，详略不均。《国语》章句一部，而别立一目，可谓详矣。而《春秋》则五家传注，三《传》义疏之外，一切注说统名为传论。《礼记》中有疏无注，于记文下注曰注附，又何略也？诗类小学与音并立，地理类郡邑与图经并立。仪注门中既分吉、宾、军、嘉，又有礼仪一目，则总目也。又有封禅、汾阴，则专记也。道家类既分吐纳、胎息、内视、导引，而又有修养，岂以上诸门非修养邪？他门琐琐分目，而职官一门则官制、署志、官箴毫无分别，又何略也？地理类有方物而无古迹、风俗。食货中有茶、酒而无馔食。释家立塔寺，道家何不立宫观？《书》有小学，《诗》何反无小学？历数中有七曜历别为一目，而四分、三统，则不立目。五行类分二十子目，然既有杂占，复有婚嫁、产乳、登坛诸目。相易、相印、相字皆列目，而相人之书，则独称相法。尤繁多者则为医家，既有本草又有本草音、本草图、本草用药。既有方书复有寒食散方、岭南方。然则诸剂诸地，可胜立邪？伤寒、脚气亦立目，则诸症皆可立矣。眼药、口齿亦立目，则耳、鼻、手、足皆可立矣。

三曰妄立不通。如诸经各附谶纬，而诗类独名为纬学。仿《尔雅》者名曰杂尔雅。释俗语称谓之书名曰释言。檄与露布称为军书。皆甚不安。编年中通古书名曰纪录，何以见其为通？刑法中官法书名曰法守，何以见其为官？别传改为列传，不知纪传之列传乃全书中排列之义也。以《隋志》仙人婆罗诸方立为胡方二目，则何以该仙方、鬼方耶？最可笑者莫如医家内之香薰、粉泽盖香方、粉方之奏成双字者也。

樵既倡言类例，而其类例乃疏谬如此，何邪？细审之，则知其书乃抄合隋、唐《志》而成，而其分子目惟恃望文立名之一法，故其误如是。樵所诋之看名不看书者，己实躬蹈之，而且尽其谬焉。盖樵之言类例，本未尝讲明源流，整理统系，特恶欧《志》《崇文目》之概依时代，混暗分之子目，欲矫正之。故取隋、唐二《志》之暗目未混者，约略分之，标为明目，遂自以为精于类例矣。其实于书之体例、门类之异同，固未知也。《唐志》已失《隋志》之旧，今多沿《唐志》之误，而自以为宗《隋志》，乃其所分不过翻阅《隋志》，见其书名连篇相类者而划之，至其类次不可于书名求者，则又不能会其相类之意，而强以分目，或一二书亦分目焉。学者取隋、旧二《志》与此目并观，可以知其妄。今且略举之。传记中无圣贤之目，则《孔子弟子》《文翁石室画赞》无归矣。《良吏》《丹阳尹》《十八学士传》入忠烈一类，非因前牵连而漏分邪？周续之《圣贤高士传赞》又不入高士而入名士，则又因《旧唐志》倒乱《隋志》而误也。《幼童传》入名士，则又因以《隋志》怀来感旧为交游一目，而幼童之居于此前者，遂入前一类也。《隋志》本以杂类汇列，何为而强分之以自陷乎？家传既专主一家，而又收《桑维翰传》《越国公行状》，则又自相矛盾矣。《卓异记》入于冥异，则因《唐志》而误。然《唐志》固未列冥异之目也。此皆其因《旧志》而约略分之以致误之迹也。乌乎，取诸暗子目而以臆略分之，其谁不能？不过一朝之力而足也。而乃大言曰《七略》固为苟简，《四库》毋乃荒唐，何其不惭也？至其收录，则会要入实录，故事一门全收杂传记，章程入职官，凡一切收不应收、旧所误者，樵莫不承之。且有前人所无者，如《春秋三字石经》入传注，《山海经》《神异经》入方物，《山川古今记》入川渎，《世本王侯大夫谱》入帝系，《皇室维城录》《天潢源派》亦入帝系，则无以别于皇族矣。郡邑中又收《邺阳图经》，则何必别立图经一目邪？如此类者，直纠不胜纠也。

续《校雠通义》下册

# 《四库·经部》第十

乾隆钦定《四库提要》出，而唐、宋以来目录家纠纷一清，自《隋志》以来，未尝有也。其立例分类，实出纪昀一人之手。纪氏于校雠之学，本未穷竟原委，不明七略、四部大体，徒能于纠纷之中斟酌平妥，使书不至无可归类例，大小多寡不甚悬殊而已。私家目录利其详备，咸遵用之，若专门严究，则固未为定论也。张之洞《书目答问》沿用其例，有所损益，颇能救之。今将质定四部门目，以《提要》为本，纠其舛谬，参以张氏。其他收书之法未置论者，皆可从者也。

后世经说猥多，讲章杂考间出，自不能如《七略》《隋志》以体次第。单音后世已无，惟当分别专家，集众统论，单篇条说诸类，而以校正文字、音义，名物、图谱附焉。朱氏《经义考》即分单篇于后。《提要》于《洪范》目义，乃谓《隋志》已杂置，不别篇，不知《中庸》别出，《汉志》有前例。《隋志》列单篇注于注后音疏之前，非杂置也。至于《尚书大传》，述事之传也；《韩诗外传》，古外传也；《春秋繁露》，微也。今之经说惟存章句故训，于古传例不备，独三书仅存，《提要》乃置之附录，谓与纬相类，是直不辨古经说之体矣。后进居正，而先进反居附录，可乎？张氏不从，是也。

《易》《书》二类，宋人衍数之书，支出经文外，划归术数，固无不可，然岂得谓非《易》家？当互著之而论其大要，著之《叙录》。凡术数之出于《易》者悉载之，以见源流，乃为存《七略》之遗意，而不失尊经别部之义也。至于《京氏易传》，本依《易》立义，虽其说支离，而实汉《易》之一家，非如《易林》之离经也，列之术数，斯为过矣。

礼类之通礼、杂礼书二目，当别入史部，说已详于《治四部篇》矣。《隋志》礼类有丧服，乃因《丧服》一篇之单注，与依经诸记而立。至于凶礼服制，自在仪注类中。今此《仪礼》之附录《内外服制通释》《读礼通考》，亦宜划归史部通礼一门，皆通考古今，非依经为说。私家仪注向入史部，不待言矣。张氏以《读礼通考》附《仪礼》，《五礼通考》附三礼，总义虽无二目，犹沿《提要》，未知此义也。又礼记一门，《大戴》宜先，《小戴》置之《附录》，亦不安也。《周礼》仍当正名为《周官》。《七略》先《记》，而后《仪礼》《周官》，乃依立学先后。《隋志》以下定为先《周官》《仪礼》，后《记》，此自无可易也。

《春秋》不分三家，盖因隋前之说失传。唐以后无专主，撰《提要》时，汉学专门书又未出也，今则宜分矣。张书分《左传》、《公羊》、《穀梁》、总义四类，甚是。宋、元、明书与三《传》皆不合者未录，录之亦当入总义也。惟三《传》外，说经者不尽兼采三《传》，不可言总，当改称诸家经说。《存目》中评点《左传》《礼记》者，宜如章氏说附于诗文评后。

五经总义，《汉志》次《孝经》之后，而《论语》在《孝经》前。《隋志》次《论语》之后，而《孝经》在《论语》前。《唐志》别立目，亦在《孝经》《论语》后。今因从《汉志》而屬于

《孝经》四书之间，非也，宜退次四书之后。又用《隋志》称五经总义，固较诸家为善，然《隋志》之名实未足。该经部所列实不止五，总义之中亦不止说五经。五经之名乃沿俗之称，非正名之义，循古而戾今，不可也。张氏改为诸经，可从也。章氏《和州志·艺文书》仍经解之名，未之讲耳。张氏分诸经总义，诸经目录，文字、音义，石经为三属，甚善。目录宜别为一属。石经者，考文之事，《提要》附之金石，以书少耳。《隋志》录石经于小学，乃但有石本，而无考证，今考证既多，别为一类，亦《汉志》《尔雅》后列《古今字》一种之意也。惟经注、经师目录，当互注簿录、传记。

张氏叙四书，分《论语》、《孟子》、四书三属，是也。《提要》混而列之，《孟子》注反居《论语》注之前，蹈欧阳《唐志》之失矣。《大学》《中庸》独不立为二子目者，汉学家不以别出然耳。今谓当列于《论语》之后，《孟子》之前，共为五子目，类叙之论甚是。四书皆群经之关键，《戴记》本可篇篇单行，与《汉志》立《论语》《孝经》之意初不相背。以体论，《论语》《孝经》亦非经，而《七略》别立者，亦以尊圣尊功令也。

张氏经部大目为正经、正注第一，中分合刻、分刻，附以读本。列朝经注、经说、经本、考证第二，乃以诸经及总义分目。此乃取便卷帙版本，使学者易于翻检，非著录通例。而其各属之中，类次加墨段，暗分子目，甚为明当，可参取也。《易》先汉学，而卦气及焦循之申王弼者附焉。次纬及支流，次非汉之学，次辨图及占筮书，次音。《书》先汉注，次天文、《禹贡》，次焦循之申孔，次单篇统论，次撰异之考文字及中候。《诗》先注说，次名物、地理、氏族，次音，次毛、郑外古说、唐说，及通考、重言、双声、叠韵，次三家。《周礼》先注读，次录田、军赋、考工、车制，而以任氏《肆献裸馈食礼纂》附焉。《仪礼》先注图、例疏、校读，次官宫、弁服、丧服，及不纯汉学之说，而《读礼通考》终焉。《礼记》先注说，次月令、深衣、燕寝、明堂、禘诸专说，次《大戴》，而《夏小正》《曾子》《三朝》附焉。三礼总义先通说，次郊社、禘祫、宗法之一端，而《钓台遗书》之四种及《五礼通考》附焉。《左传》先杜书，次贾、服古注及补注疏，而事纬附焉。次历谱、地理、氏族。诸名物、乡党、图考之单篇，则在《论语》诸注说后。《大学》之单篇，则在总说四书之末。诸经总义先纬，次集古说，次古训语词，次杂解，宫室附，次天算。诸经目录文字音义，则先经说目录，次经师。凡此皆秩然有条，惟是张氏但取汉学，主告学者因经之异，而分类亦不同，非可沿为著录通例。今参取其义，以救《提要》混合之失，定立八目，为诸经通例。先依经之注说校读疏义，次集众说，次统说不依经者，次条说，次专说一篇，次名物一端之专考，次校定文字音义，次图谱。

乐类可删，说详《治四部篇》。《汉志》以六艺并立，而附入其流，故以《乐记》代经。今《乐记》已入《戴记》，其乐学诸书，宜入子部。如不欲缺六艺，则以《乐记》别为一类，而附以说《乐记》者，以足六艺之目可也。《提要》既从旧法，而以《乐》退列四书之后，不知何理，宜张氏之不从。然张氏以十三经分目，《尔雅》亦与诸经并立，乃亦立乐为一目，十三经中岂有《乐》邪？《提要》又以讴歌、末技、弦管、繁声，退列杂艺词曲，此亦未是。著录论体，不论高下，俗乐亦乐，犹变礼亦礼也。惟误隶于经，故觉其渎古乐耳。不循自然之统系，遂使首尾横绝，此类是也。

《提要》之论纬，可谓破迂混之谈矣。然纬谶虽有分著录者，不能字句而析之也。至于大传、外传，固非纬之流，混而一之，殊失言矣。当《提要》时，仅有《易》纬，故附录《易》类。近考据家搜辑七纬，皆有成书，张氏列之诸经总义之首，犹《提要》意也。然纬谶同在一书，谶岂得为经义哉？此当仍从《隋志》别立一门，不得以书少而省其目，部次不可因书籍之多寡，而增减校雠之要义也。

小学者，语言文字之学，四部皆不可离。近代小学家谓为经学门径，乃借经学以重小学耳，非小学专为经之用也。《汉志》以六艺统群书，其时诸子尚不资小学，且文字之教与六艺之学于官者同，故小学附于六艺之末。夫《七略》之六艺，今之经史也。且近代小学大昌，四部莫不资之矣。故阮《录》以降之，仍附于经，虽沿《七略》之旧，实貌同而心异，不可不察也。然若别立一部，则又难于位置专门之业，亦不可与类书杂记同列外编，故不得不仍归经部，从其重者，治经固为诸文之本也。其不专释经及《七略》之本义，则学者宜知之矣。

小学有三统，曰形、声、义，此不易之理也。《提要》分训诂、字书、音韵三子目。谢启昆《小学考》分训诂、文字、声韵三门，皆依三统之义。然而有当辨者。自《说文》以来，诸字书出，皆兼该形、声、义，如张揖《杂字》《字林》《玉篇》以下是也。至于辨正形体，别有专书，如《汉志》之八体六技，《隋志》次于音韵之后，名曰体势。此固与排列诸字兼该形、声、义者异矣，乃真形统也。今《四库》之字书乃混此二种。《说文》《玉篇》《类篇》《六书故》《龙龛手鉴》《六书统》《说文字原》《六书正讹》《六书本义》《奇字韵》《古音骈字》《康熙字典》《清文鉴》《西域同文志》，字书也。《干禄字书》《五经文字》《九经字样》《汗简》《佩觿》《古文四声韵》《钟鼎款识》《汉隶字源》

《字通》《周秦刻石》《释音字鉴》《汉隶分韵》《俗书刊误》《字孪》《篆隶考异》《隶辨》《复古编》,则辨形体者也。虽亦列字意,主辨形,非备载形、声、义也。犹之《广韵》,虽兼释义,要以明韵部也。若《说文》则虽据形系联,而非专列形,后世求形、声、义,皆于《说文》,其与辨正形体之书用固殊矣。张氏觉其未安也,则分为四目,首《说文》,而说之曰:《说文》兼形、声、义三事,故别为一类。次乃列古文、篆、隶、真书各体。书为形属,音韵为声属,训诂为义属,似明白矣。然分出《说文》,特以注说之多,而《字林》《玉篇》《类篇》《六书故》仍入形属,次于《汗简》诸书之后,则又沿《四库》之误,虽暗划分,究嫌淆混。至于《急就》《仓颉》,本古字书连属成文,非如《尔雅》之义联,又非如《说文》之形联,又非如《声类》《韵集》之声联,古字书皆如此,《提要》收之字书,按语甚当。而张氏乃入之训诂,徒见后人所辑《仓颉》,多解义耳,不知彼乃《仓颉》之训故,非《仓颉》之本文。其有训故,正为说文说解,兼备三统之先声,愈可证其为字书矣。今定为字书、形体、音韵、训诂四目,庶无不该。外国语、外国字统依《隋志》之法,附于字书。郑樵以外国语附《方言》,入《尔雅》,不可从也。其近世专论小学三统兼说者,别为总论一目。

《尔雅》本非经,《七略》以其为诸经训诂之别记,故附之于《孝经》,后世十三经牵连入之,以其有通经之用也。若竟称经,则龚自珍所讥以经之台舆为经矣。自来目录,或仍《汉志》,或分一目,以冠训诂,皆不竟以之为经也。张氏因首列十三经为正经注,故后不得不列《尔雅》为一目,实则入之训诂为当也。训诂之书,皆继《尔雅》而起,张氏所附诸释甚当。而《经籍篡诂》搜罗故训,不专采经,虽依韵编,正当入此。张氏乃入之诸经音义之中，是过张小学之失也。

《尔雅》既不别出一门，《说文》自难别出，张氏之法不可用也。然其书甚多，张氏暗分甚有条理，著录者宜取之。先校注，次新附逸字，次声韵，次论六书，次引经古语，次条记杂说，次韵谱检字。中自误者，李富孙《辨字正俗》乃条记，而误列于前。《字通》《复古编》乃辨正体之书。《别雅》《拾雅》宜入训诂。又专说部首，主于启蒙之书，宜在新附逸字之前。

《匡谬正俗》附于训诂，是也。以《埤雅》《尔雅翼》为训诂之支流，亦当。《五经文字》《九经字样》宜从张氏入诸经。《文字音义》中钟鼎款识宜从张氏。互注金石，张氏于形属，先古籀，次缪篆，次隶，甚有条理。《四库》韵书按语述古韵、今韵、等韵三家变迁之故，亦甚详。至于《幼仪》之入儒家，《笔法》之入杂艺，《蒙求》隶故事，便记诵者隶类书，则书除前史增多之弊矣。若《隋志》之首录《启蒙》《发蒙记》，非后世所当援以为例。六艺虽古小学之全，而今小学已专指六书，焦竑谓《唐志》蒙求当入小学，《四库》亦收《六艺纲目》，是不知变也。若如其说，将尽收礼、乐、射、御、数之书入小学邪？《六艺纲目》及凡蒙求书，皆当入外编蒙学中。

今议定经部十类，一《易》。二《书》。三《诗》。四《礼》，分《周官》、《仪礼》、《礼记》、三礼总义四子目。五《春秋》，分《左传》、《公羊传》、《穀梁传》、诸家经说四子目。六《孝经》。七四书，分《论语》、《大学》、《中庸》、《孟子》、四书总义五子目。八诸经总义，分总义、目录、文字、音义、石经五子目。九纬。十小学，分字书、形体、音韵、训诂、总论五子目。

# 《四库·史部》第十一

经部依经分类,集部目少,子部宜狭,惟史部门目最多,而最不易理。章先生撰《史籍考例曰》,斟酌多当。其书罕传,今故具录其词,然犹多遗义。又其书属专门,故兼涉经、子、集部,彼已自言非统合著录之法,今固当有所变更也。

《提要·叙录》十五类,以正史为纲,其诸类以参考纪传、诸志论赞为次,颇明晰。然史部为六艺下流,时令、职官、政书出于官礼。纪传、编年以下,乃出《尚书》《春秋》。源流各异。著录史部之书,不当以正史为主。荀、王、阮以来,自《七略》《春秋》中分纪传书为一录,史乃有专部,后世逐流忘源,遂若史部专为纪传、编年而设,其他特其旁支。不知阮之纪传录,《隋志》之史部,所收固已不限于《春秋》家学也。以二体为主,则使史部狭。史部狭而群书分散逃窜,非所《七略》之意,乃不可寻矣。《提要》直云正史为主,并编年亦不言,尤为偏谬。且即参考之说,亦不甚通,诏令、奏议、史抄亦资考志,岂仅考纪传史例之书,又岂参考论赞邪?其类目先后改易旧规,亦多未安,不可沿用也。

《史考例》曰:古史必先编年,而今以纪传首编年者,自马、班而下，《隋志》即以纪传为正史，而编年则称为古矣。其实马、班皆法《春秋》，命其本纪谓之《春秋考纪》，而著录家未之察也。《唐志》知编年之书后世亦未尝绝，故改《隋志》古史之称，而直题为编年类，事理固得其实，然未尽也。《隋志》题古史，犹示编年之体之本为正也。《唐志》以纪传为正史，而直以编年为编年，乃是别出编年为非正史矣。是以宋人论史，乃惜孙盛、习凿齿之伦，不为正史，几于名实为倒置也。夫刘氏二体，以班、荀为不祧之祖。纪传、编年，古人未有轩轾焉。自唐以后，皆沿《唐志》之称，于义实为未安。故《史考》以纪传、编年分部，示平等也。自注曰：不以正史与编年对待，则平等矣。章氏此论，可谓精矣。《隋志》微意，赖此而明。正史者，对诸杂史传记之称也，非纪传正，诸体不正也。自改编年为正史，限于二十四部之书，而二十四部外之纪传，乃反无可归矣。《提要》谓编年不称正史，乃因编年一体或有或无，不能时代相续，故姑置焉，无他义也。夫司马《通鉴》上接《左传》，继而作者直至元、明，何为不相续？《通鉴》之通古，固犹迁书也。且书不相续，不过言现存而已。六代之书，固无存矣。宋世编年之书，足以相接，固具存也。《唐志》妄改，何必曲为之说哉？

　　《史考例》曰：或问纪传、编年同列，是矣，何纪传之中，又立正史子目邪？答曰：此功令也。自史氏专官失传，而家自为学，后汉、六朝一代，必有数家之史，是也。同一朝代，同一纪传，而家学殊焉，此史学之初变也。然诸家林立，皆称正史，其传久与否，存乎人之精力所至，抑或有数存焉。自唐立史科，而取前人定著为十三家，则颁学校而为功令，所范围益为十四，而不能损为十二而不可矣。故家自为学之风息，而一代之兴必集众以修前代之史，则史学之再变也。自是之后，纪传之史，皆称功令。

宋人之《十七史》，明人之《二十一史》，草野不敢议增减也。故《史考》于纪传家史，自唐以前，虽一代数家，皆归正史。自唐以后，虽间有纪传之书，亦归别史子目而隶杂史焉。虽萧常、郝经之《后汉书》，义例未尝不正，而必以陈寿为正史，不敢更列萧、郝者，其道然也。按：章氏论正史之由来详矣，然既以纪传立类，则凡纪传皆当人之，何可别入杂史邪？杂史本不可收纪传、编年之书，踵谬沿讹，今当厘剔。至于别史立目，自来所收，皆本未安。既立正史子目，则用别史之名，以指纪传之别本，正得其宜，次于正史，为一目可也。

《史考例》曰：正史一门，毕宫保原稿但称纪传，而纪传中又分通史，原注：《史记》是也。又附入梁武《通史》、郑樵《通志》，今并收入别史。断代，原注：班、范以下是也。集史，原注：南、北史是也。国别，原注：《三国志》是也。不免繁碎。今以学校颁分二十四史为主，题为正史，而冯商、褚少孙、班叔皮诸家之续《史记》者附《史记》后，华峤、谢承、袁山松诸家之《后汉书》与范氏《后汉书》依先后时代编次，何法盛、谢灵运、臧荣绪诸家之《晋书》，与唐太宗御撰《晋书》依先后时代编次。原注：六朝诸史皆仿此。盖书传有幸不幸，其初皆正史故也。原注：魏、吴诸书之于陈《志》亦然。若唐、宋以后，正史自有一定，无出入矣。按：今唐前纪传无存，后人辑本，犹当依此议列入正史。如姚之骃《后汉书补遗》之类，近世已多矣。至于通古、断代、集史、国别，虽嫌碎而不分，叙录当申明之，以免类例不清之讥。

《史考》正史子目之次曰国史。《例》曰：国史从无流传之书，而史、志、著录与诸书所称引者历有可考，要以后汉班固与陈宗、尹敏诸人修《世祖纪》，与新市、平林诸载记为最显著，自可依代编纂，与编年部之实录记注，可以参互，皆本朝臣子修现行事例也。按：此目虽少，古书亦不可缺。《东观汉记》今尚存十七八，《提要》入之别史，不安也。近代实录之外，必敕撰本纪，而宗室王公表、传，将相大臣年表，满汉大臣、儒林、文苑、贰臣、逆臣诸《传》亦有传本，《提要》入之传记，亦未安也。虽流传者有传无纪，见于论旨者有表无志，要是纪传之分，当入于此。此一子目即次别史一目之后，以彼为撰述成书，而此则及时修辑也。

《史考》国史之后，为史稿一目。《例》曰：史稿向不著录，今从诸书记载采取而成，乃属创始之事，盖前人于此皆不经意故也。但古人作史，专门名家，史成不问稿也。自东观修书而后，同局之中，人才优劣，判若天渊。一书之中，利病杂见，若不考求草稿所出，则功罪谁分？窃谓集众修书，必当记其分曹授简，且详识其草创润色，别为一篇，附于本书之后，则史官知所激劝。今之搜辑史稿，正欲使观者感兴也。按：此乃专门修考，故可搜辑立目，著录家似不必也。然王鸿绪《明史稿》今尚流传，阮元《儒林传稿》亦有单行之本，安知后来无流传之书？康熙鸿博诸公集中多载，分修史稿亦未尝不可别裁也。稿草固与成书不同，章氏为史家立法著录者，亦当为目录备类，立一子目，无不可也。编年亦有稿，而此独附纪传者，以编年史稿必不流传，官修纪传则遭删窜者多自存别行也。

起居注者，逐日记载之书。实录者，一朝总记之书。皆非若编年之撰述也。记注、撰述迥乎不同，故阮《录》别立注历一部，而《隋志》《唐志》沿之，皆不与编年混。隋时实录之体未成，至唐乃按代修辑。《旧唐志》附之起居注，以其同为记注也。《新唐书》以其书多而分立一目，尤为妥善。盖其体虽仍编年，而兼载臣下始末，与起居注殊也。《提要》并入编年，而又漏论实录，斯为误矣。《穆天子传》自是古史，体不可诬。《顺宗实录》今犹单行。夫定目不为一时,安得以书少而混其大别哉?《史考》于编年,分通史、断代、记注、图表四目。《例》曰:编年原分实录、记注二门,今以日历、时政记、圣政等记均合于实录,而以记注标部。盖此等皆是史戍,备削稿资,例不颁行于外,于义得相合为部次也。若专记一事,则当入传记部之记事门,若特加纂录,原注:如《贞观政要》之类。则入杂史。按:纪传既不分通古、断代,而编年忽分,不一例矣,暗次第之可耳。注录之隶编年,犹国史之附于纪传也。然其目不可并,当依阮《录》、《新唐志》于编年一目之下,列注历、实录二目,若剔出传记、杂史,则诚精矣。张氏于编年中,分通鉴、别本纪年、纲目三目,乃以《通鉴》书大,故别出之,取便学者,非著录之例。

《史考》于编年部末,有图表一目。《例》曰:图表专家年历经纬,便于稽考世代之用,故亦附编年为部。其年号之书无类可归,虽非图表,亦以义例而类附焉。又立史学部。《例》曰:史之家法失传,而后人攻取前人之史以为学,异乎古人以学著为史。史学之书附于本史之后,其合诸史及一二家史以为学者,别为史学之部焉,分为考订、原注:刊误之类。义例、原注:史通之类。评论、原注:管见之类。蒙求原注:鉴略之类。四门。按:史学之立甚善,可省并歧出。尤氏《遂初堂书目》已有此目。图表之附编年,则未安也。《隋志》以年历、世纪诸书为抄撮旧史,附之杂史之中,盖外之,不以混编年也。旧、新《唐志》因之。今别立一目可也。然后世图谱、歌诀,庸得为编年,且已不止年号之书,地理、姓名亦有韵编矣,何可附编年邪?正当入之史学耳。《四库》以史义例评论之书为史评一门,考订附于本史,蒙求入于类书,虽各有所归,然实不安。盖考订之书晚出益多,《史考》无专部,史评何可立专部?正当同归史学耳。近世考据家兴,有补表、志者,有专释一篇者，校注之书亦日以繁。张氏于正史之中，列正史注补表谱考证一目，先依本史次第，次总补诸史表，次总考年月、谥讳、统系、疆域、沿革、纪元、封爵、谥法、宰执之书，次专考纪元，次专考地理沿革，次总考订诸史。吾谓校注史文自当附于本史。年月、谥讳诸书虽或勒成类例，广搜传记杂书，要是依纪传、编年而校补之，不可入于谱系。簿录之专家并可入之史学，分为搜补，如补表、志之类。表谱。如帝王年表、二十一史、四谱统系纪元、庙谥、年会、地理沿革诸书。二目图表该于其中，仍依所考门类，略为次第。然后继以考订、义例、评论三子目。如此，则《提要》强入《历代纪事年表》、齐召南《帝王年表》、万斯同《历代史表》于别史，钱文子《补汉兵志》于兵家之弊除矣。蒙求体本卑陋，不得为史学，宜入之外编蒙学。章氏以专门牵连，故列之耳。至于考订，则连考二史，亦可附于本史。《两汉刊误》附《后汉书》后，《提要》之例甚明，章氏援以为例，未是。惟总考诸史乃可别出耳。搜补之书，《四库》亦附本史。然此类书补本书所无，非考本书所有。且近考据家之作大都求备，不依史例，旨在网罗，故实非可直补本书。今断以校注附本史，而此类则别出之，亦犹经说当附本经，而诸经总义则别为一目。《尔雅》之注宜附本书，而广证名物者别为次第也。又抄纂之史，《隋志》附之杂史，意甚善也。《宋史》列为一门，殊为僭矣。如《提要》史抄类叙所举五例，采摭文句，割裂辞藻，二例不得为史学，当入外编书抄。具前之抄约、析纂、简汰三体，虽不成史体，尚资参考，既难附于编年，亦当归之史学。章氏《史考》以史抄隶于杂史，犹沿《隋志》，而不知《隋志》所收，皆自具剪裁，非如宋后之例也。宜于史学之末立抄类一目，并前五目为六子目焉。亦足见史学之卑，至以抄类为学也。《提要》则立史抄而采辑辞藻者，乃居三之二焉，亦可见此类之不必立矣。而乃次于载记之前，非太僭乎？

袁枢创纪事本末之体，章氏以为有《尚书》之遗，且继而作者，宋、元、明三藩诸本外，近又有西夏、辽、金。《提要》别立一目，使与纪传、编年鼎立而三，甚当也。章氏附之杂史，太轻矣。惟是此体之成，本起袁枢，其他杂史之中，固多以事名篇，要不得为纪事本末。而《提要》乃广收一书具一事之本末者，谓为不标纪事本末之名而实为纪事本末，则谬矣。一书具一事之本末，若成史体，正《隋志》所谓杂史，不成史体则传记耳。纪事本末者揉散编年、纪传之书而以类分编，中有互见之妙，故为《尚书》之遗。若偶记一事而具始末，杂史、传记谁不然邪？《提要》但别篇帙无多者为传记，已失辨体之义。而概以此为纪事本末，则此等书自古有之，岂因袁枢者哉？幸而宋前此类书多不传，传者又误入杂史，若其存也，依时代而编，将列袁枢之前，则纪事本末一体究何托始乎？今核《提要》所载章冲《左氏传事类始末》，乃排比传文，宜归经部，与马骕《左传事纬》同列。况冲与枢同时，又非效枢而作也。徐梦莘《三朝北盟会编》乃纂辑杂书，以备史料，无所镕裁，不成为史，以其体大，不入传记而附之杂史可也，何得以为纪事本末哉？郭允蹈《蜀鉴》分纲目，兼考订，意在议论形势，讽切当时，犹之范氏《唐鉴》以评论为主，不得入于编年也，正当入之兵家。田汝成《炎徼纪闻》、冯苏《滇考》，专记偏隅，与《华阳国志》义同，杂史之支流也。至诸方略，乃《尚书》《胤征》《泰誓》《武成》之遗，正是杂史正宗。《绥寇纪略》专纪寇难，分篇纪事，犹可附入，然已非勒成一史之比。《平台纪略》则私家传记耳。惟马骕《绎史》兼存图表，搜辑遗文，意欲别树一帜，非可归之杂史。《提要》称为与袁枢所作，均为卓然，特创此而附之，乃为当耳。张氏不悟，又以《圣武记》附之。

《圣武记》每篇名记，真杂史也。

陈振孙《书录解题》立别史一目，以处上不至于正史，下不至于杂史者，本属不安。盖《隋志》正、古、杂三门鼎立，以收纪传、编年及异体。其意自《新唐志》以下，已无人知，故目录家约略以多寡大小为断，所谓执义以淆体也。夫纪传、编年而外，成体者为杂史，不成体者为传记，安有上不至正史，下不至杂史者哉？《四库》因用其目，盖以正史既限于廿四部，他本纪传无所归，杂史又滥，大部成书，亦无别因，为此调停之计，自以为斟酌得宜，于是以古之杂史为别史，以古之传记为杂史，而《隋志》意亡，史体淆乱矣。夫史部著录贵在辨体，不论其事之多寡，体之大小也。今《提要》之叙杂史，乃以具一事始末，非一代全编，述一时见闻，只一家私记为准。此只见其混于传记耳。杂史之名，当限于勒成一体者。纪传、编年之外，别出义例，部勒成体者不少，故《隋志》以杂史目之，岂若传记哉？具一事始末，固传记也，而中亦有编年。非一代全编，断前断后，亦有编年。《隋志》编年中历历可考。至于一家私记，则马、班之史，又岂官书哉？此四语者，何足划杂史之界乎？且即如其说，别者乃以别于正史，编年、纪事本末既有专门，则所谓别，但纪传一家之不立学官者耳。而《叙》乃曰六体兼存，以刘知几六家计之，只四体耳，岂有六乎？今核其所载：《逸周书》，《尚书》之支也；《建康实录》，《华阳国志》之流也；《路史》之有纪无传，《帝王世纪》之流也；《古今纪要》《春秋别典》分记君臣而不用编年、纪传之体，《汉皇德记》之类也；《春秋战国异辞》，《国语》《国策》之流也。此皆真所谓异于二体之杂史也。其余《东观汉记》，《东都事略》，《契丹国志》，《大金国志》，萧常、郝经之《续后汉书》，《后汉书补逸》，皆断代、纪传也。《古史》《通志》《尚史》，皆通古纪传也。《隆平集》乃史料，无史法，不成体，附之杂史亦可。《历代纪事年表》则图表也。万氏《历代史表》则正史之考补也。《存目》所列，又有谱括抄略，尚不得为杂，乌可称为别史哉？既误以杂史为别史，而又复自相歧互。《国语》《国策》入杂史，而《春秋战国异辞》又入别史，《建康实录》入别史，而《华阳国志》反入载记。乃谓《建康实录》所载，惟吴为僭国，《三国志》既列正史，故隶之别史。夫许《书》之限于方隅，正与常《志》同。常《志》季汉，岂非正史，何以入之载记乎？且《提要》所以立别史，其初意本因不欲混大部成书于杂史中耳。今又琐琐以其所载事是否正史为别，则《春秋战国异辞》何正史邪？凡此皆其讲之不精，而适以自陷者也。其杂史一门所收《国语》《国策》，乃国别之体。《贞观政要》则典谟之遗，《渚宫故事》《建康实录》之类也。《东观奏记》，史局私稿也。《五代史阙文》《五代史补》，则采补正史也。《太平治迹统类》《弇山别集》，则《隆平集》之流也。《蒙古源流》，外裔之专记也。此皆可入杂史。其余及《存目》，则莫非传记。《明高皇后传》《马端肃三记》二种，则馆臣亦疑其为传记，而以皇后母仪天下三事，皆明大征伐而收之。夫部类岂以事之大小分哉？高祖、孝文之《传》，《七略》入于儒家，传记之名所该广矣，纪氏未之思也。张氏《书目答问》谓别史、杂史颇难分析，以官撰及原本正史，重为整齐，阙系一朝大政者入别史，私家纪录中多碎事者入杂史，此已未识大义。观其所收别史一门，多取纪传家，颇觉较为明晰，而《创业起居注》《顺宗实录》《东观奏记》《隆平集》《东华录》亦混入焉。起居注、实录之有专目，《东观奏记》之为杂史，固不待言。《隆平集》者，纪臣事则为传，纪君事则分目如会要，此非杂史而何？《东华录》则又实录之流也。张氏之书取便学者，体目不备，故有此误。至其杂史一门，收《帝王世纪》《古史考》《路史》《春秋别典》《楚汉春秋》《伏侯古今注》《建康实录》《贞观政要》，似能知《四库》之误杂为别矣。而分事实、掌故、琐记三目，广收传记之书，而说之曰：主记事者入此类，多参议论，罕关政事者入小说。此特嫌《四库》之多，以质实记事书入小说耳，而不知杂史之名，岂掌故、琐记之琐琐所可冒邪？可谓矫枉过其正矣。呜呼，杂史、传记之义不明，非一日矣！传记狭而杂史为龙蛇之菹，又有小说参杂其间。著录家不知辨体，徒较量于事之大小，焉得不纷纷乎？

《四库》立载记一门，以收伪、霸之史。盖自《新唐志》已误认阮《录》伪史、《隋志》霸史为凡纪偏霸事者之目。《隋志》之义亡久矣，已说于《明隋志篇》。今十六国纪传、编年之书已不存，合于古之霸史者，惟《十六国春秋》《南唐书》《十国春秋》之纪传，《锦里耆旧传》《朝鲜史略》《蜀梼杌》之编年。龙衮《江南野史》用纪传之体，而避纪传之名。如陈寿之志吴、蜀，亦当附纪传家。其余若《越绝》《吴越春秋》《华阳国志》《三楚新录》《五国故事》《吴越备史》《越史略》《安南志略》，皆异体之杂史也。《邺中记》《钓矶立谈》《江南别录》《江表志》《江南余载》皆传记也。《蛮书》则地志也，其存目者可以例推。《越绝》《吴越》，《隋志》皆入杂史，惟《华阳国志》误入霸史。《江表传》《旧唐志》入杂史，不入霸史，盖犹知《隋志》之意。自《新唐志》滥收，后世沿之，而其体混矣。若以偏方为断，则《建康实录》何以入别史？若以僭窃为断，《华阳国志》之记季汉，岂僭窃邪？改霸史为载记，尤为不安。载记之名创于《东观》，而《晋书》沿之，乃对本纪、表、志、世家、列传之称，特以识别，本无僭偏之义。胡恢为《南唐载记》、杨慎之为《滇载记》，乃误沿之。假令改编年为本纪，名别传为列传，其可乎？吾谓阮《录》

伪史、《隋志》霸史乃以偏方纪传、编年之书，碍于国史、正史之名，不可收入，阮称纪传、编年为国史，《隋》称纪传、编年为正史、古史。故不得不别出，今既以纪传、编年立类，《隋志》之霸史不患无所归，其余后世滥收，各归杂史、传记、地志，使无相混可矣。盖史部著录原主辨体，不在分别正伪，正统之论，自古纷然，实无一当。偏方如季汉，不可加以伪。如云霸，则六代亦霸而非王；云伪僭，则曹、马、刘、萧何非僭也。若外裔之书，则正史固有《外夷传》矣。今宜除此门，以省镠镯，与《隋志》亦貌异而心同也。

　　《史考》立稗史部，分杂史、霸国二子目。《例》曰：杂史一门，原分外纪、《轩辕本纪》之类。别裁、《路史》《绎史》之类。史纂、自为门类，如《十七史纂》《宋史新编》《宏简录》之类。史抄、随文删节，如《史记节要》之类。政治、如《贞观政要》之类。本末、《纪事本末》《北盟会编》之类。国别，《国语》《国策》《十六国春秋》之类。共为七门。今恐钗析太过，转滋纷扰，合并杂史一门，较为包括。而原分名目仍标其说于部目之下，则览者不致讶其不伦。又曰：割据与霸国之书，初分二门，今合为一，亦谓如《越绝》《吴越春秋》下至南唐诸家皆是也。惟《华阳国志》，《隋志》入于霸史，后人多仍其目，或入地理。按：此书上起鱼凫、蚕丛，中包汉中公孙述、二刘、蜀汉，下及李氏父子，非为一国纪载，又非地志图经，入于霸国固非，入于地理尤非。斯乃杂史支流，限于方隅者耳。如《建康实录》《滇载记》《炎徼纪闻》皆是选也。此例前人未开，缘种类无多，均强附霸史或地记耳。按：别史、杂史、霸史三目之混淆，章氏亦未知也。原分之目，已为不安，史纂、史抄当入史学，已说于前。《轩辕本纪》之类，有纪无传，犹为《尚书》之遗。若《宋史新编》乃纪传家，《宏简录》者，意在续《通志》，亦纪传家也，何得为史纂？若云因用旧文，则班、范之书，何尝非因马、华邪？《贞观政要》正《轩辕本纪》之类，岂章氏所谓外纪，乃记上古事者邪？记上古事，如《帝王世纪》自属异二体之杂史，其他又不尽然，不得混为一说。政治之名，非辨体之意，与三目不类，本末宜别立一门。而《三朝北盟会编》实非纪事本末，国别之书，诚是杂史，而《十六国春秋》则纪传家也。章氏知《华阳国志》为杂史，而不知《越绝》《吴越》之同类，又分《十六国春秋》与《南唐书》而二之，此与《隋志》之失，所谓左右佩剑。其于《华阳国志》，又徒知其非一国、非地志，尚未知其或叙代，或叙地，为异体之大家，方志之初祖也。章氏虽明史法，独熟马、班，《越绝》《吴越》容未深察。若《华阳国志》则常沿其例，且常言《尚书》之流，有入于杂史者，何于此而不察邪？

今理三门之纠纷，定杂史之门目，略举《四库》及张《目》所录书以明之。一曰异体。如《周书》《楚汉春秋》《汉皇德传》《古史考》《帝王世纪》《贞观政要》《路史》《春秋别典》《圣武记》，此《尚书》之遗也。二曰专记。如诸《方略》《纪略》《滇考》之类，此《尚书》一篇之遗也。三曰国别。如《国语》《国策》《春秋战国异辞》之类，此于刘知几所分六家为一家。四曰方隅。如《越绝》《吴越春秋》《华阳国志》《建康实录》《渚宫旧事》《蒙古源流》《三楚新录》《炎徼纪闻》《吴越备史》《越史略》之类。五曰编录。如《隆平集》《太平治迹统类》《北盟会编》《东观奏起》《弇山堂别集》之类。此类本属记注，排编待削，与编年之实录、起居注同科，附之杂史，已为尊之矣。六曰补史。如《五代史阙文》《五代史补》。此补事实，非可入于史学，且采辑亦不苟，故附之杂史焉。凡此六目，皆非纪传、编年及纪事本末，划而明之，庶几不失《隋志》正、古、杂三门鼎立之意。

后世求春秋家学者,二体六家,乃皎然可推矣。

《隋志》诏令、奏议在总集中。《旧唐》散附章程、故事中,以其相关也。《新唐志》始别为一目,而属于起居注,则不免混。马端临以左史记言,即起居之职说之。然则国史记臣工言行,亦可并传记于国史邪?《提要》别立一门,甚善。而未详其源流,故补论之。但宜从章氏,统归政书。张氏收《皇朝经世文编》,以其多奏议耳。意告学者,非著录通例。若《汉志》,高祖、孝文《传》乃称述古语而附以诏策,故入儒家,非诏令、奏议专书之当入史部者比也。

传记之名,所该甚广。古书经外皆为传记,汉后史外皆为传记,记人记事无别也。《七略》《隋志》之时无杂记事,书其记事者,多能具史体。偶有琐录,《隋志》误入故事,然杂传末鬼神诸书亦是记事,尚不限于记人。自唐以来,记事书多非能自成体制,而但记见闻,或且委琐,皆传记也。《新唐志》始著录此类,而混入杂史,歧出小说,亦或归于传记,而散处不划一。盖《新唐志》新增之书、本随意分隶,不可为法,后世目录沿之,致使散乱。《提要》廓清诸私目之弊,而未知传记之体,循唐以来之法,但以记人为传记,而以杂记之书事大者归于杂史,事小者归于小说。夫杂史必成体,杂记入之则僭。小说谲诳扬厉,杂记又非其伦也。张氏《书目》又多收入杂史,而以参议论者入小说,小说稍清而杂史愈乱,皆不知传记之义本广也。今断以记事之书不成史体者悉入传记,而后杂史,小说各识职矣。至于随笔之书,议论、考证皆有,非专记事,自当归之外编。传记之体,未尝不严也。

《四库》传记一门,分四子目,一曰圣贤,二曰名人,三曰总录,四曰杂录。《存目》又有一目曰别录,则安禄山、黄巢之事。圣贤名人可以不分,分之反为絓漏。安、黄之书,自可不别出著录，论体而已，不论人也。史之逆臣，虽附于末，亦称列传，不闻别有名称。乱臣贼子僭窃传世，且有称纪者矣，又可尽别邪？总录之名，亦当更为汇录，而暗分小目。杂录一门，只《孙威敏征南录》《骖鸾录》《吴船录》《入蜀记》《西使记》《保越录》《闽粤巡视纪略》《扈从西巡日录》《松亭行纪》数书。惟《征南录》《西使记》《保越录》《巡视纪略》四种为记事之书，其余主记山川古迹，乃地理中之行纪，又间杂考证，不得为传记也。《按语》曰：叙一人之始末者为传之属，叙一事之始末者为记之属。此语似知记之广矣。而又谓《孙威敏征南录》削平寇乱之事，宜入杂史，而以意主表孙沔一人，故入此，则仍拘于主人之义。纪传之传，且不专主人，传记之体，岂有主人之限邪？盖史体之不明久矣。《史考》传记部分纪事、杂事、类考、法鉴、言行、人物、别传、内行、名姓、谱录十子目。《例》曰：传记门目，自来最易繁杂，其目创于《隋志》杂传，而《隋志》部次已甚混淆，盖非专门正史，与编年、纪传显然有别者。凡有记载皆可混称传记，著录苟无精鉴，则一切无类可归者，皆将以传记为龙蛇菹也。毕宫保原稿本分传记子目一十有七，斟酌增减，定著十门，亦不得已也。按：章氏之论，固为防弊而发，然传记之名本广，其不得为杂史者，非传记而何？后世目录之弊，正患传记太狭，龙蛇之菹，不在传记，而在杂史也。其门目亦未能斟酌尽善，内行法鉴，不必分也。言行盖指条记之书，人物盖指限地断代之书，而立名未明，易于混淆。谱牒既有专门，谱录不知何指，殆谓同年录邪？至于《隋志》，其时书体未备，约略类次，暗分子目，犹不混淆。《旧唐志》、郑樵就《隋志》之约分者而多分之，失之烦碎，更不及章氏。今定传记门目，一曰别录，记一人事者皆入焉。后世为祠庙作志，主表其人，而杂载地迹、诗文，误沿方志之体，于传记、地记两无所处，然记事者多亦附于此。此类凡暗分别传轶事、年谱、祠庙书三类。轶事者，《孔子家语》《晏子春秋》之流也。年谱，章氏入谱牒，然其体实类别传，非旁行斜上也。且章氏尝论其为一人之史矣，宜从《提要》，自述其行，亦宜入此。二曰汇录，暗分限地、断代、家传、品类、条记、名状六类。限地为先，取《隋志》之意，以其原于《周官》闾胥党正之法。断代补史，其体甚宏，故次之。家传合一家，又次之。品类又次之，该官联学。按：忠孝、良吏、名将、列士、列女、交游诸类，即《隋志》之志尚章目之法鉴内行也。条记者，如朱子《名臣言行录》之类，依人条系，不为首尾之体，即章氏之言行也。名状者，但具姓名而少事实，如《隋志》职官所收官名及永嘉流口名人、后世登科记、同年录是也。此体始于东汉之末，题品之风，实后世别传、汇传之祖，故当入此。自杜大珪作《碑传琬琰集》后多效之，虽名集，而实汇传。《隋志》杂传中有任昉撰《杂传》三十六卷，即杜书之前例也。三曰专记。记一事始末，旧误入杂史，及《提要》之杂录一目所收者也。四曰杂记，杂书间见而质实，记事不参评论琐语，不与小说及外编之杂记相混，旧误入杂史、小说者也。至于姓名、叙世系者，宜入谱牒。记同姓名者，宜入史学。但记姓名，则名状也。鬼神之书，阮别为部，《隋志》附此，以其体为传记也。其非谲诳寓意者，自当入此类杂记中。

时令一门可不必立。既知选辞章隶故实者不足为史，而所收又仅一书。《岁时广记》为启札应用而设，岂有关于史？惟《月令辑要》一种主于授时耳。《存目》之中，亦罕关史义。夫授时者，政之一事耳，并入政书，于义为允。《岁时广记》宜入类书。

地理之不能不别为一门，章氏《和州志·艺文书》言之矣。《四库》分宫殿簿、总志、都会郡县、河渠、边防、山川、古迹、杂记、游记、外纪十目。章氏《史考》分总载、分载、方志、水道、外裔五目。《例》曰：地理门类极广，毕宫保原汇分荒远、总载、沿革、形势、水道、都邑、方隅、方言、宫苑、古迹、书院、道场、陵墓、寺观、山川、名胜、图经、行程、杂记、边徼、外裔、风物二十有二，不免繁碎。今暗分子目，统于五条。又曰：水道之书与地志等，但记自然沿革者，方入地理。其治河、导江、漕渠、水利等类施人力者，概入于故事部工书条下。又曰：外国自有专书，如《高丽图经》《安南志》之专部，《职贡图》《北荒君长录》之总载，则入地理外裔之部。如《奉使琉球录》及《星槎胜览》，凡册使自记行事者，虽间及外国见闻，而其意究以记行为主，则皆入传记部中记事条下。张氏《书目》则以取便学者，分为古地志、今地志、水道、边防、外纪、杂地志六目。杂地志中又暗分三类：一都会，二山水、古迹、人物，三物产、杂记。今按：地理书自《隋志》未分门类，后世相沿混杂，郑樵乃分之，而详略不当。毕氏所分，较郑樵尤碎，不可用。方言宜归小学；形势、水道何以别于山川？古迹、名胜亦相混也。惟《提要》所分较善，然犹不及章氏。郡县、都会既不如分载之该，河非诸水之通名，亦不如水道之当。张氏合都邑诸目为杂地志，尤为清晰。今斟酌详略，定为七目。一曰总载。二曰分载，限于统部郡县、山川专志。三曰水道。四曰边疆，改防为疆者，章氏谓治水者当人工书，其言至当。则言边防之计者，亦当入兵书也。五曰外国，外纪之名，嫌于纪传，且不见为外国也。六曰杂记，中暗分京都、山水、古迹、廨宇、风物五目。宫殿自可该于京都，坊巷则非宫殿之可该也。宫殿非地理之全，自不宜冠首。冢墓、名胜，自可该于古迹。书院、道场、寺观，则统于廨宇。其主表一人，多搜事文者，则入传记中之祠庙书。风俗、物产可该岁时草木诸书，统归杂记，以其琐也。七曰行记，游字不如行字为该，行纪亦六代沿用之常称也。此自是一体，虽自记踪迹，而实重在山川、古迹。章氏之论未全，其《例》无此目，非也，盖承《提要》之误耳。至于方志，则胎于《华阳国志》，成于宋世，与国史为一纵一横之殊。赅存文献，非复地理专门，经章氏发明，乃用春秋家法，纵不能用其法，亦非专记地理，与古地理之稍兼文献者殊。章氏不与分载同编，而别为子目，正此意也。其不出之地理者，以宋、明诸《志》非能用史裁，而己之高论又恐人不信也。其撰《和州志·艺文书》固已详言其不同于地理而别立专目矣。今谓当别立专类，次于杂史。至于赵岐《三辅决录》，乃郡国传记，地理门中，不当收人物，张氏误也。

《四库》职官，分官制、官箴二目。政书分通制、典礼、邦计、军政法令、考工五门。而按之曰：六官始于冢宰，兹职官已自为类，故不收及。六官之序，司徒先于宗伯，今以春官所掌，帝制朝章悉在焉，取以托始，尊王之义也。又曰：古者司徒兼教养，后世惟司钱谷，条目浩繁，统以邦计为目。观其分配，盖亦略依六典，然立名不纯。邦计用《周官》之名，余又不用。考工乃记名，谓考之也，非指工事。阮《录》、《隋志》分故事、仪注、职官、刑法。其时六典未备，惟仪注、刑法书多，故铨选入于职官，而一切均归故事。今依六典诚为善矣。而职官者，政之纲也，既并三门，此亦宜并。张氏《书目答问》合职官之书于政书，宜矣。《史考》故事类分训典、章奏、典要、吏书、户书、礼书、兵书、刑书、工书、官曹十目。《例》曰：故事原分一十六门，今并合为十门。出君上者为训典，臣下者为章奏，统该一切制度者为典要。专门制度之书则分六科，其例最为明显，而其嫌介疑似之迹，无门不与传记相混。惟确守现行者为故事，规于事前与志于事后者为传记，则判然矣。官曹次于六书之后，亦故事之书也。名似与吏书相近，而其实亦易辨。吏书所部乃铨叙官人，申明职守之书。官曹乃即其官守，而备尽一官之掌故也。古者官守其法，法具于书，天下本无私门，故无著录之事也。官私分而著述盛，于是设官校录而部次之。今之著录，皆从此起也。

官曹之书，则犹有守官述职之意，故以是殿六曹焉。按：章氏善言掌故，此所定门目次第明白。典要者，合六典、会要以为名。唐曰六典，宋曰会要，元曰典章，明曰会典，摘而为名，洵精当矣。官曹一类，以处明以来之官署专志，尤位置得宜。惟是官箴，宜于官曹中暗分一类。训典与典要相混，宜名训诰，以该诏令，不直称诏令者，以该圣训诸书也。古者章与奏殊，章即后世之表，用以陈情贺谢，不言政事，宜仍名奏议。盖奏为上呈之文，而议为当官之作，二者微殊。唐、宋事下官议末职，亦得申其说，而非直奏于上也。

礼类，通礼、杂体书当入于此，曾发其义于《治四部篇》矣。通礼之书，当名为考论，杂礼书当仍旧名为私仪注。今观《提要》于典礼中收万氏《庙制图考》，则亦知礼书之不尽依经，而不觉自为歧异也。二目当附礼书为暗目。或曰：通礼、杂礼书私家议论而入于章程、故事，殆未安也。应之曰：先官书而后私门，著述之源流本然也。私门议论正以辅成官书，本相连属，固不得割裂歧出也。且政书之名，岂果限于官哉？即《提要》所收职官中，有官箴；政书典礼中有毛奇龄《辨定嘉靖大礼议》；邦计中有诸私家救荒书；军政中有陈傅良《历代兵制》。若此类者，非特书不出于官所载，所论亦不在故事中也。由是而推，礼类当附考论、私仪注二目，兵类亦当收私家阵纪、营制及防边之议，旧误入地理类者。刑类当收私家断狱、法式，工类当收河防、水利之议，旧误入地理类者。然则子部兵家法法家，尚有当移入此者矣。《提要》军政按语曰：军伍战阵之事，多备于兵家。此所录者，皆养兵之制，非用兵之术。法令类按语曰：法令与法家，其事相近而实不同。法家者私议其理，法令者官者为令者也。此语有意而未明。营伍之法，将以教其兵，虽不出于朝廷，固悬为律令，不得谓之非政也。古之法家，乃其理耳，后之法家，如《提要》所收和凝父子、郑克、桂万荣、吴讷之书，固皆记实事而加论断，正如通礼诸书之考古证今也。存目之中，且有魏裔介《禁约》二种，谓非官书而何？或曰：若此之论，则子、史淆矣。徒以礼家书附入礼类太多而牵及兵、刑专家，可乎？应之曰：此以六艺源流、六典通法推之，非牵及也。兵家、法家有专家而无礼家，反似《七略》本未完备，致生此缪辖，而其实不然也。子家言术，史家言制，二者本不相混。其制术之相混者，则实用之学，如兵家、术数之类。然与诸子之言通理，终不相同，吾已详论之于首篇矣。《七略》兵书一略不与诸子同编，是通理与实用之异也。军礼《司马法》附礼经，而韩信《军法》入兵书，是实用与史部出入之征也。然其收韩信《军法》乃以任宏专校，故并官私虚实而合之兵家，所言实止用兵之术，而非兵制，与政书不患无别。礼家之所以不同于兵家者，正以礼家止言制，而其术则在儒家耳。若夫法家，则申、商、韩非至崔寔、仲长统之伦，皆通言政治。刑名即形名，非刑罚也，岂与后世之律学同哉？向使萧何《律令》著录《七略》，必不与申、商书同列明矣。后世法家既衰，著录者乃以律学及断狱之事充之，此虽专门，自是官职，岂如古法家之树立宗旨乎？更有他证焉。《七略》术数别为一略，而阴阳家则在诸子，章氏谓当入术数，此特互注可耳。实则阴阳家亦是言通贯之理，树一宗旨，非术数之局于吉凶者也。此正兵制与兵家、法律与法家之类也。剔出兵制、律学之书，归于史部，则子之真史之实皆明矣。六艺之流入史部，罕人知矣。今质定此目，以典要承《周官》，以六书官曹承《仪礼》《司马法》《考工记》，以礼之考论当二《戴记》，而训诂、奏议则出于《尚书》，此所谓《七略》之意也。

《史考》于稗史之后，有星历一部，分天文、历律、五行、时令四门。《例》曰：天文记天象，非关推步。历律记历制，非关算术。五行记灾祥，非关占验。时令记授时政令，非为景物。此则《史考》当收之义，不然，则混于术数矣。此等著录，部目多在子家，而史志篇目，实不能缺，可以识互通之义。按：此乃《史考》专门，故宜牵连子集之涉于史者，非统合著录之法也。时令之书固当并入此类，已说于前。若天文、历数、占验，则皆专门技术，官特因而用之，虽亦有制定之官书，而皆言法术。乐律亦然。非如阵纪、营制、刑法、断狱之书，为官之通务也。自当归于子部，不得援兵制、律学之例而混于此，故今不从章氏。

政书一门，大体既详论矣。此门旧称故事，乃因古者有律，有令，有故事，无六典总括之书，但有琐细章程。所谓故事者，非如律令之早定，皆临事斟酌以成之，犹后世之事例。今总合职官、典要、仪注、刑法，则故事二字以小贯大，不能该矣，不特易与传记混也。章氏仍从旧称，未之思也。章氏于《和州志·艺文书》驳郑樵故事职官易淆之说，谓职官全重官秩、品令，或职掌大纲。故事文则通于沿革，指仅明其专司，二者如凫鹄之弗可同。其言明白矣，何于此收职官而反以故事概之邪？《四库》改为政书，较妥矣，而亦前无所见。古者以政主军，虽有为政之语，乃随文之称，《周官》称礼典，不云政也。陈氏《书录》谓之典故，典章之义，差为合宜。然私门议论间入其中，亦有所妨。今拟改为制度。制度之名凡所制皆该，时令亦不出此。制为官事，度统仪文，私家仪注，亦可该焉。议定门目，一曰训诰，二曰奏议，仍暗分别集、总集。三曰典要，诸制之总也。四曰吏书，纪铨选。五曰户书，纪民政财政。六曰礼书，暗分为书、考论、私仪注三目。七曰兵书。八曰刑书，营制、断狱之书，不复分也。九曰工书，河防、水利之议，亦不分也。凡此六典，自周始而唐以下沿之，虽唐前不用其法，唐后多设官司，而其事实皆可以六典该。故以六典分门，非但徇近代也，但当斟酌分隶耳。十曰时令，古亦在礼典中，而今不然，其事亦本不止系于礼，故附其后。十一曰官曹，暗分曹志、官箴二目。《隋志》官品入此，官名则入传记名状中。又如《汉制考》《七国考》之搜罗古制，固可附之典要，与《两汉会要》并《文献通考》之广罗，《朝野杂记》之类系，皆故事也，昔入通制，故名实未舛，今既称典要，则此非其体，然又不可别为一门立类，记一目于典要之后可也。至于《四库》所收职官一类，官司专志应入官曹，《唐六典》入典要政书中。通制一门，悉入典要。纪元诸书及《补汉兵志》宜入史学。

　　自来目录，皆有谱牒、簿录二家，或称谱系、目录，其实无异也。谱系说见下条。《四库》目录一门分二子目，曰经籍，曰金石。金石之书兼目录文字、图象、题跋，非但目录，《宋志》误附于目录，何可从也？又草木、虫鱼、器物之谱，《隋志》只二书，以其名谱附于谱系，已为不安。《旧唐志》以来，遂滥入农家，或妄入小学。郑樵觉其不安也，于史部立食货一门，颇为不伦。而又混收种植、豢养法之可入农家者，然犹知其当入于史，《提要》乃误从。尤袤立谱录于子部。夫子家立言，簿录纪实，岂可同哉？盖徒见农家之赘而分之，未觉其不当在子部也。《诗》纪草木虫鱼，《周官》三百六十，盖有簿录之书，器械详于《考工》，禽兽司于虞、衡。史记事者也，凡纪实者皆史也。初为书契，盖犹今之账簿。郑樵《通志》立草木虫鱼一略，所见大矣。章氏《史考》有谱牒而无簿录，目录一门，亦沿《提要》之误。张氏改史部目录为谱录，而分书目姓名、年谱、名物三目，然姓氏年谱，与动植名物大异。一有系属，一但列名数，一为史家纪、传、表、志所资，一为史家书、志所资，用固不同。记物书之称谱，本非安稳之名，岂可因滥称而混部类哉。今仍从《隋志》分为谱牒、簿录二种。

谱牒之书，古今俱多。自昔著录，皆特立一门，至《四库》乃去之，而以《元和姓纂》《古今姓氏书辨证》《万姓统谱》入类书，大谬也。其故不过以意在选存，而私家之谱繁多猥滥，难于别择，故竟置之。如孙诒让《温州经籍志例》所谓篇帙日增，不可殚究而已。不悟著录以明学术，谱牒自是一家之学，体则史之支流，事则群之要领。近代谱学虽微，岂无精善之编，正当录存，以为模式。即使无可采录，犹当但录总谱，以存其部次，况非无其书？岂可以惮于阅揽，遂没此一门乎？

《史考》谱牒部分专家、总类、年谱、别谱四目。《例》曰：谱牒有专家、总类之不同。专则一家之书，总则汇萃之书，而家传、家训、内训、家范、家礼皆附入专谱门中，以其行于家者然也。但自宋以来，有乡约之书，名似为一乡设，其实皆推家范、家礼之意。欲一切乡党为之效法，非专为所居之乡设也。施纵可遍天下，语实出于一家，既不可上附国典，又不可下入方志，故附之也。按：此较郑樵所分为妥，惟别谱不知何指。至家传宜入传记，家训、内训、家范宜入儒家，以其为空言也。家礼自在私仪注中。乡约为一乡设，虽欲一切乡党效法，而施行实在所居之乡，亦当入私仪注，牵而混之，乃不善辨体也。若云同行于家，则名臣传记、政刑法令,及论政之子书,亦可云同行国而合之乎?年谱与谱牒之体不类。谱牒为一家之史,与国史、方志鼎立,中皆该数体,年谱非其伦也。张氏亦误以姓名年谱为谱录之一目,又误以《史姓韵编》《九史同姓名录》等入之。此诸书专为检史之用,自当入史学表、谱中也。今定此门为二子目,一曰专家,二曰总谱。郡国书该焉。三曰姓名。但考辨姓名,不数世系者入焉。《元和姓纂》宜入总谱。《姓氏急就篇》《名疑》则宜入姓名也。

《隋志》簿录,兼存文章书画是也。艺术之家,但当收法诀,目录、题跋自当入于簿录。盖言术与记物异也。虽相牵涉,但可互注耳。尤氏《遂初堂书目》以《铸钱故事》《浸铜要录》《泉志》入故事门。陈氏《书录》又以入术艺。马氏《通考》复从尤。出入无定,皆由未知言术与记物之别也。不别,则史、子淆矣。《史考》目录一门分总目、经史、诗文、图书、金石、丛书、释道七目。《例》曰:目录一门,不过簿录名目之书,原无深意,而充类以求,则亦浩汗难罄。合而为七略四部,分而为经史百家,副而为释、道二《藏》,岂易言也?且如诗文之目,则有挚虞之《文章志》、锺嵘之《诗品》,亦目录也。而《诗话》《文心》凡涉论文之事,皆如诗书小序之例,与诗书相发明,则亦当收矣。图书之目,则书评画鉴得以入之。金石之目,则博古琳琅诸籍得以入之。故曰学问贵知类,知类而又能充之,无往而不得其义也。按:为《史考》专门求详,故牵涉三部耳,然而失言矣。经史百家之序录,岂得尽入目录?经目附经总义,史目入史学,但当互注于此而已。挚虞《文章志》固目录,而加评论,与书画、题跋同矣。若《诗品》但列家数,不列篇章;《诗话》主于评论,固非列目;《文心》则分篇,自成一子,岂得牵入目录之科?书评、画鉴,其为目录、题跋者当入此,其为评论法诀,自在艺术,亦不可混为一谈。盖章氏亦未明记物与言术之别也，若以此而言知类，则四部中牵涉者多矣，尚何须著录者为分门目邪？至所列目，尤有未安。既有总目，而又有图书、丛书，亦不必别立诗文之下。注曰：即文史是直欲将《新唐志》所谓文史者悉入目录，尤不可也。《四库》谱录一门分器用、食谱、草木虫鱼三类，又暗以物类相从，不全依时代，尤为可法。此类之书，虽兼陈故事及制造之法，然非技术专门之比也。然于目录，又误入艺术，则犹未辨记物与言术之别也。今并合为簿录一类，定其子目。一曰图籍。此图指天文、地理诸图，非艺术之画也。不称图书，避书画也。近世考据家之辑题跋为一书者附焉，释、道目录亦统入。二曰诗文目录，而加评论者则入互注集部评说。三曰书画，题跋附焉，互注子部艺术。四曰器用。五曰饮食。六曰动植。

张氏别立金石一门，曰金石之学，今为专家。依郑夹漈例，别出一门，分目录、图象、文字、义例四子目，而以一方金石书附文字之后，其例善矣。书画、题跋尚以目录为重，可附簿录。若金石之书，则图象而兼考证文字类于总集。《四库》收金石书入目录，而考古、博古诸图又入谱录、器用之中，不知器用诸书专详制度，此类书兼考文字，其义与体皆不同也。以此知张氏之别出当矣。惟是义例之书宜入集部，盖为文例设，非为金石设也。目录、文字二者每相兼，如张氏所举《金石萃编》《两汉金石记》皆兼目录、文字。然既录全文而考订之，则目录为轻而文字为重，宜入文字。今定为图象、目录、文字、方录、专考五目。专考者，如《兰亭》《鹤铭》诸考是也。

近世金石学大昌，兼及钱币印泥诸物。今人罗振玉有《古器物学研究议》，谓赵明诚撰《金石录》，其门目分古器物与碑为二，金蔡珪撰《古器物谱》尚沿此称，为斯学者附庸于金石学，卒未尝正其名。今定之曰古器物学，又分类别为礼器、乐器、车器、马饰、古兵、度量衡诸器、泉币、符契、玺印、服御诸器、明器、古玉、古匋、瓦当、砖甓、古器物、橅范、图画、刻石、梵像。按：此所陈乃专为古物，与考碑碣者异，而兼该考彝鼎者，是其于金石乃包金而别于石，碑碣、刻石未可以古器物该。而此类之书，又居簿录、器用及金石二者间，难于分隶。然其于彝鼎，多辨形制，与金石类之专考款识，以补史者异，虽相出入，大体不同，故除彝鼎图像入金石外，其钱币、瓦当等物，宜入簿录。于器用之后，加古物一目，不与砚谱、墨经混为一录，以明其为专门焉。又《四库》杂品类所收《洞天清录》数家，乃兼论书画、器物，本不宜入杂家，而又不能专隶此类之一目，官用杂品之名为一子目，次于古物。

《四库》金石中，收《法帖释文刊误》，以其刻石，此无妨也。石经诸书，当时以书少附此。至万经《分隶偶存》，则与《隶辨》同宜入小学矣。史评既不当立，则史部终于金石一门矣。盖尝论之：史之资金石，犹经之资小学。小学不仅考经，金石岂仅考史哉？小学、金石皆于六艺无所承，而为六艺源流之资，犹之诗文评说也。小学有字书、辨形、论声、论义之别，金石亦有摹图、列目、抄文、考字之异，其宜为一门，不尤较然乎？

张氏于纪事本末之后，立古史一门，曰：古无史例，故周、秦传记体例与经、史、子相出入，散归史部，派别过繁，今汇聚一所为古史。按：此为学者言耳，非统合著录之通法也。核其所录，《周书》《国语》《国策》《世本》《越绝》《吴越春秋》皆杂史也。《竹书纪年》，编年也。《家语》《晏子春秋》《列女传》，传记也。《山海经》，地理书也。《新序》《说苑》，子家也。皆非无类可归。张氏盖因《周书》为《尚书》之余，《国语》为《春秋》

外传，《家语》旧附《论语》，《晏子》昔入儒家，《新序》《说苑》又纪古事，故谓与经、子相出入耳。其实经部既尊，限于孔定，《周书》自不应附。《左传》依经，《国语》不依经，划归史部，亦自明白。诸史本承《春秋》，亦何患源流隔绝。至于《家语》《晏子》在《七略》固可分附，四部既分，自当别归子、史。《新序》《说苑》自是子家。譬如韩非《储说》亦纪古事，要不谓为史也。略为论之，使学者毋惑。

　　史部门类先后，《隋志》先正、古、霸、杂四史及起居注，皆《春秋》之流也。次以旧事、职官、仪注、刑法，皆《官礼》之流也。次以杂传、地理、谱系、簿录，盖地理、谱系，特《周官》一官之掌，而目录亦出史官。其次第甚有意旨。章氏《和州志·艺文书》分传记以下为纪载，即本此意。特又牵入故事，忘其本于《周官》《考工》《司马法》耳。自是相沿，稍有更定，便致不安。《四库》一变旧法，正史、编年、纪事本末而后，次以别史、杂史、诏令、奏议、传记、史抄、载记，以参考正史为序，已驳于前。载记之降，殊为过当。史抄居前，尤为僭越。纵云参考纪传，史抄亦不应居前，史抄之中，岂无载记邪？又次以时令、地理、职官、政书、目录、史评。夫职官、政书，官礼之流，固宜先于地理。今此排列，乃似类书之编天地、人物耳。章氏《史考》首纪传、编年、史学、稗史，史学固不止以纪传、编年为学，当移于稗史之后。次以星历、谱牒、地理、故事、目录、传记、小说。星历、小说，乃专考所牵连，可以不论。地理列故事之前，传记反居目录之后，则太任意矣。张氏正史、编年、纪事本末之后，次以古史、杂史、载记、传记、诏令、奏议、地理、政书、谱录、金石、史评。升载记以接杂史，稍得《隋志》之意。以传记接诸史，亦见《春秋》家学渊源。总论诸家，张为较善。今吾立论,以史部当六艺之流,则依六艺流别而部次之。议定门目十二类:纪传第一,分正史、别史、国史、史稿四目。编年第二,分编年、注历、实录三目。纪事本末第三。杂史第四,分异体、专纪、国别、方隅、编录、补史六目。史学第五,分搜补、表谱、考订、义例、评论、抄类六目。方志第六。谱牒第七,分专家、总类、姓名三目。传记第八,分别录、汇录、专记、杂记四目。别录中暗分别传、轶事、年谱、祠庙书四属。汇录中暗分郡国、括代、家传、品类、条记、名状六属。制度第九,分训诰、奏议、典要、吏书、户书、礼书、兵书、刑书、工书、时令、官曹十一目。训诰奏议暗分别集、总集二属。典要分典要、类记二属。礼书附考论、私仪注二属。官曹暗分曹志、官箴二属。地理第十,分总载、分载、水道、边疆、外国、杂记、行记七目。分载暗分统部、郡县、山川三属。杂记暗分京都、山水、古迹、廨宇、风物五属。簿录第十一,分图籍、诗文、书画、器用、古物、杂品、饮食、动植八目。金石第十二,分图象、目录、文字、方录、专考五目。总论之曰六艺,惟《易》流为数术,《乐》流为乐律,皆为专门技术,别在子部。《尚书》入于《春秋》,纪传、编年继《春秋》,而纪传又兼《尚书》、官礼之意。《尚书》之遗,又入纪事本末。杂史皆一国之史也,方志则一方之史也,谱牒则一家之史,传记者史之散,而别传则一人之史也。以上八门,皆《春秋》家学。制度者,官礼之流也。地理古有专书,《禹贡》《职方》特其大要。簿录之书,亦出史官工虞之司,皆官礼之一目也。金石者,后世始为专门,不与于六艺之流,而特资考证者也,故以终焉。

# 《四库·子部》第十二

张氏曰：周、秦诸子，皆自成一家学术，后世群书，其不能归入经史者，强附子部，名似而实非也。若分类各冠其首，愈变愈歧，势难统摄。今周、秦诸子聚列于首，以便初学寻览。汉后诸家，仍依类条列之。按：张氏之意善矣，而未尽也。既知后世强附，名似实非，亦知强附之由来乎？刘氏《七略》本以诸子兵书、术数、方技各为一略。诸子但空言，自成一家。兵书、术数、方技则有道、有器、有义理、有法式，与诸子之言通理者异。阮以兵书少，附合于子，然犹称子兵，不以兵为子也。《隋志》合并四略而称子，则竟以兵书、术数、方技亦为子矣。此已稍失古意，开后来滥子之端。然而律以子家之义，兵书、术数、方技固皆专家之术，不与史部相混。而《隋志》叙次，亦犹存四略之旧，未尝乱之。迨后类书、考证、杂记、谱录相继阑入，非理非术，亦据专门。而九流渐湮，门目并少，宾喧主夺，所以名似而实非也。今剔出类书以下，而杂家之本旨见，归断狱之书于政书，而法家之本旨见，然后条别诸子之通理，兵书、术数、方技之应用，正小说之本体以足九流，叙艺术小道加乐律，以备技用。四略之意不亡，六艺之支斯在，安得名似而实非哉？

条别子部，当先知二义：一曰辨体。诸子之异于兵书、术数、方技及制度中之议论，吾论之于首篇矣。法家非律学，兵家非兵制，论之于《史部篇》矣。阴阳家者邹衍、董仲舒之流，非术数杂占之说也。农家者，许行、计然之流，非农事之书也。小说必有宗旨，为显意而非为记事，不可与传记混也。杂家者，兼采众说能成家，而非徒能杂，不可与杂记混也。此体之当辨也。二曰明变。子术之兴，始自周世，其流派甚繁。一道家也，有关尹、列子，有杨朱、魏牟，有慎到、田骈，其支且有申不害、计然之术，此一家而屡变也。一重农之说也，许行以之并耕，范蠡以之取财，李悝、商鞅以之立法，此一说而分用也。史䲡、陈仲亦为一流，料子、皇子亦树一说。刘向九流之目，特约其大略耳。虽分合之间，不尽与当时相符，而均称能该，故后世沿之。至汉而九流衰，小家多绝，而儒、道、法独存，兼合之杂家亦盛，盖多并为两，争极而调，固世事自然之势也。汉以后，道、法亦无显传，皆尊孔氏。然实非纯一，不但儒者之中自分流别，或近于道，或近于法，即纵横、名、墨，亦偶有存者，但甚希少，不敌三流耳。其间小小殊别，糅杂而成一说，不能名为何家者，犹多有之。故言子术，于汉后当易九流为四流。儒、道、法、杂。惟汉后学术变为虚实之争，实者为文儒之考据，不能成家言，虚者则程、朱、陆、王之争。儒家之盛，几占子部之大半。加以集盛子衰，能成家言者亦少。故论汉后之子术，若甚寥寥少可数，实则暗流固在，特学者不能别裁深观耳。近世子学复兴，后此当更多异军，非九流所能该。今论子术，固当仍九流之目，以存古之派别，而于儒则当严别其流派，未可皮相而混视。后此或有所增，则当俟之家数明白之后矣。此变之当明也。《汉志》辨体之明不待言矣，惟农家已收农事书，盖农说为诸家所采用，其性质本同于兵数诸略之应用，故列于杂家之后，小说之前，意可见也。《隋志》严守《汉志》之法，犹能辨体明变，杂家附收杂记、类书，名家附收辨人品之书，已稍失误，然犹不甚。及《旧唐志》以后，则九流真书日少，而杂家之类书、杂记、农家之谱录增多，小说又滥入传记之书，著录者于辨体明变茫无所知，任其滋长，复以律学充法家，道家合道教，阴阳渐入术数，名、墨、纵横，仅能保境自存。故观唐后之子部，则应用诸门而外，惟见杂记、小说、谱录、类书繁盛充盈，而真正子术之书，仅儒家尚多，余皆索然矣。是以《四库提要》乃悍然全变旧法，并合名、墨、纵横，直立谱录、类书，更定次序，四略之意于是扫地。其重为次序之言曰：有文事，必有武备，故次儒以兵。兵，刑类也。寇贼奸宄无所禁，必不能风动时雍，故次以法。民，国之本；谷，民之天也。故次以农。《本草》经方，生死系焉，故次以医。重民事者先授时，故次以天算云云。专以治言，不以学言，已失著录子部之本旨，且次序全为任意缀叙。试反之曰：生人之本，在先识时，故首以天算。授时乃能任地得食，故次以农。生而病则不得遂，故次以医。遂生矣，然后有教，故次以儒。礼穷而刑生，故次以法。大刑用甲兵，故次以兵。且圆之曰：此以配史志之天文、食货、礼乐、刑兵也。若是其孰能非之？嘻，是可笑也。今当悉复四略之旧，以明子域。

张分儒家为议论经济、理学、考证三目。盖汉、唐儒家粗而不精，惟有议论经济，宋儒乃言理学，近儒乃言考证，各一时之风气，皆儒者之事业也。然考据贯串四部，非立言之书，无成家之意。旧附杂家，已为不安，况更尊之入于儒家乎？过张考据，张氏之习气也。汉前儒又非不言性理，是不可以议论、经济该。若宋后儒家，则从其所重，派别自分。今以考证入外编，而分为古儒家及议论经济、理学三目。

理学流为格言，或羼道家之旨，乃不觉之暗流，经六朝而杂入佛家因果之说。《四库提要》谓为掺杂而屏诸杂家，此亦太过。盖儒家自汉后历变，而多镕合。周、程之说，亦多本道、佛，其可皆入杂家乎？《四库》徒屏明人之杂禅学者入杂家，亦不平之论也。《诸葛集诫》《女诫》《贞顺志》诸书，《隋志》亦附儒家，诸葛岂非兼道家者邪？但当别为格言一目，使不混于宋、明儒者之书可耳。著录天下之公，儒不为荣，杂不为辱，岂可以宋儒专儒家耶？《提要》于明人诸劝善书及《新妇谱》《五伦懿范》诸书之不言因果者，亦附存目于杂家，则更过矣。又《四库》于格言之纂成者，入之杂纂，隶于杂家。其为专书，如温公《家范》、朱子《小学》、吕氏《童蒙训》、蓝氏《女学》则仍入儒家，此亦未合。彼自是格言，虽纂而非杂也。朱、蓝之书，又何尝非纂成邪？故今不以入外编书抄。

　　《孔子家语》乃传记，不宜入儒。《提要》既知《晏子春秋》《孔子三朝记》为古之传记，何于此而昧之邪？沿旧之误也。《性理大全》《性理精义》虽书抄，而纯于一家，入之尚可。张氏收《论衡》，大误矣。至其列宋、元、明儒《学案》，则以便学者耳。

　　兵家所收多不合。《司马法》乃古军礼之仅存，当入制度类兵书之首，而互注于《周官》。《守城录》《练兵实纪》《纪效新书》乃实事，《江南经略》乃边防之法，及存目中《北边事迹》《备倭记》等书，皆当入制度类兵制中。但存古子书及言权谋、形势、阴阳者为子部兵家可也。《江东十鉴》既知入之兵家，何又以《蜀鉴》入纪事本末邪？至于法家，管、邓、商、韩四子而外，皆当入制度类刑书。《书判清明集》宜入类书。张氏所录，亦以此例推之。《牧令书》《保甲书》乃真政书，且非刑法，何乃附法家邪？

　　农家，《提要》说诸弊最快，张氏并收荒政书，误矣。医家不分科，亦为未善。郑樵所分固太繁杂，明制十三科亦不可从，宜略依汉、隋《志》分为经脉、病症、针灸、方药、修养、治物六目。汤头不别出，多在症类也。言理者入经脉，服饵导引入修养，方与药合书，本相连也。诸家丛著，宜分别录之，其兼该各类为一书者，立总类一目终焉。章氏《和州志·艺文书》但有医经、药书二目，以书少耳，非通例也。

《提要》以天文、算法合为一目，而分为推步、算书二目。张氏不分，而分中法、西法、兼用中西法三段，宜用其法，于二目中暗分之。占验之起甚古，《七略》《隋志》专以占验为天文，而历数别出。今专以历数为天文，而反置占验于术数，谓本与天文为二，太不师古矣。推步、占验，皆天文之事，何可重一而废一邪？宜仍移术数类中占候一目于此。

术数者，统名也，天算亦该焉。《七略》之本法也。《隋志》就《七略》子目分门，故无术数之称。自唐以来无改。今别出天算，以其重而尊之，固无不可。然此类不得但云术数，使人疑天算非术数也。此类诸门，既不可皆立专门，与天算并则可加称杂术数，以示天算外，尚有诸术数，庶乎可也。《提要》术数类分六目：曰数学、占候、相宅相墓、占卜、命书相书、阴阳五行。占候一门，当移入天文。占卜中有六壬，命书中该星学。阴阳五行则太乙遁甲、禽星、日时占也。然阴阳五行乃诸数总名，占卜、命相亦不外焉。今为一子目，与前数目大小不伦。宜以太乙遁甲合六壬，复其旧名为三式一目。而禽星及日时占，用汉、隋《志》法，名曰杂占，附录之。《太素》脉法、相字、占梦合焉，而去其存目之杂技一目，改占卜为卜筮。筮法后世固未失传，不得因著录书少而略之也。章氏《和州志·艺文书》并五行蓍龟于杂占，以书少耳，非通例也。

艺术兼该书、画、琴、歌、篆刻、射、投壶、博奕诸门。《提要》分为书画、琴谱、篆刻、杂技四目。书画后按语谓考论书画之书，有记载姓名如传记体者，有叙述名品如目录体者，有讲说笔法者，有书画各为一书者，又有共为一书者，彼此钩贯，难以类分。今按：艺术列于子家，惟论法诀品高下者当入于此。若但品第高下，虽记载姓名，固不得为传记，若《贞观公私画史》《唐朝名画录》《五代名画补遗》《益州名画录》《德隅斋画品》《画史》《书史》《宝章待访录》《宣和画谱》《书谱》《广川画跋》《书跋》《宝真斋法书赞》《珊瑚木难》《寓意编》《书画跋》《跋郁氏书画题跋记》《清河书画舫》《真迹日录》《法书名画见闻表》《南阳法书表》《名画表》《清河书画表》《铁网珊瑚》《佩文斋书画谱》《石渠宝笈》《秘殿珠林》《庚子销夏记》《江村销夏录》《式古堂书画汇考》诸书，皆记录真迹，或以人系，或加题跋，要皆目录之流，图籍题跋，固入簿录也。至《书小史》《书录》《图绘宝鉴》《书史会要》《画史会要》则传记也。至张庚之《画征录》、朱长文之《琴史》、周亮工之《印人传》，亦传记也。体之所具，不容假借，皆当别入史部之中。如《忠孝训诫》自在儒家，而《忠臣孝子传》固在史部也。即欲使专家得以考求，但互注其名于艺术足矣。除此诸书，自可依专家分为书、画二目。

乐律当特立一门，说见首篇及史部。其学上通数理，下侪艺术，次第适当在是，宜置艺术之前。郑樵于乐有专长，其乐类分乐书、歌辞、题解、曲簿、声调、钟磬、管弦、舞鼓、吹琴诸目，则颇烦碎。此类主声调，不主文辞，歌辞、题解自当入集部。钟磬止记其物，管弦兼收其谱，而鼓类又兼曲辞，与曲调亦为混杂。今约分为二目：一通论。凡空论其理及律吕声调源流者皆入之。二记录。则凡曲簿、声谱及技术、故事皆入，而不复别其器。

杂家一门，繁眩无节。盖自《唐志》以来之弊，而《提要》成之也。《七略》于杂家，谓兼儒、墨，合名、法。乃指《尸子》《吕览》《淮南》诸书皆有宗旨，虽杂而成家者也。《四库》乃沿黄虞稷之误，谓杂之为义，无所不包，凡辨之不精、不能分隶者悉归之，乃成龙蛇之菹、逋逃之薮矣。张氏觉其误也，乃仅收《淮南》《抱朴》《刘子》之兼道家，《金楼》之兼释、老，《颜氏家训》之兼释，《长短经》《谭子化书》《激书》之兼道，而注之曰：学术不纯宗一家者入此。其杂记事实者入杂史，杂考经史者入儒家。较之《提要》杂学、杂考、杂说、杂品、杂纂、杂编六目仅取杂学一门，盖得之矣。惟杂记事实者宜入传记，而《四库》所收之杂说，叙述论评皆有之。于传记、小说两无所处，不可入杂史也。此张氏之小误也。

《四库》杂学所收，多是儒者，固已非矣。张氏所收，亦未遂谨严，盖杂之为名，乃糅合众家之称，非偶兼他说而已。《淮南》糅合矣，而犹以道家为主。《颜氏家训》止《归心》一篇言佛，其大体固儒家也。《化书》《激书》更纯为道家。若以其不背孔、孟，亦言伦教为儒，则又宋以后人混读诸子之通病。凡论子术，当通贯本末，以定其宗旨，支节偶同，不足为兼合之证。杨朱、墨翟又曷尝不言孝弟忠信？以此为儒，此儒术之所以浅而不明也。《四库存目》所收耶、回教书，则当如释教之例别开之，亦不宜谓之杂家也。

名、墨、纵横，旧目书少，而仍存其目，不没九流也。而《提要》以为拘泥门目。夫以部次治书，不以书增灭部次，此校雠之大义，何为拘泥哉？《明史》只限一代，无此类书，故省之耳。统合著录，不当省也。墨家尚存《墨子》，纵横家尚存《鬼谷子》，赵蕤《长短经》亦近纵横。苟不至于无书，即当存其目，况名家尚有《公孙龙》《尹文子》《人物志》三书邪？杂家自与名、墨、纵横殊。今以名、墨、纵横并入之，此如张族微而并之于李，其可通乎？且诸子佚文，近有辑本，分别录之，不患少也。子部目录之弊，正坐喧宾夺主。存此三家，亦所以扶微定乱也。主人虽少，亦使人知有主焉。至章氏谓考证书为名家之流，释、老为墨家之流，则强为广之，反非其实矣。

杂家之当剔除，说于《外编》矣。今细论之。《白虎通义》乃五经总义，《独断》及《朝野类要》专记典章，乃《朝野杂记》《文献通考》之具体而微者也，宜入制度内典要中，总记之次。《古今注》《苏氏演义》专主辨名，宜附《尔雅》。以上诸种，自昔援为考据书之祖，非也。自《资暇集》以下，乃真考据书耳。《猗觉寮杂记》《能改斋漫录》诸书，已不纯是考据。从其多者，固可凡杂考一类入之外编，为考证书一目。《日知录》不专以考据为长，亦不以考据自足，宜入儒家议论经济。至杂说一目，乃因诸书叙述议论无定，故置一目以收之。而援王充、应劭之书为例，则非也。充、劭书质定世事，皆有宗旨，自是杂家，不但非考证之书，亦且未尝有叙述之意。《封氏见闻记》以下，乃真随笔札记，零条碎简。此始于唐人，隋以前无是也。虽《金楼子》之琐，亦有诸子之意，无漫然记录者。此类之书，皆当入外编，为杂记一目。然中有当别择者。《春明退朝录》《愧郯录》《日闻录》《玉堂嘉话》乃记典制，宜入制度内总记官曹之次。宋祁《笔记》《梦溪笔谈》《示儿编》《敬斋古今黈》《物理小识》从其多者，宜入考证。《祛疑说》《琴堂论俗编》皆格言，宜入儒家。王逵《蠡海集》论著成理，宜附杂家。至于杂品一门，《洞天清录》《负暄野录》《云烟过眼录》《格古要论》《清秘藏长物志》《韵石斋笔谈》《七颂堂识小录》《研山斋杂记》宜入谱录之中，为杂品一目。《提要》既知其与谱录同矣，何为歧出邪？若《竹屿山房杂部》《遵生八笺》，又非专论器物，且杂入修养之术、种蓺之法，与前诸种不同。此类书明代甚多，当别为日用书一目，附之外编杂记之中。杂纂所收《意林》，乃子抄也，可附杂家。自《绀珠集》以下，宜统为书抄。《事实类苑》《元明事类抄》宜附杂史中之编录，盖意存补史也。《仕学规范》《自警编》《言行龟鉴》宜入传记中之条记。《提要》亦知其为言行录之流矣，要主于存事实类编系人，固无异也。此类诸书既非专于一部，何得谓之杂家？乃援《吕览》《淮南》《韩诗外传》《说苑》《新序》为比，是竟不知经有外传。子家固多叙事，岂杂抄之流乎？至于杂编一门，乃属丛书，分别著录，不患无归。《俨山外集》《钝吟杂录》乃笔记杂说，宜归杂记。《少室山房笔丛》则纯为考证，皆非无可附丽，何乃忽为苟且之计邪？

类书居小说之前，乃沿《新唐志》之误。彼本由杂家分出，故相次耳。张氏降之释、道之后，曰类书，实非子。从旧例附列于此，颇有见矣。今入之外编。《提要》援《隋志》为例，则非。彼特姑附耳，固不可从也。类书之中，体例又有数等。有兼该事文者，有以偶语隶事，文但取华藻者，有加考证者，有专录一门者。当分为总类、句隶、类考、专类、策括五目。今就《提要》所收论之。《编珠》《龙筋凤髓》《事类赋》《书叙指南》《韵府群玉》《骈字类编》《佩文韵府》皆句隶也。《类聚》《书抄》《初学记》《六帖》《御览》《册府元龟》《海录碎事》《锦绣万花谷》《事文类聚》《记纂渊海》《古今合璧事类》《玉海》《翰苑新书》《荆川稗编》《经济类编》《天中记》《图书编》《山堂肆考》《广博物志》《渊鉴类函》《子史精华》皆总类也。《事物纪原》《山堂考索》及杂家杂考中之《名义考》《艺林汇考》皆类考也。《四八目》《鸡肋》《全芳备祖》《小学绀珠》《喻林》《骈志》《格致镜原》《读书记数略》《花木鸟兽集类》皆专类也。策括者场屋之书，具体大类繁，不纯子、史者当入，如《群书会元》《源流至论》之类是也。其误收者，《同姓名录》乃史学表谱，《隋志》附之传记，以无史学专门。《元和姓纂》《古今姓氏书辨证》《名贤氏族言行类稿》《氏族大全》《万姓统谱》乃谱牒书，《提要》不列此门，故窜入此。李氏《蒙求》《纯正蒙求》乃蒙学书。《小名录》《小字录》《实宾录》《姓氏急就篇》《名疑别号录》宜入谱牒内姓名中。《帝王经世图谱》宜附制度类典要中。《职官分纪》仍宜入职官。《历代制度详说》《永嘉八面锋》皆当附儒家。盖此诸书虽近类书策括，而其体自纯也。《说略》《宋稗类钞》专抄小说，《古俪府》《分类字锦》专抄骈语，皆宜入书抄。姚之骃《元明事类抄》既入杂纂，《宋稗类钞》何反入类书邪？其存目者，以此例推，如《文选双字》《春秋类对赋》皆宜入之书抄，与《两汉博闻》诸书相次者也。专抄四六与诗赋者，皆宜入书抄，以其虽分类，而实专抄一门，非类隶群书也。

小说者，文之一体，而《七略》乃列为子家，盖古之小说，皆有宗旨。其叙事乃借以明意，而叙述又扬厉，不似传记之质实，所谓说炜烨而谲诳也。《七略》所录，今已无存，然《宋子》固显为诸子，今传《燕丹》亦古小说，固侠者之所传也。魏晋乃有《笑林》《语林》《世说》诸书，《语林》《世说》存当时之风流，《笑林》亦多寓言。唐世传奇大盛，自为一体，虽不尽有宗旨，而其秾艳谲诳，固与传记殊。自唐以前，未尝以质实记事之书为小说。而宋之古文家，犹以传奇气为忌，其异可见矣。自著录家不知辨体，小说本体遂渐不明，今当除去传记之误混者，以明史、子之界。琐语异闻，固所应收，盖琐语意不在传事，而异闻多谲言也。若其随笔，记录叙述评议兼而有之，此乃笔记之流归于外编杂说矣。《四库》小说一家，分为杂事、异闻、琐语三目。杂事门按语谓小说、杂史最易相淆。今以述朝廷军国者入杂史，参以里巷闲谈，辞章细故者隶此。由此以言，则凡小者皆可入矣，其如小而非说何？且记事之书，杂史以下，尚有传记。传记、小说之辨，在其体，不在其事。传记之书，不必尽关朝廷军国，而真小说亦或涉及于朝廷军国，如《燕丹》《世说》是也，将何以分之？且小说一家，本多荒怪，乃谓荒诞则黜不载。而于传记之书，又往往以偶涉谐笑而降之小说，兹盖不辨大体，而惟拘于迹之过也。夫谐言而事实有关史，亦偶取大事，而壮厉失实，史必不收。《东方朔别传》，班固特裁；《燕丹子》之辞，马迁多弃。此其辨矣。章氏《史考》小说一门，仅琐语、异闻二目，盖亦有见于传记之混入也。今以其书宗旨，主补史遗者入传记，主资谈讽者入小说。传记之偶涉诞怪，小说之多关军国，皆不因而升降。李肇《国史补》，名虽补史，而谓探物理，辨疑惑，录劝戒，采风俗，助谈笑则书之。此数言者，正小说之宗旨，所以异于传记也。今除去杂事一目，并于琐语。就《提要》所收而论之，《西京杂记》《世说新语》虽无荒诞，乃所谓采风助谈也。《朝野佥载》《大唐新语》虽有谐笑，而意主补史。《次柳氏旧闻》《明皇杂录》尤显然传记。传记固有异辞，不得因与正史不合，而谓之小说也。《鉴诫录》真小说也。《因话录》《中朝故事》《金华子》《开元天宝遗事》《南唐近事》《唐摭言》《洛阳搢绅旧闻记》《涑水纪闻》及《王文正笔录》《儒林公议》《东斋记事》《甲申杂记》《闻见近录》《随手杂录》《四朝闻见录》《先进遗风》《觚不觚录》则皆宜入传记。而《归潜志》尤意在补史，不可以杂入语录诗文而降之也。其本不为记事及多诗话考证者，与杂家中之杂说同，宜精加剔除，入之外编杂记，以还其札记之体。此所收者，尤不免于滥。如周密《齐东野语》与其《癸辛杂识》何殊？而乃一入杂记，一入小说？自为歧出。宋人之书，以笔谈、话语为名者，大都札记也。或多记事，或多议论，或多诗话，乃详略之偶异，非体例之不同。或列杂家，或列小说，殊未安也。要以《燕丹》《笑林》《世说》及唐人诸作为断，其主于采风资谈，有意旨而不尽质实者，乃入于此，余并出之。则传记小说，各得其职，而杂记之书，不得混杂出入于其间矣。至于异闻一类，收入《山海经》《穆天子传》，诚为妄谬。二书皆非迂怪，徒以偶言神异，便归小说，岂通论哉？若《神异经》《十洲记》《洞冥记》《拾遗记》乃有风刺之意，谭献尝论之，诚小说也，后世但以为记怪耳。《搜神》以下，阮《录》为鬼神部。《隋志》并入杂传，以其体为传记也。然其显多谲诞者，则宜入此。若《桂苑丛谈》《剧谈录》《阙史》《开天传信记》《太平广记》不尽神怪，宜归琐语存目之中。以此例推，至游戏、小文、器物之传，苟无寓意，并当入之杂记及集部小品中，不得为琐语也。近世平话乃真小说之流裔，宜增一目于末，说详《收俗书篇》。

释、道二教，或仍阮《录》《隋志》之例，别记都数，不入四部，或收于子部，而别其传记、目录诸书入史部皆可。阮《录》别为外篇，未尝附于子末，《提要》误援，今既不录。经典、论记、符箓，则当各依其体。释家如《弘明集》宜入总集，《法苑珠林》宜入类书专类门中，《开元释教录》宜入传录，《高僧传》《僧宝传》《林间录》《五灯会元》《罗湖野录》《佛祖通载》《释氏稽古略》宜入传记。道家《阴符》、老、庄、关尹、列、文诸子及《亢仓》《玄真》《无能》宜从《七略》别出道家，列儒家后，此固与丹诀、符箓异趣也。《列仙传》《神仙传》宜入传记，《道藏目录》宜入簿录。《抱朴子》内、外篇本别行，宜从隋、唐《志》析外篇归杂家。其他释氏语录、道家丹诀，自《参同》《悟真》以下，并宜依其部次而录之。

子部叙次先后大义，已说于首。自《提要》任意倒乱，遂不可求《七略》之遗，而子部乃滥矣。今依刘氏《四略》及《隋志》之例，议定门目。一曰儒家。分古儒家、议①经济、理学、格言四目。二曰道家。录庄、列诸子，而丹诀不与。三曰法家。专录管、申、商、韩及崔寔、仲长统诸书，而断狱、律例之书不与。四曰名家。五曰墨家。六曰纵横家。七曰杂家。专录尸子、吕氏、淮南、王充、应劭之类能成家言者。八曰农家。九曰小说。分琐语、异闻、平话三目。十曰兵书。十一曰天算。分占候、推步、算书三目。十二曰杂术数。分数学、相宅墓、卜筮、命相、三式、杂占六目。十三曰医书。分经脉、病症、针灸、方药、修养、治物、总类七目。十四曰乐律。分通论、记述二目。十五曰艺术。分书法、画法、篆刻、杂技四目。杂技中该射、投壶、博奕。如此，则《四略》之遗意存，虚实分，专家见，而无泛滥之弊矣。

---

① "议"，前文作"议论"。

## 《四库·集部》第十三

文集之卑，章先生详言之矣。《楚辞》一门冠首之意，说详《明隋志篇》。别集不分诗文，统依时代，自是善法。惟总集一门，《四库》误收别集合刻本，如《二皇甫集》《唐四僧诗》《薛涛李冶诗》《清江三孔集》皆各成卷部，非总集也。又总集之中，当别种类，有括一代，有限一方，原于《毛诗》。有通选古今，取佳善，搜遗佚，有专录一体，有专录一类，如《岁时杂咏》之类。有选一时交友，有以倡和合编。应分七目：一曰断代，二曰限地，三曰通选，四曰专体，五曰义类，六曰人联，七曰事联。专体者，非专诗专文之谓，如诗专律体，文专赋四六之类是也。至于总集之源，出于《毛诗》《楚辞》。章氏《和州志·艺文书》因书少而附诗赋专家，遂谓不必别立门类，非通论也。

诗文评一门，《提要》所举五例详矣。然评之为言，主于品第高下。此类之书，或论法式，或说本事，非评所能该也。又词曲小品，皆有评说，但言诗文，亦未足该，宜改称评说，而退居词曲之后。金石义例入此甚是。宜分为文评说、金石例、诗评说、词曲小品评说四目，其兼说诸门者，为杂说一目终焉。惟此类书，多兼说诸门，故当别立一门，而不可分隶别集、词曲小品也。

词曲五目，词话一门，宜划归评说，曲文宜录黜之过矣，说详《收俗书篇》。宜增南北曲一目，词谱、词韵宜改为词曲谱、词曲韵，附于评说，盖亦文法、诗调之类也。又尺牍、楹联、诗钟、谜语，近世皆有专刻，宜总为小品一类。词为诗余，曲为词余，尺牍为书简之余，楹联亦词赋之余。诗钟，诗之支；弹词，曲之支。谜语远起六朝，亦不得以为无足道。《成相》《隐书》，《七略》固已附之于赋矣。明以来制举之文，亦宜增一目，说详《收俗书篇》。制艺不入经部，以制举之文体实兼承经义、曲剧，而又备有策论、诗赋之质也。焦循论之详矣。凡此诸种与诗文，皆文之一体，无分崇卑。诗文则以别集、总集分目，而诸体则以体分目者，非标准之歧出也。此部本当以体分，诗文之不可分，乃以本多合编者，录者无由剖割耳。此诸体则本多不入别集，宋人词集虽在集中，而多有单行本，固可别编矣。其在集中者，亦当互注于此。

今议定集部门目共五类：一曰楚辞。二曰别集。三曰总集，分断代、限地、通选、专体、义类、人联、事联七目。四曰词曲，分词别集、词总集、南北曲。五曰制艺。六曰小品。七曰评说，分文评说、金石例、诗评说、词曲小品评说、词曲谱、词曲韵、杂说七目。

## 收俗书第十四

夫部类因书而立者，有是书，即有是类，所以斤斤于部类者，为使书之皆有得其所而无遗也。乃自来有有其类而无其书，或且失其类者，郑樵尝有《编次失书论》，讥《唐志》失气候、射覆、轨革之书。夫衰微之学，隐僻之书，不传失载，亦固其宜。乃有盛传于时，充溢于市，而为著录家所不取者，则俗书是也。

夫讲章乃经解之流，平话乃小说之变，曲乃乐、诗之再传，制艺亦文之一体。《四库提要》于讲章、时文及曲，亦论其源流，而讲章则于揣摩举业而作者，概从删汰。曲则惟录品题、论断之辞及《中原音韵》，而曲文不录。时文则悉斥不录，而止录钦定四书文，以为标准。孙诒让《温州经籍志·叙例》亦不收《琵琶记》及时文，谓使野言诡说不淆文史。此之所见，亦隘甚矣。讲章之中，岂无发挥经义之作？其体虽陋，其言安可概非？至于时文、平话、曲辞，尤为一代之文。以体论之，小说为杂记所滥，佳平话反为真小说。诗体为牵率所坏，反不如佳曲之能道情。炜烨谲诳之体、广博易良之教，在此而不在彼。以时论之，则元之曲、明之时文，乃与汉赋、唐诗、宋词同为一代菁华之所萃。其境广，其词精，足以知人论世，犹过其时之古诗、古文。故王圻《续文献通考》收《西厢记》《琵琶记》。《千顷堂书目》以制举时文附于总集。高儒《百川书志》以传奇入于别史，皆知其体之重，不可没也。即使其体未宏，于时未重，而既有此体，即有源流，有工拙。而一时之意指、事实，亦即有寓于其中者。如六朝以来之谜语、宋以来之尺牍、明以来之楹联、近世之诗钟，以及俚曲、村歌，罔非天地间一种文字，不可得而废也。《提要》谓讲章如浮沤，随起随灭，不可胜数。其实著作关乎风气，即宋之诗话、杂记，明之小品、玩赏书，近世之考证书，亦何非浮沤哉？亦惟慎择之而已，不闻没之也。《提要·凡例》曰：文章流别，历代增新。古来有是一家，即应立是一类，作者有是一体，即应补是一格，斯协于全书之名。故释、道外教，词曲末技，咸登简牍，不废搜罗。然二氏之书，必择其可资考证者，其经忏章咒，并禀遵论旨，一字不收。宋人朱表、青辞，亦概从删削。其倚声填辞之作，如石孝友之《金谷遗音》、张可久之《小山小令》，初以相传旧本姑为录存，并蒙指示，命从屏斥。观此，则削除诸作，乃由徇一时之上意，固非著录之通裁矣。夫家藏目自可随所好恶，选目自可任其弃取，若总目、专目，则当无所不收，不容有所废置。盖著录者学术之公，即使其书乖谬至极，犹当如曾巩所谓明其说于天下，使人皆知其不可从。况《琵琶》为古今奇作，传奇乃温郡特长，而孙氏竟弃之，其暗于大理甚矣。

# 镕异域第十五

部类既定，尚可增减乎？曰：所贵乎部类者，为其不可增减也。章氏常言，闻以部次治书籍，未闻以书籍乱部次也。以书籍之多寡而增减部次，是乱部次也。夫部类因书而立者也，有是书，即当有是类。古无今有，人事之常。现在无增，安保将来之无增？《七略》之时，地理书未多，乃附于形法。《隋志》之时，类书、书抄、簿录、杂技未多，乃附于谱系。杂家、小说、兵家后世则当增矣。然所增者，皆于大体中，自有位置，非增之以破大体也。故纲目易增，而类不易增也；类可增，而部不可增也。自《唐志》以降，则多妄增所不必增矣。《旧唐志·序》言，昔之《七录》四部，部类多有所遗。此则后世著录家通有之谬语。核《唐志》之所增，曷尝果为不可不增者哉？不明部类，不知统系源流之何属？姑妄增之，以求无不可收，不知本有所归，而以为前无此部，乃后世著录家之通病。由是而七略、四部不能通合，部类乃多重复滥乱之弊矣。

夫今所定之目，固以华夏之书言也，若异域之学，统系与吾不类，将何以处之邪？释教之书，自南齐时，别录其经论于华林园，不与四部同编。故王《志》录诸七《志》之外，阮《录》因之，别为外篇。《隋志》亦止录都数于四部之末，至《旧唐志》始入之于道家。此殆用道士化胡之说，固非通论，其学固子家，入之子可也。而并其传记亦录之子家，则非也。吾已辨之于《定体篇》矣。且幸而所录乃释教一教之说，向使印度古史诗及五明诸书悉皆输入，亦将悉归释家，而列之子部乎？

夫佛教之书虽多，要其所究为一事，犹纯而简也。今西洋之书则繁矣。《四库提要》尝以利玛窦、庞迪我、艾儒略宗教格言书入杂家。其时输入之书犹少，今则多矣。西洋目录部类，以勃郎、杜威为有纲目条理。今观其部类，勃郎氏所分，一宗教及哲学，二历史及地形，三传记，四辞典丛书，五社会学，商学在内，即生计学。彼之生计以商为主也。六科学，七美术及娱乐，建筑学在内。八应用技术，建筑法、工农家政均在。九语言及文字，图书馆学书目，《提要》附。十诗及戏曲，十一小说。集合著作杂志之不在他类者附此。杜威氏所分，一总记，目录、图书馆、百科全书、丛书、杂志、新闻纸均在。二哲学，心理、伦理均在。三宗教，四社会学，有风俗。五语学，六自然科学，七应用技术，八美术，园艺学在内。九文学，小说在内。十历史。地理、游记在内。以比观于此土之七略、四部，则此土所有者彼皆有之，而彼所有者此土多无之。于是人多欲改此之部类以从彼，以为彼以义分，此以体分。体分承七略，乃一国之私；义分据自然之标准，乃天下之公。故彼之类足以该此，而此之类不足以该彼。此论似是而实非也。彼亦有史传与文艺，是亦以体分也。若以义分，则彼史家、文家所持之主义固非一矣。至谓义分乃天下之公，则事理情之殊，记载与著述之别，又何非天下之公邪？且审观之，史、诗二类，固彼此之所同。彼之史体，正《尚书》之类也。文字、语言、小说、戏剧，亦皆此之所有。所不同者，乃在此之子与彼之诸学耳。此少而彼多，此统于经而彼不然，此不足以该彼，而彼足以该此者，专在于是。是自有故焉。明乎其故，则知彼固不能用此之法，吾亦不能弃此而从彼也。盖书籍之部类依于学术之系统，而彼此之学术有根本之异。彼之学由物起各别而究之，始于自然，中及社会，近乃及于心理。其统系之立甚迟，至孔德始有学术统系。其大体由分而合。此之学则由心起一贯而究之，举一宗旨，则论人生如是，论政亦如是。乃至生计、艺术罔不如是。其统系之成甚早，其大体由合而分。由此而一一比观之，宗教之经与佛经同，而不与六经同，盖专记教者之言行而非事理之总记也。其仪式则制度耳，其理论术数则子家耳。自然科学，彼之专长，此之谱录不足以当之。应用技术，此虽有之而不盛，然而非无其部类也。至于社会科学，如政治、法律、生计、教育诸科，即此方礼学、律学、兵学之类，而此之书不如彼之专详。哲学、伦理适与诸子范围相当。而本体论、认识论、美学、心理诸端，此亦不若彼之专详。然而诸子文集则皆及之矣。其不专详者，以为末而非本耳。故彼之长在专精，而此之长在总合。此之书常见其为何家，而多不能名为何学，是故彼用此之部类，则多不能该，而此用彼之部类，亦多不能析。然则将奚处邪？曰：宜沿别集释氏之法，别立西学一门，使自成统系。史、志则依《隋志》例，收入四部，文艺则增一门于集部足矣。向使印度偈颂早入中华，当亦如是例也。若文字，则《四库·小学类》固已收华夷译语矣。

或曰：西化既通，华人竞效，九流既衰，后此当变为分门之诸科矣。华人著述将多，岂可仍使在西学部中乎？且此诸学科皆天下之公，非如佛止印度之一家也，岂可如佛藏收支那撰述之例，仍归之西学乎？曰：是说有理。如是，则当以社会、政法、养教诸学入于制度类中，而别其小目，政治立于典要之中，法律入刑，教育、生计、社会入户，哲学、美学、心理则增类于子部。如是，无不安也。

或曰：既混而编之，则经不足以统之，何不直用西人法之为整齐乎？曰：此又不然。用西法则旧书多不可归，吾已言之矣。经虽为吾华所专，此固世界最古之书，非他方所可比。且以吾华人编目，自当有主客之辨。若西人编目，则以华经散之史、子可也。且子以为西人目录果整齐邪？美学在哲学中，而艺术皆以为原理；自然科学之于应用技术，应用技术之于美术，皆互有出入；而哲学家书，亦常有贯论社会问题，与吾华同者；诸科专史之当互注，史、子又相类也。盖学术系统固相牵连，而记载著述亦不可严划，吾固屡言之矣，乌有截而齐之目录哉？

# 匡章第十六

　　章先生发明《七略》，功越郑樵，近古以来，未尝有也。别裁、互著二法，特标精意，诚不刊之论，而主持太过，至伤体义。又校雠之学，贵别门类，溯王、阮，正晁、陈，穷源竟流，微特郑所未详，章亦未详。故其于《汉志》所无者，稍加分隶，便成谬误。至于考证不详，尤多有之。今举五条而匡正之。至其误疑《汉志》，已具《汉志余义篇》中，兹不复说也。

　　一曰主张、互著太过，失体义之轻重也。互著之例固善，然不可太零碎。今《汉志》明著省刘者，固是互注，其仍复见者，篇卷不同，非必一书也。黄绍箕《跋古文旧书考》曰：章氏意善矣，而所以为说则非。刘《录》互著，惟兵家类有十种，与儒、道、墨、纵横、杂家彼此互见。盖刘向校九流，任宏校兵书，同一书而有两本，各有司存，因两著之，未必别有深意。《汉志》记掌故，而辄为省并，此班氏之疏也。此说是也。章氏此义因书有易混与相资，为用而发，夫易混而混，自是辨体不明耳。相资亦当有限制，若广言无限，则群学固莫不相资，安能一概互注？学者类求，自当旁通，又岂能于一类之中备其所资哉？盖书有体，有用，二者或不相符，而本用之外，复关涉于他类，互注之法，乃以济此。其于旁涉，当限于本、具二用者，不当广言相关。章氏于此，殊未明析。如云《列女传》当互注于《诗》，夫群书引《诗》断事者何限？皆互注之，无乃太滥乎？又谓贾谊书当互见法家，因论儒与名、法相资，儒不为荣，法不为辱，其论甚美。然二家固根柢绝异，贾生乃兼此二家，非二者本相资。若沿此而广言相资，则九流同出官守，何非相资者邪？《韩诗外传》《吕氏春秋》《虞氏春秋》《新序》《说苑》乃经说，诸子之兼取属辞比事之教者，非本《春秋》之体。司马迁专论《春秋》家学，故旁及吕、虞，不可为著录之法。诸子之书固多衡论古事，庸可一概互注邪？章氏谓诸书皆当互注，《春秋》已稍泛滥，乃又谓班氏未习史迁叙例。按：班不言并省，是刘本未互注，何可妄诋邪？夫体自体，用自用，著录自当依体，以定其本类，互注者于本类之外，他类复存其名耳。本类为主，存名为宾，是有轻重焉。存名者但注云见某部而已，如吕、虞诸书，本诸子也。《春秋》类中，但当存其名。今章氏不曰入之诸子，而曰吕、虞之书当附之《春秋》而互见诸子，一言之间，失其轻重矣。

　　二曰主张别裁太过，致似编类书也。昔之裁篇别出者，大都本是单行。黄绍箕《跋古文旧书考》曰：章氏意善矣，而所以为说则非也。《史记索隐》引《别录》云：《三朝记》并入《大戴礼》。《三国志》注《艺文类聚》引《别录》又云：今在《大戴礼》。是知《三朝记》旧有单行本，非刘氏裁出也。然刘氏自有裁出者，小说家《鬻子说》十九篇，本注云后世所加，此为《别录》原文，盖旧与道家之《鬻子》二十二篇同为一书，刘氏以为后世所加，故裁归小说。又有《伊尹说》二十七篇，本注云其语浅薄似依托；《黄帝说》四十篇，本注云迂诞依托。此二书旧亦并附于道家。《伊尹》五十一篇及《杂黄帝》五十八篇之内，为刘氏裁归小说家，与《鬻子说》例同。此书章氏所未及详也。此说虽似臆揣，而实有理。章氏所举别裁之例，多裁所不当裁。如《尔雅》《释天》《释草》，记名物之书，非天文、农家专门也。若《释草》可入农家，农家固不止草，《释木》亦可入矣。医家亦需草、木，二篇又可入医家也。邹子说阴阳乃虚谈，非实测，未可入之天文专门。《无逸》者，周公告成王重农之意，《豳风》者，歌咏农事，《小正》《月令》不专为农言，皆非专门农家，不可别裁。惟《吕览·辨土》《任地》等四篇，乃真古农家遗言，可仿《戴记》之例裁出耳。要之，别裁一例，当以专门，本可单行为主，其为全书一类者，不可轻议裁出。若如章氏之说，虽自辩为非类书，其弊不至似类书，不止割《尔雅》之分篇，冠专门之首简，不似类书而何似也？

三曰收《七略》所无，位置未当也。《补校艺文志》篇中，于《七略》所无者，为议所归，意甚善也。而所说进退失据，惟谓《七略》当附名家，差无大背。谓律令当附法家则非也。律令，官守也。法家，私门也。以源附流，与其所持论矛盾。《尚书》已有《吕刑》，律令岂原于法家乎？司寇所掌刑以辅礼，当附之《官礼》甚明。章氏《汉志诸子篇》中，固已发明礼、刑相关之义矣。又谓章程当别立政治一门。《汉志》无政治，当援高祖、孝文《传》之例附儒家。此亦甚谬。既用《七略》之法，《七略》以六艺统群书，安得别立政治？后世书目称故事，称政书，无政治之称，臆撰名目，已不安矣。故事、政书，源于《官礼》，章程虽细，抑亦《考工记》《司马法》之伦，其宜附《周官》甚明，何必援高祖、孝文《传》之空言非实迹者以为例乎？章氏论二《传》当附《尚书》，已驳于前。今又以章程相例，则章程固礼之别也，又何以处二《传》乎？章氏修方志，仿《官礼》而创立掌故，夫岂不知章程之为《官礼》，此岂其初年之说欤？何其不类也。补之不当。乃谓《汉志》疏略，由于书类不全。夫既以六艺、诸子为纲，而条别官守，六艺不可增为七也，讥其不全，将补何目？置之何处邪？吾谓章先生虽昌言宗刘，实正知推原官守之旨，而未知《七略》之完全，故一则曰缺政治，二则曰缺故事。既知《仪注》出《礼》，而但曰史部为《春秋》家学，既知《司马法》本《礼》，而又谓律令当附法家，皆其未达之证也。

四曰持源流之论太过，颠倒虚实，混淆部次也。章氏谓尹咸未能推诸术数之原，证之于六艺，是也。而谓阴阳、蓍龟以下，皆当附六艺，则过也。纵云官守之遗，已成私门授受，不得复合矣。于术数中明其源流可也，何必尽取术数之书，附之六艺后哉？兵法、医方，亦是官守，何不并讥任宏、李柱国乎？又章氏因议律令、章程，遂广张其说，以道器分编先道后器之说，章氏发之甚当。但止宜于兵书、术数、方技，若六艺、政典则不可施也。律令及故事诸门，皆有私家空论，论乃由制而生，若谓先道后器，则论反居制前矣。夫岂六艺、诸子先后之义乎？章氏欲取申、韩家言列于律令之前。吕、董之说部于故事之首，若如其说，则何必分六艺、诸子充其类？管子之书，当先于《周官》；邹子阴阳，宜先于三《易》也。乃至地理一门，亦欲用形家之言冠首，岂不谬欤？

五曰误讥班氏也。章氏每谓班氏不当并省部次，删《七略》之《辑略》，诋为不知雠校之学。并省部次，班不能辞其咎。删去《辑略》，则未可诋班也。黄绍箕曰：章氏执刘法以绳班。余谓刘、班二家之法判然不同，未可混而为一。刘氏第录一书，必取可览观者。又合中外众家书，删并复重，乃始定著，付缮写，盖颇有所抉择去取，实则删定之业也。曰校雠者，谦不敢承耳。班氏则史也，其所撰《艺文志》，簿录家也。当时儒臣之校集，广内之弆藏，于是乎征之存掌故而已。刘以辨章学术为主，故以《辑略》冠首。班以记录掌故为主，故分散《辑略》，附于各目之后。颜师古所谓诸书之总要是也。貌同心异，微旨具存，义各有当，非苟焉而已也。

其他考证未详。如《尔雅》所辨，只六经之名物，不可归名家，后世考据家已不纯于辨名。经解自为经说，义理考据兼有，非为辨名，而章氏以为宜入名家。词曲、小说，本自殊途，曲以曲为主，不与小说相出入。儒家空言经解依经，儒家偶一说经引经，不得入经部。若既无宗旨，又偶说经，此乃杂记，不得入经解儒家。章氏说书之易淆者，举小说、词曲、经解儒家，亦未审也。至其于古书失考误说，不明诸子流派而妄论，尤颇有之，兹不毛举。

章氏所撰《和州志·艺文书》全用《七略》法，其大体之不可从，说详《四部篇》。其中犹有谬误当举正者。其《尚书》类附奏议，谓凡诏诰、号令及章表、笺疏，皆当入《尚书》，旧入集、入故事皆非。此说谬也。《尚书》既为因事名篇，特中载诏令奏议，或以诏令、奏议为一篇耳，安得以诏令、奏议属《尚书》？马、班书载马、扬辞赋，可谓辞赋当隶纪传乎？其《贾山传》载《至言》，亦以一文为一篇，可谓子家当隶纪传乎？章氏发明《尚书》，至为精卓，何至此而反视为总集邪？又于谱牒类，谓《七略》以《世本》《汉大年纪》属《春秋》，后世谱牒当知渊原。然《春秋世历》谱牒之书，乃入术数，专列历谱一家。疑谱牒之法，古者历官所掌。此又骑墙模棱之辞，已所不解。竟若《七略》亦进退失据者，诚大谬也。《世本》兼记居作，非谱牒也。《汉大年纪》《春秋世历》二书今不见，无由臆度，然必一属纪事，一属历法，必非同体而两处皆可入也。其纪载一类，大名已不安，而所分子目，地理、方志、谱牒、目录、故事、传记，先后无义，全变古法。地理、谱录，明为《周官》支流，岂若故事之本《官礼》，传记之本《春秋》，方志之为完体哉。《隋志》之法，何可妄更也？末为小说、传奇二目，尤为谬妄。其说曰：《七略》列小说于诸子，亦取其一家言耳。然小说之体有二：叙琐屑之事，记载之属也；汇丛脞之谈，诸子之余也。此亦谬也。小说本纪事而有宗旨。其无宗旨而漫记琐屑，或参议论，乃后世杂说，不得为小说，不得并立为二。且琐屑之事、丛脞之谈二语，亦不足以别之也。《汉志》所录小说《青史》《虞初周说》，何非记事？而乃以其记事，悍然入之于史，则是子部可无小说家矣。

其于传奇，则曰：传奇体有二，无词曲者即小说之末流，是演义之属也。有词曲者乃优伶所演，源本乐府，而事通小说。此又谬也。传奇之名起于唐，本指小说，至明乃移以指曲耳。曲本诗与乐之末流，但取材于小说，不可谓通。演义、平话乃真小说，而非旁支小说，已不可附史部。况又混曲于说，而并牵之入史乎？其以文集入儒家，已不安矣，又以制艺附于儒家。制艺者，讲疏之支流，而兼辞赋之体，岂可入之子部？既知其肇于注疏，而乃引《贤良策》《盐铁论》以为比，彼策论之发挥己意，岂制艺之伦哉？其谓考证书当入名家，已不安矣。乃又推及诗文评说，谓文史家言条别源流，辨名正物，乃名家正传，而收《韩文年谱》《陶诗考异》。夫诗文评说既非辨名正物之例，而年谱之系事，考异之校文，更非评说之科。溷而列之，言无归宿，可谓非强凿乎？乃谓唐后附评说于集为忘本。夫评说之原，锺、刘之作，岂与古之名家有相类者邪？此直不知名家而妄论也。至于起居、时政、编年、纪注，而以为当属《尚书》，尤不待辨矣。观其所分与所定史考之例，往往矛盾，殆初年未定之论也。

# 序目第十七

校雠之学，俗士罕明，门目不定，则入书杂乱别裁，互著亦无所施。章氏探源而不通流，纪氏节流而未知源。存古不能通今，救今或背于古，遂使此学芜秽不治。徒执郑、章之书，不得辨章之用。恭承启发，勉究源流，大义创通，全体具举。撰《通古今》第一。

古今既通，四部可治。先立四义，七略遗意于是不亡。撰《治四部》第二。

用七略法以治四部，后起杂书，无当于四部，不可强附别为外编，有厕图而堂室可理矣。撰《外编》第三。

分类当有标准，曰体，曰义，而体为尤要。后世著录，往往标准歧出，或执义而害体，遂多纠纷，章氏于体犹疏，况乎余子？体既定而出入之间，可无疑矣。撰《定体》第四。

《七略》者，义例之宗。章氏发明，乃见端绪，尚有误驳遗漏者，拾而明之。撰《汉志余义》第五。

七略变为四部，禅变之迹，不可不明，明而后可以存七略于四部。撰《溯郑荀王阮》第六。

《隋志》始定四部，而七略未亡。后世承用四部，而《隋志》

乃亡。一线之传，在于是矣，溯古救今，明其微意。撰《明隋志》第七。

旧、新唐二《志》渐失《隋志》之意，罪之魁也。自此以降，私家目录不胜举驳，姑论史志。撰《唐宋明志》第八。

郑樵独言校雠，开章氏之先，而言多偏弊，不知门目。虑后生之误信也，撰《纠郑》第九。

纪氏《四库提要》节流之功伟矣，而不知《七略》《隋志》之意。具纠之，而参以章、张之说，因议四部细目，定其门类，自以为校雠之学至此定矣，不知后世之信否也。"四库"《经部》《史部》《子部》《集部》第十、十一、十二、十三。

门目既定，包罗无遗。昔有当收而不收之书，著录者之蔽也。解之以明著录之公。撰《收俗书》第十四。

今之门目，乃依华书而定，异域输入，似不能该而实能该，不必更张也。详辨之而后四部乃定。撰《镕异域》第十五。

章氏之识大矣，而有未足，论亦多疏，恐世之误沿也，举五条以匡之。此书续章，非攻章也。故以《匡章》第十六终焉。

夙好目录，推重纪章，上下探索，如有所立，爰续章书，以究斯业。始事己未年十一月十九日，人事牵扰，十日而稿成。成之日，吾生日也。生盈二十三年矣。越九年戊辰，授目录学于成都大学，创编讲本，因更定此书，旧本《辨簿录》第十四，《取孙强》第十五，全易之，首二篇未足，则加之。《纠郑篇》碎乱，则整之。余亦有所修补，旧说至此乃成具矣。至于簿录体别编次小例及求书辨名之法，章氏书第一卷所讨论者，已详《目录学》中，此皆不及。使二书相备修定凡八日，五月十一日毕撰《序目》第十七。

弟子 仁寿刘焜明　仁寿王庆桢
　　　双流李克齐　双流罗体基
　　　华阳李泽仁　简阳熊光周
　　　三台张勗初　罗江杨致远
　　　成都邓自仁　华阳廖士正
　　　剑阁赖天锡　双流陈华鑫

旧 书 录

# 旧书录 庚申十二月

河间献王多得古文旧书，司马迁言成学治古文，古文即旧书也，所谓故书雅记也。顾炎武谓得明人书百卷，不如得宋人书一书。戴震谓书略旧便有几分好处。谅已著述成体，莫盛于隋前。既经五厄，存于今者，才十之一，佚文可考，亦不过十四五耳。今之版本家得宋人书希见者，已宝之矣。其考佚图存，乃反详于唐后而略于隋前。庄珍艺氏撰《载籍足征录》，盖有志焉，而仅及《汉志》六艺。今仿其例而略其词，为例五。一曰考篇目之存佚。不以篇论者乃论卷，皆书其见数。二曰记真伪。略记数语，皆取确考而戒多疑，显为伪作，有主名则不录。三曰录校注。取古者精备者，后胜前则录后，注本多者不录。四曰录辑佚。取整而多，足见大体者，其零碎不录。经子已略具马国翰《玉函山房辑佚书》，史部略具章宗源《隋经籍志考证》矣。五曰别裁其丛杂。可单行者列其篇目。一例二例有前人未详须畅论者，别仿子政《别录》及庄氏之例为别录。凡录者三：曰《汉艺文志》，曰《隋经籍志》，曰二《志》所未录。二《志》皆官目，不得无遗漏，非可以不录为伪也。不录者二：曰依经训诂，曰诗赋文集，以其皆有专书也。朱氏《经义考》，严氏《上古至隋全文》。于学者有一便焉，一览而可知古书存数也。于学者有一戒焉，舍古书而致力于近世末流短书也。

考辑古书逸文者

  经部则

  小学书则 慧琳、玄应《一切经音义》，希麟《续华严经音义》①。

  地理则 《太平寰宇记》

  史部则 《三国志注》 《通鉴考异》 《世说新语注》均有引用书目。

  子部则 《意林》 《群书治要》

  小说则 《太平广记》

  群书则 《玉烛宝典》 《珮玉集》 《籯金录》 《艺文类聚》原本 《北堂书钞》 《初学记》 《白孔六帖》 《事类赋注》 《太平御览》有引用书目。《册府元龟》 《文选注》

经传记录古者经外皆为传记。

  《周易》十二篇经,《彖传》上下、《象传》上下、《文言传》上下、《系辞传》上下、《说卦传》、《序卦传》、《杂卦传》。

  《古文尚书》五十八篇东晋梅赜奏上本。《尧》《舜》典当合为一。《顾命》《康王之诰》当合为一。《太甲》《盘庚》《说命》三篇实一篇。《泰誓》伪。《武成》讹脱。

  《毛诗》：《国风》十五 《小雅》七什 《大雅》三什

---

① 希麟所作为《续一切经音义》。

《颂》三《小雅》当分八什，内亡诗六篇，共存三百五篇。毛氏二十九卷，旧次不传，庄述祖曾定。

《周官经》五篇

《春秋经》十二篇

以上周公、孔子所定。

《论语》二十篇古论但多分一篇，齐论多《问王》《知道》二篇，《说文》《初学记》引。

《孔子三朝记》七篇在《大戴记》中。洪颐煊注有逸文，见丁氏《佚礼扶微》。

《曾子》十篇本十八篇，存此在《大戴记》中，内《制言篇》分上中下，实八篇。《大孝篇》一节入《祭义》。阮元注。《孝经》《大学》《曾子问》及《大戴·王言》疑皆《曾子》之篇。曾国荃辑《曾子家语》，于遗言最备。

《孝经》一篇今古文无大异。　《子思子》本廿三篇，洪颐煊辑，黄以周集解。《中庸》《缁衣》《坊记》《表记》皆出此。

《孟子》七篇　《外书》四篇非真。

《春秋左氏传》三十卷

《尚书大传》本八十三篇，存本残阙，其分篇之目不可考。陈校本八卷，王校七卷。

　《洪范五行传》一篇完可别行。

《书序》一篇秦汉间经师所传。

《仪礼》十七篇出于鲁淹中，非周公之旧。

《考工记》一篇　《司马法》五篇本百十五篇，中有记，今不可尽别。孙星衍校本有逸文。张澍注。

《记》：《大戴》三十九篇　《小戴》四十九篇本记百三十一篇。又《明堂阴阳》《王史氏》《曲台后仓》，共六十三。《大戴》本八十五，今仅存此。《大戴》与《小戴》重复者《哀公问》《投壶》二篇。除重并别出《曾子》《孔子三朝记》共六十五篇，别有详条。《大戴记》周卢辩注，孔广森补注，王树楠校正。吴文起考中有辑遗句及《王度记》剩文。诸篇逸文均丁氏《佚礼扶微》卷二辑。《乐记》逸篇，庄述祖说似是。

《周书》五十九篇　《序》一篇本七十篇。晋孔晁注止四十二篇。别有详条。

《弟子职》一篇在今《管子》中。庄述祖集解，王筠正音。张□写定。

《客经》一篇　《礼客语》一篇在今贾谊书中。《客经》后半非经，《客语》即传也。

今合诸传记定周人书如下：

《尚书》之流：《武王践阼》　《度邑》　《作雒》　《皇门》　《尝麦》　《祭公》　《史记》　《芮良夫》

《官礼》之流：《夏小正》　《时训》　《谥法》　《王会》《内则》　《仪礼》十七篇　《考工记》　《司马法》

《逸礼》存者五篇　《遗文》九篇　《弟子职》　《客经》

《韩诗外传》十卷无篇目。赵恒玉校并辑佚文。周廷寀校。

《董子春秋》七十九篇本八十二篇，《繁露》乃其一篇之名。卷六以后，多不说《春秋》。卢文弨校，凌曙注，刘师培辑佚文。《求雨》《止雨》书别出。《山川颂》词赋之流。

《白虎通义》四十四篇陈立疏注。

许慎《五经异议》

郑玄《六艺论》一卷辑本。皮锡瑞疏证。

《逸礼》三十九篇《七录》云已亡。丁晏《佚礼抉微》第一卷辑，今依录目《投壶》等五篇，已见上。王仁俊云：《大戴》本或称《逸礼》。

《天子巡狩礼》　《王居明堂礼》古大明堂之礼。《朝贡礼》《军礼》按：此当以《司马法》补。《祫于太庙礼》祫于太庙礼。《烝尝礼》《中霤礼》以上丁辑。

《迎礼》　《鲁郊礼》以上二篇丁辑，误入佚记。《学礼》贾谊疏引，丁未辑。

《补飨礼》诸锦。　《补肆献祼馈食礼》任启运。皆集三礼，未精。

《逸记》王仁俊谓《尔雅》即在《记》中。核之体例，甚合古之记，固该有经说诸体。丁晏《佚礼抉微》卷二辑。

《五帝纪》　《号谥记》谥法记。《亲属记》即《尔雅·释亲》。《别名记》辨名记。疏云：《大戴》。

《王度记》疏云：《大戴》。《别录》云：淳于髡等所说。《三正记》《王霸记》　《大学志》

《昭穆篇》政穆篇。《瑞命记》　《明堂月令说》按：《周书》中《周月》《明堂》二篇亦似是记。按：丁氏未知经、记之分，所辑记中往往有经体。又经、记古多相连，如十七篇后多附记，故《奔丧》诸篇亦不尽经，是当以记附经，不宜别出。丁氏所辑，尤多混杂。小说训诂及非书篇者，今皆不录，详辨于《别录》。丁书卷三，辑诸记佚文不知篇名者。

拟《公食大夫义》　《士相见义》　《投壶义》均宋刘敞。

诸纬赵在翰辑《七纬》。马国翰辑书以下。

《河图》黄奭辑。

《洛书》同上。

《易纬乾凿度》二卷丁杰辑补，以下均郑玄注。《通卦验》二卷《稽览图》二卷钱塘考正。

《是类谋》一卷 《辩终备》一卷又《乾坤凿度》二卷、《坤灵图》一卷、《乾元序制记》一卷，均伪。张惠言有《易纬略义》。

《尚书纬》马辑六种。《中候》郑玄注。

《诗纬》三种陈乔枞集证。

《礼纬》三种 《乐纬》三种

《春秋纬》马辑十五种。

《孝经纬》马辑九种。

《论语谶》八种

以上古传记。

《尔雅》三卷十九篇本二十篇，序篇亡，《诗正义》引数语。周汉间儒者所记，递有增益。

《尔雅图赞》四十八篇郭璞。严可均辑。

《小雅》一篇今在《孔丛》中。胡承珙义证。葛其仁疏证并辑佚文。

《急就》一篇汉史游。孙星衍校定。唐颜师古注，宋王应麟补。钮树玉校定，皇象本。

《仓颉》又名《三仓》李斯《仓颉》，赵高《爰历》，胡毋敬《博学》，扬雄《训纂》，贾鲂《滂喜》，班固《太甲》《在昔》，杜林《仓颉训纂》，张揖、郭璞《三仓训故》皆在此中。孙星衍辑三卷，诸可宝、陶方琦补辑二卷。

《𫐐轩使者绝代语释别国方言》十三卷钱大昕谓即《汉志·别字》十三篇。卢文弨校，戴震疏证。

《释名》八卷二十篇汉刘熙。江声疏证。

《广雅》十六篇十卷本三卷，后人析。魏张揖。王念孙疏证。

《埤仓》同上。陈鱣、任大椿辑，二卷。

《辨释名》一卷吴韦昭。辨刘熙《释官》篇。任大椿、马国翰辑。

蔡邕《劝学篇》马国翰辑。

《千字文》一篇梁周兴嗣。

《说文》十五篇

《字林》七卷晋吕忱。任大椿考逸，叙录一卷，诸可宝、陶方琦补一卷，附录二卷。

《玉篇》三十卷梁顾野王，宋人重修。

《声类》魏李登。任大椿、陈鱣辑，各一卷。

《韵集》晋吕静。同上。

《通俗文》服虔。任大椿辑，二卷。

以上小学书。


《太史公书》百三十篇亡《武纪》《日者龟策列传》，褚少孙补。中有褚少孙续记。宋裴骃《集解》、唐张守节《正义》、司马贞《索隐》、梁玉绳《志疑》、张文虎《札记》。

《汉书》百二十卷唐颜师古注。王先谦补注。

《东观汉记》本百四十三卷，四库馆辑二十四卷。

谢承《后汉书》本百三十卷，汪文台辑八卷。

司马彪《后汉书》本八十三卷，汪辑五卷。《志》三十卷梁刘昭补注。

华峤《后汉书》本九十七卷，汪辑二卷。

范晔《后汉书》九十卷唐章怀太子注。惠栋补注，侯康续。

陈寿《三国志》：《魏书》三十卷　《蜀书》十五卷　《吴书》二十一卷宋裴松之注。梁章钜旁证。

晋王隐《晋书》本九十三卷，汤球辑十一卷。孙星衍辑《地道记》一卷。

旧书录

晋虞预《晋书》本四十四卷，汤辑一卷。

晋何法盛《晋中兴书》本七十八卷，汤辑一卷。

梁臧云绪《晋书》本百一十卷，汤辑十七卷，补遗一卷。

沈约《宋书》百卷

萧子显《齐书》五十九卷本六十卷，脱去序例。

魏收《魏书》百十四卷凌廷堪音义。

魏澹《魏书》惟存义例，在《北齐书》本传。

《十六国春秋》百卷魏崔鸿。明人辑本无表，汤球重辑又别本十卷，即《隋志》之纂录，汤球校。

以上纪传文。

《穆天子传》一篇六卷晋郭璞注。洪颐煊校。亦琐语之类，是秦汉间书。

《汲冢纪年》今行二卷本，钱大昕定为宋人伪书，董沛曾辑群书所引为《拾遗》六卷。

荀悦《汉纪》三十卷

袁宏《后汉纪》三十卷

干宝《晋纪》本二十三卷，汤球辑一卷。

习凿齿《汉晋阳秋》本四十七卷，汤辑三卷。

晋邓粲《晋纪》本十一卷，汤辑一卷。

孙盛《晋阳秋》本三十二卷，汤辑三卷。

宋檀道鸾《续晋阳秋》本二十卷，汤辑二卷。

梁裴子野《宋略》存叙论，严可均辑。佚文未辑。

陈何之元《梁典》同上。

以上编年史。

《国语》二十一篇《汉志》及《汉书·司马迁传赞》《史通》均云左丘明

撰。吴韦昭注、董增龄《正义》、汪远孙《发正考异》、顾广圻《校宋本札记》。

《世本》十五篇 非尽古史官之旧，不皆可信。章宗源考为两本，一在周代，一在楚汉之际。洪贻孙辑成十卷。

《战国策》三十三篇 刘向所校定，今实缺一篇，分析以合旧数。汉高诱注只八篇。顾广圻《校宋本札记》。

《奏事》《汉志》注曰：秦时大臣奏事及刻石名山文。今存秦刻石文泰山、琅邪、之罘、东观、碣石门、会稽凡六。又二世到碣石、会稽刻石及峰山刻石。

《古文琐语》本四卷，马国翰、严可均辑，各二卷。

《楚汉春秋》九篇。茆泮林辑一卷，洪颐煊辑。

《蜀王本纪》扬雄。本一卷，严可均辑。

《伏侯古今注》本八卷。茆辑一卷，马国翰辑一卷。

《越绝》二十篇十五卷 本廿五篇，汉袁康撰。有佚文。

《吴越春秋》十篇十卷 汉赵晔。徐乃昌校，元大德本，附逸文。

《帝王世纪》十卷 晋皇甫谧。宋翔凤辑，钱深塘续补辑一卷并考异。

《帝王要略》吴环济记帝王及《天官》《地理》《丧服》。今存佚文，记官服。马国翰辑一卷。

《华阳国志》十三篇十二卷 晋常璩。顾广圻校，顾观光校勘记，有阙文，见《御览补》。

《邺中记》晋陆翙。本三卷，四库馆辑一卷，中有搀杂。

以上杂文。


《汉礼器制度》叔孙通。孙星衍辑。

《汉旧仪》卫宏，本四卷。孙辑二卷，补遗二卷。

《汉官解诂》王隆撰，胡广解诂。本三篇，孙星衍辑。

《汉官仪》应劭，本十卷。孙、严辑均二卷。

《汉官典职仪式选用》蔡质，本二卷。孙辑一卷。

《汉仪》吴丁孚。本一卷，孙辑。

《谥法》三卷孙星衍辑。

蔡邕《琴操》二卷出唐前。刘师培补释。　《独断》一卷

马第伯《封禅仪记》存《续汉礼仪志》注中，四十九条合一篇，严辑。

干宝《司徒仪》严辑。

以上政书。

《孔子家语》二十一卷王肃注。经肃增窜，非尽伪，沈钦韩说是。中《五帝》《郊问》《庙制》三篇似肃撰。全同《戴记》者十四篇。孙志祖疏证。

《晏子春秋》八篇刘向所定，孙星衍校并音义，黄以周校勘记。

《列女传》七卷续一卷分七篇，颂自为一篇，今散附各传后。汪梁端校注。

《列士传》刘向，本二卷，待辑。

《列仙传》二卷旧题刘向，本三卷。王照园校。孙绰赞，严可均辑。郭元祖赞，道藏本全。

《三辅决录》赵岐撰，本七卷，晋挚虞注，张澍辑二卷。

《益部耆旧传》陈寿，本十四卷。国学院辑一卷，又附辑杂记。

《襄阳耆旧传》习凿齿，本五卷。任兆麟辑三卷。

《圣贤高士传赞》嵇康撰，宋周续之注。严可均辑一卷。

《高士传》皇甫谧。今三卷，后人辑。缺一人，多二十人，当依《御览》删正以合原数。指海本附佚文。

《列女后传》同本六卷，待辑。项原《列女后传》、杜预《女记》、虞通之《妒记》均宜辑附。

《晋诸公别传》汤球辑，七卷，《隋志》传略诸公叙赞。

《神仙传》十卷葛洪。《汉魏丛书》本不全。

《竹林七贤论》晋戴逵。本二卷，严可均辑，尚有遗漏。

《高僧传》十三卷　《序录》一卷梁慧皎。

《同姓名录》一卷梁元帝。

《东方朔传》本八卷，待辑。

《管辂传》本三卷，待辑。

《曹瞒传》一卷严辑。

《诸葛亮五事》晋郭冲。《三国志》注全。

《真诰》七篇陶弘景。

《周氏冥通记》一卷

以上传记。

《山海经》十八篇本十三，刘向定，其子歆增五篇。晋郭璞注，毕沅校正，郝懿行笺疏。

《图赞》二卷郭璞。郝校。严可均校辑。

《晋大康三年地记》孙星衍辑，一卷。

《水经注》四十卷后魏郦道元。王先谦合，戴震、赵一清校注。

《三辅黄图》一卷毕沅校，补遗一卷。

晋周处《风土记》本三卷。严可均辑一卷。

嵇含《南方草木状》一卷

宋释法显《佛国记》一卷

郭缘生《述征记》本二卷，待辑。

《荆楚岁时记》一卷梁宗懔。有佚文。

魏杨衒之《洛阳伽蓝记》五卷吴若准集证。注混入正文。

以上地理。

《竹谱》一卷宋戴凯之。

《刀剑录》一卷陶弘景。窜乱不真，且疑伪托，但在唐前。

《鼎录》一卷虞荔。亦有后人窜入。

《七略别录》本二十卷。马国翰、严可均辑五卷。

《七录》阮孝绪。存叙录。凡《隋志》言梁有即《七录》。

《古画品录》一卷南齐谢赫。

《书品》二卷梁庾肩吾。

《续画品》一卷陈姚最。

以上簿目。

诸子录凡诸子书称上古者,皆依托其传,非伪造也。又多由其徒记录,其徒语杂入其中。其称某人书,皆非其人手撰。不分家,但别小说术技。

《荀卿子》三十一篇刘向所定。唐杨倞注,王先谦集解。《劝学》《礼论》《哀公》入《戴记》。

　　《成相》三章,依顾广圻定章句。　《赋篇》凡七篇。

《公孙尼子》本二十八篇。马国翰、洪颐煊各辑一卷。《乐记》别出。

《鲁连子》本十四篇。马国翰、洪颐煊、严可均各辑一卷。

《内业》一篇在今《管子》中,本十五篇,说类道家。

《孔丛子》廿一篇出东汉,递相附益,非伪。有佚文。《小尔雅》别出。

　　《孔臧赋》《又书》上下篇均附,末称连丛。

《阴符经》一卷经文非李筌所能伪,注则皆伪。

《鹖子》十四篇本二十三篇,此出唐前,非伪。严可均以《治要》校定为三篇,并辑佚文。

《管子》七十六篇本八十六,亡,目存,刘向所定。唐尹知章注,洪颐煊义证,戴望校。有佚文一节,见《文选》注。

　　《经言》九篇,皆简整。

　　《外言》八篇,凡记其言者,皆称管子及桓公问。

　　《内言》九篇,前三篇及第九,均记管子事。

　　《短语》十九篇。

《枢言》六篇，第五《内业》别出。

《杂篇》十三，亡五。第十《弟子职》别出。《地员》乃农家书。

《轻重》十九，亡三。

《解》经言解四篇，枢言解一篇，体如衍义。

大抵皆后人所录，经言纯是管语，余则多推衍，又杂入他书，别有详条。

《老子》《七略》载傅氏本三十七篇。《牟子理惑》亦云然，今本八十一章，严校古本一卷。王弼注，河上公注，亦出唐前。

《老子指归》六卷汉严遵。非伪本，十四卷。

《文子》十二篇较《汉志》多九篇，全袭《淮南》书。守山阁校本。

《关尹子》九篇盖唐前道家作。严可均校。

《庄子》四十九篇《内篇》七，《外篇》廿八，《杂篇》十四。外、杂多其徒之词。晋郭象注，郭庆藩集释。逸文《困学纪闻》采。

《列子》八篇晋张湛注，唐殷敬顺释文，任大椿考异。附益搀杂，非本书。

《杨朱》杨朱遗说，仅存《力命》，亦似杨朱书。

《鹖冠子》十九篇《汉志》只一篇。宋陆佃注。王闿运校。第七、八、九、十四、十五皆称庞煖问鹖冠子，十六、十八竟是庞煖应赵王语。别出。

《黄帝》《汉志》有四经四篇。严可均辑《道言》六条。

《黄帝铭》六篇。今存《金人铭》《巾几铭》。

邹衍《邹子》本四十九篇。马辑遗说为一卷。

《李子法经》六篇在《唐律》中。

《商君》二十四篇本二十九，阙目，存一《立法篇》。佚文见《群书治要》。严可均校五卷。

《申子》本六篇，今篇名可考者二。马国翰、严可均辑，各一卷。

《慎子》五篇本四十二，存者非完篇。又《治要》有二篇，亦严可均校，并辑佚文。

《韩非子》五十五篇严辑，《续汉·律历志》注有佚文一条。顾广圻识误，王先慎集解，辑佚文一卷。

《解老》《喻老》均说老子。

《邓析子》二篇义杂。谭献校文。

《尹文子》二篇汉末仲长氏所撰定，篇名亦后人分题，义杂。守山阁校本。附逸文。严可均校。

《公孙龙子》六篇本十四篇，宋谢绛注，严可均校。陈澧注。

《惠子》本一篇。马国翰辑一卷。

《墨子》五十二篇本七十一篇，阙目存八。《汉志》列诸墨弟子后，以其出于墨徒也。孙诒让《间诂》及附录篇目考佚文后语。

　《经》上下　　《经说》上下

　《大取》　　《小取》皆名家言。晋鲁胜注。《经》及《经说》称《墨辩》。

　《备城门》以下二十篇皆禽滑釐所授守城法。在《汉志》兵技巧家。

《鬼谷子》十二篇二篇无书。《唐志》题苏秦本乐壹注说。陶弘景注一卷。《说苑》载佚文一条。《内符言篇》即《管子·九守》。

《尸子》十三篇本二十篇，存者亦非完篇，又经黄初中人续成。汪继培辑注二卷。

《吕氏春秋》二十六篇十二纪，纪各五篇，序意一篇，八览各八篇，第一览缺一、六，论各六，小篇共百六十。毕沅校，梁玉绳校补，徐时栋杂记。《当染》取《墨子》，《孝行》取《曾子》，余亦杂采诸子，内有《子华子》五则。

　《先己》前半伊尹说。

　《音律》即《乐记》说律。又《仲夏记》中，《大乐》《侈乐》《适音》《古乐》四篇及此下《音初》《制乐》《明理》，疑皆出《乐记》文。

　《荡兵》以下八篇疑古兵家书。

　《本味》后半皆伊尹说。

　《正名》后半皆尹文说。

　《上农》　　《任地》　　《辨土》　　《审时》中二篇称后稷，皆古农家言。

《范子计然》叶德辉考定，《汉志》宰氏即计然，姓宰氏，字文子。本十五卷。马辑三卷，上卷为《越绝书》中三篇。洪颐煊辑，亦三卷。

《孙子兵法》十三篇本八十二，今存上卷，佚文严可均辑。孙星衍校十家注。明郑友贤《遗说》一卷。

《吴起》六篇本四十八，今本唐陆希声所次。

《庞煖》本二篇，今《鹖冠子》有二篇是煖语。

《黄帝问玄女兵法》本四卷，严辑。

《太公六韬》存六十篇，乃宋元丰间删定，孙星衍校，孙同元辑佚文一卷。《汉志》：《太公谋》八十一篇，《兵》八十五篇。注谓为太公术者所增加。严可均辑《六韬》佚文及《阴谋》《阴符》《金匮》《兵法》《决事》《占阴秘》。

《握奇经》一卷盖出唐人，张惠言校并正义。原解、赞皆伪。

《黄石公三略》三卷出隋前。《素书》伪。

《尉缭》二十四篇本三十一篇。伪书。

《蒯通》本五篇。马辑遗说五篇为一卷。

《陆贾新语》十二篇非伪。严校《治要》本。

《贾山》一篇在本传。本八篇。

《贾谊新书》五十六篇本五十八，亡，目二存。卢文弨校定为其徒所集。《保傅》《傅职》《胎教》入《大戴记》。《容经》《礼容语》别出。

《礼》说礼。　《春秋》说春秋。

《修政语》上下皆古帝王语。

《立后义》说礼。《辅佐》篇六，与《孔子三朝记》《千乘篇》大同。自首至《铸钱》题下皆注《事势》，盖皆取奏疏。自《傅职》至《春秋》，《先醒》至《道德说》则注《连语》，《傅职》以下四篇皆奏疏。《礼》以下至末，则非奏疏矣。其注《连语》者，《春秋》以上述礼，《先醒》以下则空论。《先醒》篇首称怀王问于贾君，盖以下皆傅梁时说也。《大政》《修政语》题下无注，《礼容语》《胎教》《立后义》则注杂事，又皆述礼者也。其编次亦非漫然。

《河间献王书》志有《对上下》《三雍宫》三篇。马辑《说苑》四条。

晁错《新书》本三十一篇。存五篇及零条。马辑一卷。

《徐乐》一篇 《庄安》一篇均见本传。

《淮南鸿烈》内二十一篇汉高诱注，内有许慎注。外篇亡，有佚文。

《天文训》钱塘补注 《地形训》 《时则训》 《兵略训》此皆本古书。

桓宽《盐铁论》六十篇明张之象注。张敦仁考证。

《氾胜之书》本十八篇。洪颐煊辑，马辑，均二卷。

《新序》四篇十卷 《说苑》二十篇廿卷卢文弨《群书拾补》校并辑佚文，严可均辑佚文。《群书治要》中尚有《新序》佚文四条。二书本采古书以成文，或据此以议《韩外传》为搀杂，《家语》为全伪，皆非也。

扬雄《太玄》十卷原本仿《周易》经传，各自为卷，今不可考。

《法言》十三篇序一篇，列后。晋李轨注，秦思复校。

《州箴》十二篇 《官箴》廿一篇本廿五，崔骃、胡广等补成《百官箴》。今存。崔骃四，崔瑗七，并叙。崔寔二，胡广二，并《百官箴》序。

桓谭《新论》本十七卷，十六篇。严可均辑三卷，以己意分为十六篇。

《参同契》五卷朱熹《考异》一卷。

曹大家《女诫》七篇本传。

王充《论衡》八十四篇本八十五，阙目。存。

应劭《风俗通义》十篇本不知几篇。卢文弨校。严可均辑佚文六卷。有《音声》《论数》《氏姓》《灾异》四篇。钱大昕、张澍各辑《氏姓篇》逸文一卷。

王符《潜夫论》三十五篇 《叙录》一篇汪继培笺。

崔寔《政论》本六卷。严可均辑一卷。

又《四民月令》一卷严辑。

仲长统《昌言》本二十四篇，存三篇及零条。严、马辑，均二卷。

荀悦《申鉴》五篇明黄省曾注。以《治要》校，有缺佚。

《牟子》一卷牟融。名《理惑论》。

徐干《中论》二十篇本二十余篇。以《治要》引，有佚文。陆心源定为《复三年丧》及《制役篇》。

曹丕《典论》本五卷。存篇名十三。严辑一卷。

刘廙《政论》本五卷。存八篇。严辑一卷。

魏刘劭《人物志》十二篇凉刘昞注。《汉魏丛书》本缺注。

杜恕《体论》八篇，自叙一篇。严辑。《笃论》本四卷。同。

桓范《世要论》本十二卷。同。存篇名十四。

蒋济《万机论》本八卷。同。存篇名三。

嵇康《养生论》本三卷。存一卷及《答难》。

吴陆景《典语》本十卷。严辑一卷。

姚信《士纬》本十卷。马辑一。

张俨《默记》本三卷。同。

晋傅玄《傅子》本百四十卷。四库辑存一卷，严可均补辑二卷、补遗二卷。篇名可考者二十六，并自叙。

袁准《正论》本十九卷。严辑一卷。　《正书》本廿五卷。存七篇，附佚文，严辑。

杨泉《物理论》本十六卷。孙星衍辑一卷。

崔豹《古今注》今本虽仍三卷，与唐马缟书相混，不可考原本。

虞喜《志林新书》本三十卷。严、马辑，均一卷。

葛洪《抱朴子内篇》二十篇　《外篇》五十篇严可均校并辑佚文。《外篇》佚篇名二。

符朗《符子》本二十卷。严、马辑，均一卷。篇名可考者二。

《博物志》十卷非张华书，搀杂不可别。

291

《述异记》非任昉书,同上。

郭义恭《广志》本二卷。马辑。此亦博物之类。

齐萧子良《净住子》卅一篇 王融颂。纯为释教。

齐张融《少子》又名《门律》。马辑一卷。

顾欢《夷夏论》一卷马辑。

梁元帝《金楼子》十四篇 本廿卷。宋人见十五篇,今存,亦多阙,四库馆排比之。

魏甄鸾《笑道论》严辑。

魏贾思勰《齐民要术》十卷 凡九十一篇,首有杂说一条,末卷无篇名,记异物。陆心源藏残宋本,可校正。

齐刘昼《新论》五十五篇。卢文弨《群书拾补》校。陈昌齐正误。

周卫元嵩《元包》五卷 唐苏源明传。

隋王劭《读书记》本三十二卷。马辑一卷。此与虞喜《志林》为后世考证书之祖。

颜之推《家训》二十篇。卢文弨校,赵曦明注,李详补注。

杜台卿《玉烛宝典》十一卷 本十二卷。

以上诸子。


《燕丹子》一卷 非伪。

《汉武帝故事》一卷 张柬之谓出于王俭。不完。

《汉武帝内传》一卷 非班固书。守山阁校本,附外传校勘记。

《西京杂记》二卷 葛洪辑。卢文弨校。

《汉武洞冥记》四卷 《隋志》题郭氏撰,不言郭宪。晁公武乃引宪自序,恐因宪有方术事附会之。

《神异经》一卷  《十洲记》一卷 均依托东方朔,出六代。

郭璞《玄中记》马辑一卷。

《拾遗记》十卷秦王嘉撰，梁萧绮录。

《异苑》十卷宋刘敬叔。

《搜神记》三十卷晋干宝。

《搜神后记》十卷陶潜。非真。

《齐谐记》宋东阳无疑。本七卷。马国翰辑一卷。

《续齐谐记》一卷梁吴均。

《还冤志》三卷颜之推。

魏邯郸淳《笑林》马辑一卷。

晋裴启《语林》本十卷。马辑二卷。《世说》取之甚多。

晋郭澄之《郭子》本三卷。马辑一卷。亦《世说》所采。

《世说新语》卅六篇三卷刘孝标注。王先谦校。

沈约《俗说》本三卷。马辑一卷。

以上小说。

黄帝《泰阶六符经》《汉书·东方朔传》注。有阙。马辑。

张衡《灵宪》一篇　《浑天仪》一篇《续汉书·天文志》注。同。

吴姚信《昕天论》　晋虞喜《安天论》　虞耸《穹天论》同。

隋张渊《观象赋》并注

隋李播《天文大象赋》唐苗为注。

《周髀》一卷赵婴注，甄鸾述。

《九章算术》九卷晋刘徽注。　《海岛算经》一卷刘徽注。

《孙子算经》二卷　《夏侯阳算经》三卷　《张丘建算经》三卷　《五曹算经》五卷　汉徐岳《术数记遗》一卷均魏甄鸾注。

《五经算术》一卷甄鸾。

《归藏》自晋传至赵宋，盖汉以上卜筮家遗文。严可均辑一卷，篇目可考者五，附辑古筮辞卜颂。

旧书录

《易林》十六卷旧传焦延寿撰。徐养原、牟廷相定为汉崔篆，丁晏驳之。牟廷相、翟云升校略，丁晏释文。

《易洞林》三卷郭璞。马辑补遗一卷。

《十二灵棋卜经》一卷依托东方朔。见《隋志》。

《黄帝龙首经》二卷 《金匮玉衡经》 《授三子玄女经》各一卷孙星衍校。

《灵台秘苑》周庚季才。本百十五卷。宋人删存十五卷。

《五行大义》五卷隋萧吉。

《淮南万毕术》本一卷。叶德辉辑。

《清闲止雨书》《董子春秋》中二篇。马辑一卷。

《白泽图》本一卷。同。

《瑞应图》本三卷。同。

《黄帝内经素问》七十九篇廿四卷本八十一篇，亡，目存。《汉志》：《内经》十八卷。此乃王冰所得。胡澍校义，黄以周校注。

《灵枢》八十一篇九卷沈钦韩谓即《隋志》之《针经》，九卷。《唐志》称《九灵经》。陆心源、黄以周说同。

《黄帝八十一难》二卷

《黄帝内经太素》三卷本卅卷。 《内经明堂》一卷本十三卷。隋杨上善。

《神农本草》校宋本三卷。即《汉志》神农、黄帝食禁。严可均说。

《伤寒论》三卷 《金匮要略》三卷汉张机。

《华氏中藏经》一卷 《甲乙经》十二卷皇甫谧。

《肘后方》六卷葛洪。 《脉经》十卷王叔和。

《褚氏遗书》一卷，南齐褚澄。

《巢氏诸病源候论》五卷隋巢元方。

《宅经》三卷 《葬书》二卷古说相传，非出黄帝、郭璞手。

魏卫恒《四体书势》四篇马国翰辑。

王羲之《笔经》严辑。

魏邯郸淳《艺经》马辑一卷。

晋虞潭《投壶变》同。

以上术技。

《楚辞》十七卷屈赋二十五，宋赋二，景差赋一，贾谊、淮南小山、东方朔、严忌、王褒、刘向、王逸各一。汉王逸《章句》。

挚虞《文章流别论》本二卷。严辑。

李充《翰林论》本三卷。严辑。

《文选》三十卷李注，离为六十。张杓等序注。

《文心雕龙》五十篇十卷黄叔琳注，李详补正。

《玉台新咏》十卷徐陵撰。冯舒校。

锺嵘《诗品》三卷

《弘明集》十四卷梁释僧祐。

以上文集。

# 旧书附录

# 旧书附录

隋以前书，吾既分别存逸撰录其目矣。唐人书今传者亦少，而佳者尚多，宋以来书芜矣，而近世佳构独多，欲明著述之体，必有取焉。就吾所知，严择而录之，皆抗衡唐前者也。夫评论著述当三分，一曰义，二曰体，三曰词。义者宗旨也，非是尧非桀之常谈也。体者源流也，因义而定。词者，因体而定。雅俗疏密，各有所宜，非可以一家之法概也。有义无词，宋人语录是也。有词无义，明人赝古书是也。要皆不明体之故，盖源流之不讲久矣。目录家知方而不知圆，但知考证排比，而不知树义。词章家知圆而不知方，但知命意运词，而不知成体。区区之意，欲合论之，各缀数言，亦校雠之要务也。

学须才、学、识，即校评著述，亦须才、学、识。求其宗旨派别，是为识，章实斋先生开之。考证篇目，校订文字，是为学，近代诸儒擅之。识其文字，是为才，谭复堂能之。复堂承章先生，又兼通八代词派，故其评最精。至于韩退之所谓识古书真伪，则大言耳。而桐城家奉以自矜，专以其所传文法求之，岂有当乎？退之不通小学，不长考证，又不识源流，于兹事不足与也。

正史体例，非数言可究，别说于《翻史记》，小说别有撰论。

宋朱子《诗集传》　《论语集注》　大学、中庸、孟子《章句》①

> 朱子说经用杜预法，不著前人本名。其训极矜慎，古今罕及者。《四书》注引杂说，则列之圈外，有汉人分别故传之遗。不能定，则曰未闻。其徒蔡沈作《书传》，犹仍其法。后世往往以圈外之说诋朱子，苟矣。

陈奂《诗毛氏传疏》　孙诒让《周礼正义》

> 近世考据家新疏，二家最善。陈坚栗，孙详密。

宋刘敞《士相见义》　《公食大夫义》　《投壶义》

> 补《礼记》，词义俱仿《礼记》，甚醇美，朱子亦称之。

宋刘敞《春秋意林》　庄存与《春秋正辞举例要旨》

> 皆仿董子。刘无家法，庄则发挥《公羊》。词旨尤笃厚，不似后来之诡纵也。庄氏于诸经皆有说。龚自珍、谭献尝明其讽刺时事之旨。盖自宋以来，说经而寓时政者多矣。

宋叶时《礼经会元》　郑伯谦《太平经国之书》

> 分散《周官》之文，立篇目以贯串之，近于汉人之记，兼引史事，意在时用，亦汉儒之遗。虽不为精卓，亦告朔饩羊，论经说者所宜取也。

明黄道周《孝经》及《礼记五篇集传》《洪范明义》

> 推衍经义，广引旁证，亦汉人外传及说之遗。旨在匡君，尤为醇笃。《孝经》引记为大传，已说为小传，虽

---

① 孟子为《集注》。

无前例而纲目粲然。《礼记五篇》稍为粗率。

## 王夫之《诗广传》

明黄省曾拟《诗外传》，全仿韩婴，《四库提要》诋为学步邯郸。然依经立议，古人非不可学，但黄氏言非有物耳。此书过之远矣。

## 惠士奇《诗说》　《礼说》

条说经义，始于宋人。近世好搜古义，条说滋多，琐碎无大体。惠氏，搜古义者之宗也。其书或辨诂，或说义，多能引申，不为烦杂。

## 戴震《七经小记》　金鹗《求古录礼说》　黄以周《礼书通故》

近世考据家说经多烦碎不成体。戴氏，考据者之宗也。《小记》分篇总举，欲仿《戴记》，篇篇可单行，虽未成书，见文集者尚多。其词密栗，殆非惠氏所及，六朝礼议之高者，可仿佛焉。金氏虽未能如《戴记》，而专治《三礼》，分篇说之，每事原原本本，详密可观。黄氏篇分条系，文密而雅，在戴之下、金之上。

## 龚自珍《五经大义终始论》

文仿匡、刘，贯串雅密，义虽不周，文可匹徐干。

## 南唐徐锴《说文系传》

全仿《易十翼》，贯串之功，过于乃兄。

## 宋胡宏《叙古千文》　龚自珍《五百字》

自仓颉以下，诸古字书皆贯串成文，雅丽可诵。胡书意存劝戒，朱子称之。龚书托之韩熙载集王羲之字，与周兴嗣《千字文》无复者，盖自造也。胡书雅，龚书丽。

### 朱骏声《声母千文》

朱氏撰《说文通训定声》，取诸声母字编为《千文》，词亦工雅，可授学童。

### 孙诒让《名原》

近世援金文以考字形者，义多穿凿，书复碎杂。此书分篇系字，体仿《尔雅》，说词慎密。孙氏考据之文，雅密无伦，其集名《籀庼述林》，极可观览。

### 宋李如圭《仪礼释宫》　沈彤《释骨》　孙星衍《释人》

皆仿《尔雅》。近代若此类文甚多，可辑为一编。

### 唐韩愈《顺宗实录》

亦是当时实录常体，附传诸臣，词笔雅健。

### 宋尹洙《五代春秋》

欧阳修《五代史·本纪》，书法即资订正于师鲁。师鲁，治《春秋》者也。是书与欧《史》并称，亦有缺略之讥。

### 宋司马光《资治通鉴》及《目录考异》　又《稽古录》

上继《左传》，体例最精，去取详慎，以资治为宗旨。后世或举其缺略，皆本所不取也。《稽古录》乃纳诲之书。

### 宋刘恕《通鉴外纪》

恕佐司马光修《通鉴》，是书旨意稍浅，而去取体例亦详密。

### 宋王偁《东都事略》

前人推颂者多。复堂评义法简实四字，足以尽之。

列传分合皆不苟，论仿欧阳，虽稍冗而皆有志。

**宋郑樵《通志》**

功在发凡起例，章实斋发之。

**邵廷寀《东南纪事》 《西南纪事》 温睿临《南疆逸史》**

记明末南事之书甚多，邵传史学，其最善也。温氏网罗最多，亦有法，其次也。

**周济《晋略》**

意旨深笃，重民命，详地势。体虽异乎马、班，而词直追乎蔚宗，沈、萧而降，盖不能及也。近代史学家多尚考据，一二考修前史者，徒以补苴表志为长，不足称也。

**章学诚《湖北通志稿》**

先生所修诸志皆不存，独存此稿，大体犹在。

**谢启民《广西通志》**

虽不及章氏之绝美而略有史法，以整赡为长。后来修方志者皆用之。其书体例，实本胡雏君所定，雏君固章之友也。

**宋袁枢《通鉴纪事本末》**

创体有合于《尚书》，实斋发之。朱子称其部居门目，始终离合，皆曲有微意。

**马骕《绎史》**

创同表书，但未贯串，不脱编类之习，然兼存图表，例尤可取。复堂称其条件各有意义。

**唐吴兢《贞观政要》**

兢本精记注，文笔整洁，异体中之佳者，本以辅实录。

魏源《圣武记》

词笔茂纵。

王闿运《湘军志》

自谓凌铄陈、范。

唐王方庆《魏郑公谏录》

仿《晏子春秋》。

明王世贞《嘉庆以来首辅传》

弇州本熟掌故，文章亦颇拟古，命意本善也。

邵廷寀《思复堂集》

实斋极推之，谓文集而有子家之意。又谓诸传皆史法。

章学诚《庚辛亡友别传》

实斋史才，此见一斑。

吴德旋《初月楼闻见录》

仲伦本桐城派文家，专记逸人畸行，与其秀笔相称。

王闿运《今列女传》

三篇全摹刘向。

陈澹然《江表忠略》

记粤寇时死难臣民。依地分篇，系人为传，钩贯牵连，词笔酷摹司马迁，劲动可观。

宋司马光《涑水纪闻》　王栐《燕翼诒谋录》

宋世记事之书甚多，大都碎不成体，琐近小说，惟温公是书为拔萃。乃欲作《通鉴后纪》之底本，每条各注述说之人，《提要》谓为当日是非之所系。谭复堂谓旨与《通鉴》略同，非小说比。王书悉弃稗说，专取祖宗成宪，以著鉴戒，亦其次也。

## 明唐顺之《广右战功录》

宋以后成篇记事书，罕可采录，单篇多狭局，成书又下劣。此篇文笔，亦前后数百年所罕。

## 宋李格非《洛阳名园记》

感念流风，寓意深笃。小地志之不苟作者，可继杨衒之《伽蓝记》，但词逊其秾秀耳。自后南宋诸人如孟元老、周密之书，皆其流也。雍、乾间，浙中名士好搜宋、元稗说，亦多作小地志，则无谓矣。

## 宋罗愿《新安志》

宋人地志，多简雅而有旨者希。是书雅洁出群，而意主道政事。自谓儒者之书，具有微旨，不同钞取记簿。

## 明顾炎武《历代帝王宅京记》

亭林弟子李霈述其师语曰：大意在总论，余皆粉饰太平耳。亭林又有《莹平二州地名记》，盖亦经营西北之志。传记寓意，人所共知，地志立旨，人所罕晓。此书虽词未高妙，存之，足见地志之不徒考证也。

## 徐松《西域水道记》

仿《水经注》。近人李详曾摘其佳句。

## 唐陆贽《奏议》

义攀王佐，词亦无偶。

## 《唐六典》　《清会典》

政书成体，上承《周官》，简实严整，他代莫及。

《唐律》《唐礼》，亦后世所宜法也。

唐杜佑《通典》

　　故事议论，分部为二。体极详赡，集六朝礼学之成，非马氏《通考》所能及。

宋司马光《书仪》

　　私家仪注，出于《士礼》。唐前之作不传，是书最古，简质有古意。

宋王应麟《汉制考》

　　自序慨念先王，文极深美。近世考据家好搜佚典，多无旨意，皆推原伯厚，而实未能法其意也。

强汝询《汉州郡县吏治考》

　　论议深美，善言掌故，有应劭之逸风，非考据家近工搜证者比。

唐陆羽《茶经》　宋欧阳修《洛阳牡丹记》

　　修洁可喜，小谱录之祖。明以来不胜屈指矣。

宋宋祁《益部方物略记》

　　仿郭璞《尔雅》《山海经图赞》。

明陈贞慧《秋园杂佩》

　　短条记碎物。文颇秾秀，但稍俳侧。条条皆有寓意，侯方域作序发之。

宋曾巩集中诸书序　庄述祖《载籍足征录》　龚自珍集中诸最录

　　向、歆以后，校雠不明，题跋之文，徒为小慧。子固抗希子政，其序篇篇有意。庄氏志在部勒古书，考证议论，多见别裁。龚氏词笔坚洁，亦有取也。

钱泰吉《曝书杂记》

　　随笔零条，语甚琐琐，而首尾次第，具有意旨，亦可异也。

唐谭峭《化书》

　　唐世子家之杰，刘禹锡不及也。晚唐文人好作短文，辑而录之，亦称一子，其可取者仅矣。

宋李觏《潜书》　《庆历民言》

宋周敦颐《通书》　张载《正蒙》

　　周书可并《中说》，张书举义尤宏。

司马光《迂书》

　　温公尊扬雄，著书多仿之，此仿《法言》也。北宋诸公多作格言，此其杰也。

宋苏洵《权书》　《衡论》　其子轼《志林》

　　明允强劲自孙武出，纵横兵家之绪也。子瞻初学纵横，晚好庄、列，《志林》晚年之笔，最为高妙。文势变幻，有似庄周。

宋无名人《子华子》

　　赝托古书，词旨颇厚。宋以来为子书者，大抵小慧零条，如此成就，已可贵矣。

宋叶适《习学记言》

　　义偏驳而词简劲，虽零条而有宗旨，实相贯串，亦近代所罕。陈亮《纵言》不及也。

宋朱子、吕祖谦《近思录》

　　编次去取，皆极精慎。《子钞》《意林》不能及也。

宋邓牧《伯牙琴》

　　　　笔势酣纵自然，包倦翁称之。

明刘基《郁离子》　宋濂《龙门子凝道记》　叶子奇《草木子》

　　　　刘、宋齐名，言皆有物。叶书似琐而实浑成，复堂称其根极理要，不在刘下。

贺贻孙《激书》　唐甄《潜书》

　　　　贺道家，唐王学。词旨偏至，能完其说。

胡承诺《绎志》

　　　　自比《中论》，无不及也。惇笃成就，并时无偶。明末人多作子书，实少卓然成家言者，黄宗羲、王夫之犹不能也。是书又在贺、唐之上矣。

汪缙《二录》

　　　　颇近贺、唐。文笔清泚而善往复。

包世臣《说储》　《两渊》

　　　　《说储》改定制度，词甚雅洁。《两渊》仿孙武。

龚自珍《塾议》　汤鹏《浮邱子》　魏源《默觚》

　　　　龚奇酷。汤纵博。魏仿韩婴，稍肤矣。

顾炎武《日知录》　谭献《日记》　朱一新《无邪堂答问》

　　　　顾之言经世，谭之评书，朱之论学，皆高迥寡俦。札记之中，可当一子者也。

唐元结《文编》　皮日休《文薮》

　　　　文集贵有子意。次山多著子书，散佚不完，拾丛为编而旨无旁出，狷者之文，可贵也。袭美自序其文，仿史子篇叙，尤为不苟。近世俞樾集仿《晏子春秋》为论篇议篇等目，虽不甚安，亦可取也。

**唐孙虔《礼书谱》**

仅存序录。词笔醇雅，唐人之杰。

**戴震《勾股割圜记》**

算书精简，章炳麟称为吐言成典。

**俞正燮《积精篇》 《持素》 《道笑论》**

理初考据极博，文多征引密塞，自成一体，有前后互证之妙，《积精篇》其佳也。《持素》分篇，《道笑》单行，皆甚雅洁，博综九流，贯串非偶。

**唐元结《箧中集》 殷璠《河岳英灵集》**

唐人选诗最精慎者。元主复质，殷扬贫士，序论简妙。

**宋吕祖谦《皇朝文鉴》 元苏天爵《皇朝文类》**

吕书意在治道，旨同《通鉴》。朱子谓其篇篇有意，叶水心曾细评之。苏书更恢阔，多载典章，旨同《通典》。二书皆网罗一代，意在辅史。其他总集限地者，多取辅地志，不胜举矣。

**宋汤汉《妙绝古今》 谢枋得《文章轨范》**

二书选古今文寥寥不备而各有意。汤书意讽时政，谢书可见节概，此选文之别格，亦赋诗言志之遗也。

**唐刘知几《史通》**

严密无偶。宋人讥其论史主简而文不免俗，非也。评论之文，与史殊途，复笔而能曲达，正其不可及处。

**宋范祖禹《唐鉴》**

此谏书也。引事简要，论文惇厚。佐司马修《通鉴》，其文亦司马之伦，北宋文之近东汉者也。

王夫之《读通鉴论》　《宋论》

宋人评史之书，多寓意讽时，后来沿袭，烦滥浅碎。是书亦有因时之言，而论议十七精当，自成家言，有子意焉。

章学诚《文史通义》　《校雠通义》

竟是子家，非子玄可比也。

唐司空图《诗品》

词妙无匹。

明徐桢卿《谈艺录》

仿仲伟之文，议论精简。词笔腴劲，直迫晋、宋。

王芑孙《读赋卮言》

分篇仿《雕龙》。文作骈体，甚雅。

包世臣《文谱》

文雅可单行。

刘熙载《艺概》

义精文简，古今罕匹。

# 内景楼检书记（节选）

# 序　论

　　家资是何物,积帙列梁栺。高斋晓开卷,独共圣人语。英贤虽异世,自古心相许。案头见蠹鱼,犹胜凡俦侣。

　　录皮袭美《读书》诗,为《检书记》题词。

　　旧作此书,欲仿《提要》体,故备述其书卷目录,实则挂一漏万,不足取也。然采注他人评论,颇资检证。今复阅点出可取者,(论体例,考版本)续有所作,不复如前之滥碎无谓,亦以点记之。其有评在书者多可取,册中亦记其目,俟他日删定存之。已见《旧书别录》者,此不更注。有评。

癸亥十一月记

# 经 类

## 《十三经注疏》阮刻 江西初印本

阮氏此校，沾溉后学不少。然校勘记出卢氏宣旬，采取非阮氏全书，而阮氏不久去任，校勘未精。阮子赐卿跋序后已言之。见《揅经室集》

## 《相台五经》

阮文达曰：余校石经时，见其误字，反与明监本同。访之，始知原摹不误，后为武英殿校者所倒改也。《诗续集》自注

## 《双桂堂易学》纪大奎

慎斋本宋学，而说《易》喜言错综，亦来瞿塘派也。

## 《周易镜心》李植坊

戊山先生乃先大父弟子，曾授先子读其著。此书多本先大父说。闻书成呈大父，大父曰：吾已有《恒解》，何用此。然其后列危微图，颇足资警戒。

## 《易学探源》《易象显微》锺瑞廷

薇恒先生亦先大父弟子。此书辑先儒说甚多，亦颇用先大父说。

《费氏古易订文》王树楠

　　徒掇拾字句，用篆体示别致耳。

《萧氏易说》萧德骅

　　见理非不深，而附会立宪，不免干禄。

《易艺举隅》陈本淦

　　附制艺数编，采辑汉例，盖为科举设也。汉学家始明汉例，嘉、道间遂以干禄。大人先生提倡，固宜有此。

《易集解剩义》李富孙《行素草堂经学丛书》本

　　专辑汉、魏说以补资州之遗。宋人所引皆不录，则与他辑汉、魏说者不同例。

《古周易音训》《行素草堂经学丛书》本

　　吕东莱本已佚，仁和宋咸熙从《周易会通》中辑出。吕书多引陆氏音义，借可参证今本字句耳，无关大义也。

《易通释》廿卷、《图略》八卷 焦循

《周易姚氏学》十六卷首一卷 姚配中

　　《续经解》及此鄂刻本均无通论、月令，不知何故。复堂有跋，见日记五。

《今文尚书》王闿运写

　　实□注去其疏耳。司马、郑之说，岂今文哉？孙书已被古今杂糅之讥矣，然犹本曰今、古文《尚书》也，此直云今文，则误矣。自加抉择句读及说，皆多新异而实不安。大抵壬父说经甚高简得体，而审词势少功夫，好新奇而不稳。

《禹贡正字》王筠

　　此鄂宰四种之一。自刻本有此而无《弟子职正音》，章氏《式训堂丛书》又有《弟子职》而无此。

《今文尚书经说考》卅八卷、《欧阳夏侯遗说考》一卷、《叙录》一卷 陈乔枞 闽刊左海续集本

朴园为左海之子,辑录甚详而多蔓衍附会。

《尚书余论》 丁晏《行素草堂经学丛书》本

共□□篇,专论《古文尚书》,为王肃伪撰。不始梅赜,持之甚坚,大都臆断。

《毛诗陆疏》 丁晏校

《未谷集》有书后,多所校补。

《毛诗郑笺宋抄残本》 陈矩藏 灵峰草堂刊本

文字与今本异者加圈,多于今本加点。异者少,多者多,然所多亦不过助字耳。

《诗考》 宋王应麟

近人辑三家《诗》出此,已刍狗矣。

《毛诗重言》一卷、《毛诗双声叠韵》一卷 王筠《式训堂丛书》本

发例最精密,可识双叠重言变化之用。

《毛诗证读》五卷,附《读诗或问》一卷 戚学标 汉州张氏刊

《证读》本顾而明于双声之转,列证亦备,甚便初学。简端间有说诗语,亦多可取。大旨涵泳经文,于毛、朱无所专主也。或间论读法,韵部双声甚通,不拘牵。惜有残叶。

《鲁诗遗说考》卅卷、《齐诗遗说考》十二卷、《韩诗遗说考》十八卷、《外传附录》一卷、《内、外传补逸》一卷,又《序录》各一卷 陈寿祺及子乔枞

考辑三家《诗》此最多,然附会亦甚。

《毛诗郑笺改字说》一卷同上

《齐诗翼氏学疏证》二卷陈乔枞

五始六际，蒋子潇始正其解。见《七经楼文钞》。此书据翼奉传采说以疏证之。

《诗四家异文考》五卷陈乔枞

《毛诗传笺通释》卅二卷马瑞辰

好用假借法。多新奇可喜，而不免诡僻，亦不专主毛、郑。

《三家诗拾遗》范家相

多申其义，不仅校订字句，然颇疏略。

《诗序议》吕调阳

主《序》而不尽从，多用折中说改采众说。无片段，亦未精细。

《韩诗外传校注》十卷周廷寀、《补遗》一卷赵怀玉、《校注拾遗》一卷周宗杭  吴氏堂三益斋合刊周赵本

是书以此校为最善。收庵先校并撰《补遗》。周氏又加细校。其从子宗杭，复以《王氏诗考》对勘为《拾遗》。吴仲宣用周本而摘赵校语。

《诗本谊》一卷龚橙  仁和《谭氏半广丛书》本

龚定庵《杂诗》曰：经有家法凤所重，诗无达诂独不用。我心即是四始心，沉寥再发姬公梦。此语诚确切。孝拱此编承其父说，不主故常，杂用三家，并移易篇第，未为定论也。谭复堂刊传之，亦谓持义有故而已。

与魏默深持论同，叙极佳。分诗谊为五种。

《诗经传说汇纂》

用《朱传》为主而摘毛、郑附于下，若疏说，颇乖义例。

大抵御纂七经，多取宋说，衍论多而诂训疏。

《诗义折中》

自出一说，颇多可取，而改易训诂处，未为确凿。

《诗缉》宋严粲　歧氏虽园仿宋本

宋本，歧元为成都将军时仿刻。胡诗舲诸人校。眉间校语颇细密。

《毛诗动植物今释》薛蛰龙　《粹报》　未完

多杂科学语，恐未可尽信。然自是佳著，惜未全也。

《毛诗韵例》丁以此　《粹报》

近人章氏极称丁著《毛诗正韵》为精密，此其例也。大体可见字韵句韵无不推求矣。

《毛诗古音考》附《读诗拙言》明陈第　武昌张氏刊本

《拙言》中有一条涵泳经文，绅绎义理，举其大凡，至为超卓，陈兰甫甚推之。见《东塾读书记》张廉卿刻此。

《毛诗申义》十卷吴士模　自刊本

晋望武进人，仲伦之族叔也。首有李养一《序》，言诗本无达诂。末有薛子衡《跋》。薛乃梅蕴生弟子。其书主序毛为多，而自出己意疏说，不甚考订。

《诗古微》十五卷魏源　宜都杨氏刊

上编三卷为统论，中编十卷次论篇章，下编二卷为诗广义。引《韩诗外传》及诸子书、王船山《诗广传》为之大要，主于旁通。是书颇不为汉学家所喜。然嘘三家之余烬以攻毛，摆落琐屑考订，独详篇章大义，固卓尔不群矣。杨惺吾此刻乃二次定本。复堂称其言明清，又称粹美。

《诗辨说》一卷 宋赵德 《行素草堂经学丛书》本

是书《四库》已收附，但论大要，如《毛诗》指说。《朱氏丛书》本只收今人。独刊此者，以其少传也。

《毛诗异文笺》 陈玉树

专说假借，非仅考别本也。

《毛诗词例举要》一卷 刘师培 《国故月刊》

但引毛《传》以明句例，矜慎。俞理初尝言诗无达诂，得其句例即达诂。此言极精。惜此编仅据毛《传》。毛不可尽信，未能备说明说。吾尝欲为《诗句例》，不知何时成也。

《毛诗九谷考》一卷 陈奂 《古学汇刊》本

遗稿。凡《古学汇刊》所收书，已各撰有提要，但甚简耳。已见《提要》者不著。

《春秋繁露注》 凌曙

凌晓楼《注》颇矜慎，但引今文家说以申《公羊》之义，于校补未详也。

《春秋公羊传解诂》《穀梁传集解》

山东尚志堂刊，附校勘记，只据殿本岳本耳。成都锦江书院翻刊。

《左绣》 冯李骅、陆浩

评语纯是时文架调，极陋。注只杜林，兼引顾氏《补正》。

《春秋比》 郝懿行

分类抄《春秋》元文。

**《冠经全左》首卷** 宁孝庭辑

宁刻《全经左传》以正俗本之割裂,亦颇善。此首卷二卷,一则纲领及马氏事纬之图,一则全录江慎修《春秋地名考实》。

**《春秋例表》**

王壬秋命其子代丰撰。

**《左传杜注校勘记》** 黎庶昌　陈矩《灵峰草堂丛书》本

莼斋得日本卷子本杜《注》,校今本同异,鲜关大义。

**《春秋述解》十卷** 江维斗

龛南,家宝臣弟子,为先大父再传门人。又执贽于先君子。笃学,年八十余乃卒。幼时曾见之,疏髯古貌老师也。

此书杂采众说,实申先大父《恒解》,故名《述解》。又著有《薇轩杂著诗草》。

**《三传补注》** 姚鼐　《惜抱轩全集》本

考订训诂文句为多,鲜及大义。

**《左传识小录》** 朱骏声

考订训诂,间申贾、服,亦有可采。

**《左传事纬》** 马骕　潘霱刊本

**又有一本附前书八卷** 原刻本

实斋《信摭》有论此书一条甚详。

潘序谓单行本及朝宗书室活字本,皆无附录,故亦未刊附录,即前书也。原刻本有之,与《绎史》行式同。

前书虽不及顾氏《大事表》之详密，自是简明可贵。

《左传补注》惠栋《贷园丛书》本

此书乃《九经古义》外别行，多采贾、服，尚嫌饾饤。

《春秋左传读叙录》一卷、刘子政《左氏说》一卷 近人章氏

《左氏读》未成书，《叙录》专驳刘申受。

《春秋名字解诂补谊》黄侃 《粹报》

所举多订俞氏补之误。

《春秋穀梁传条指》二卷 江慎中 同上

石城江氏，专治《穀梁》，此仅条指，尚有全注。

《公羊逸礼考征》陈奂《行素草堂经学丛书》本

《周礼摘笺》五卷、《仪礼古今考》二卷、《月令气候图说》一卷、《礼记补注》四卷 均李调元

掇拾琐屑，疏文句而已。《补注》补云庄，亦甚寥寥。

《周官精义》连斗山，附《奇字》郎兆玉

多采宋说，亦便读。斗山为校官时编。

《仪礼经注一隅》一卷 朱骏声 《临啸阁群书》本

与《檀氏韵言》体同。联缀经注，以便初学。

《夏小正正义》王筠 鄂宰四种本

尚详细，然尚不及王校《大戴》。

《夏小正注》王闿运

注甚简而多不确。已采录入王校《大戴》。

《夏小正补传》朱骏声 临啸阁群书本

补戴传之训诂。

《大戴礼记补注》十三卷 孔广森补注、《校正》十三卷 王树楠，即《畿辅丛书》本

王校备引诸近儒校订，王引之、汪中、戴震诸家皆采入。

《校正》极详确，集大成，他家皆不及。即《夏小正》篇，注家纷纷，视此皆有讹漏。

《读礼通考》《五礼通考》味经斋合刻

俞理初《存稿》曾订秦考体例之讹。

《四礼翼》明吕坤　朱栻评

从朱氏藏书中抽出，评亦无甚精要，学究家当耳。

《白虎通义定本》刘师培

仅二卷，未完。采逸文甚备。

《夏小正条考》沈维钟　《粹报》

说物象为多。

《深衣考》一卷 黄宗羲　同上

此书《四库》著录而无传本。

《军礼司马法考征》黄以周

《周官集注》十二卷、《周官辨》一卷 方苞　抗希堂原刻

《集注》简要。《辨》十篇，专辨刘歆窜改。

《礼记训纂》朱彬　学部翻印原本

是书训诂矜慎，于郑、孔皆有去取，亦间采宋说，惜未详明，然抉择淘汰以存此，亦不易矣。

《飨礼补亡》诸锦 《行素草堂经学丛书》本

《仪礼奭图》《礼事图》《礼器图》吴之英

沿其师之习，务为高古而实不详析。说经如此，无

益后学也。图亦不精。

《琴操补释》刘师培　《粹报》

　　校正文句。

《孟子外书补注》熙时子注　陈矩补

　　衡山信此书，未免太过。篇名了无义，《注》亦未审真伪。赵氏既定为依托，何可便信耶？《注》多引古书以证书中文句，他书间亦引为《孟子》。然晚出宋人，安知非掇拾乎？

《古本大学旁注》明王守仁　函海本

　　盖从《传习录》后抽刊，注无几也。题为戴圣撰，至谬。

《四书反身录》李容

　　近人盛推此书，而《四库》列之成目。其鞭策处固可采，而肤泛处亦多。二曲以讲学得名，已不免于太邱道广之讥。此书亦多空言，徒讲者必有此弊。

《大学臆古》二卷、《中庸臆测》二卷 王定柱

　　大学从古本。上卷备列宋、明诸家改本，有先大父批。王氏为康、雍间能吏。

《四书释地补》阎若璩原本　樊廷枚补

　　有汪瑟庵《序》。所补间纠阎误，亦多可取。附注多繁，不免策括面目。补中亦间有无关经义之长语。

《孟子字义疏证》三卷 戴震　《国粹丛书》本

　　戴氏自谓平生大本领在此。盖专以情为理，以辟宋儒。偏驳放荡，极为害道。而近人盛推之，噫！

《论语训》王闿运

注甚少。拘守古义，间出新意，以求异而已，于圣贤教人之意无当也。

**《四书经注集证》** 吴昌宗

疏证朱《注》，训诂名物。盖以考据补朱之阙。间亦用清儒说驳朱。有阮文达《序》，《揅经室集》所未载。

**《四书异同商》十五卷、《补订》六卷** 黄鹤

荟萃汉学家及讲章而折衷之，甚详备细密。不录经文，以章节编次，用力甚勤。末附赠联语，殊非体例。

**《四书翼注论文》** 张甄陶　旧刊本　缺三卷

讲章之流，而工力精细，多可取。先大父《恒解》颇采之。经文加圈点，《孟子》录苏批，故曰论文。非法也。

**《四书朱注附考》四卷** 吴志忠、**《定本辨》一卷**、**《家塾读本句读》一卷** 其父英　石印本

《附考》荟众本而订其字句之异同，甚细。志忠即璜川书屋主人也。此五卷本在所刊《集注》后。《集注》本佚，姚得此四卷而石印之。

**《孟子师说》七卷** 黄宗羲　梨洲遗著本

《四库》著录作二卷，此作七卷，依七篇也。

**《中庸补注》一卷** 戴震　《粹报》

抄孤本。戴子高抄，未入《遗书》。

**《论语集注考》二卷** 刘宝楠　《粹报》

专驳朱《注》名物制度之误。盖其撰《论语正义》时之作也。亦稿本，未刻。

**《论语孔注辨伪》** 沈涛　行素草堂本

论何氏《集解》中所引孔《注》为王肃伪作。山阳丁俭卿晏亦有此作而不传。

亦臆断。

《读孟质疑》施彦士 同上

考孟子事实。

《孟子时事略》任兆麟 同上

《四书考异》七十二卷翟灏 无不宜斋原刻

分总考、条考。总考备原流篇目，条考则校文字，极博而密。学海堂仅刻条考。

《郑志》三卷、《补遗》一卷王复辑

《五经小学述》庄述祖

专考训诂，无几条而说繁。小题曰经诂补阙，殆仅其一目，而余不传也。

《五经集解》卅卷、《耕余琐录》十二卷、《附录》三卷、《石经考辨》二卷冯世瀛

采宋说及近考据家说。多抄纂，少折衷。又间袭取人说而不著其名。不录经文，但标句节。《琐录》则四书，《附录》论纬书及经本。壶川亦吾蜀笃学之士，是书后为帖括之需，又名《雪樵经解》。

《玉函山房目耕帖》卅一卷马国翰 附辑佚书本

仿佛惠氏古义，多汉、魏、六朝人旧说。征引连缀而少断制，盖其辑佚书时随手所为也。

《皇朝五经汇解》二百七十卷抉经心室

昔阮文达欲为《经郛》，采考据家说，标经文章句而

分隶之。此书即用其法，所采极浩博。而惜无别择解全经之书，间有一节仅引注疏，未加一语，而此亦编作一条，殊嫌冗乱。盖荟萃众说，本不易整齐精当也。

**《经义杂记》** 臧琳 原刻单行本

玉林固穷经之士，而此书晚出。其玄孙拜经庸编成之，不免自以己意窜入。拜经沿惠氏派，好妄改，守古训多迂僻，不审义理。此书间有之，故来后人之疑也。中多大论，盖系玉林手笔。玉林与百诗同时立说，固守汉儒表章家法。复堂论此书见《日记》卷二。十二页后。

钱警石尝辑一目。

张介侯尝移书在东匡数事。

周荇农闻陶亮芗言，彭甘亭讥拜经学问在衣箱里。盖其出游必挟其祖手稿，有疑，则阴翻之以对人。若然，则拜经之学，全出玉林。然自来言拜经粉饰其祖者多，并阎《序》亦拜经所伪作，盖两说皆不诬也。

**《九经说》** 姚鼐《惜抱轩全集》本

惜抱治经亦兼考证，李爱伯尊汉学，极攻方、姚，亦谓其颇细心。其说细大皆有，而每一篇自具首尾，成文章，无恒饤率易之失，盖古文家所自得也。每篇必题某义说亦仿古书。知此意，可矫零条率语之失。

**《五经同异》** 顾炎武 朱刊遗书本

在《日知录》外者，大都引前人说而少论断。

**《群经识小》** 李惇 原刻本伊墨卿署检

《五经》为正，《三传》为附录，《论语》《孝经》为补遗。皆条举而说。

《经传考证》朱彬　亦原刻本

　　标举章节，校订字句义为多，无通说大义者。

《经义述闻》王引之　原刻本

　　有阮文达《序》。《学海堂经解》采此书未全。末卷《通说》尤要，而亦遗之。复堂曰：《通说》实有眼照古人处。

　　张介侯曾贻书匡数事。

《经传释词》王引之

　　龚定庵曰：古今奇作，不可有二。

《传经表》一卷、《通经表》一卷均毕沅　宏达堂刻

　　名毕秋帆撰，实出洪北江手，《序》亦北江撰，见《北江文集》。而此本无之。此胜明朱氏《授经图》。然亦有误，吴氏《尚书正词》曾抉之。

《刊正九经三传沿革例》成都渝雅斋刊

　　有焦里堂《序》，所谓焦校本也。复堂曰：粤本伍《跋》所举任本误字，鄂刻焦本皆不误也。

《经典释文》附《孟子音义》成都局翻卢本

　　《孟子音义》附《札记》一卷，缪小山荃孙撰。盖时在吴勤惠幕中也。《音义》，《学海堂集》有侯康《跋》，论孔、卢、徐、黄诸本甚详。

《石经汇函》成都局本

　　共十种，顾、杭、翁、孙、严、王、丁、彭、冯、阮诸家论。时代则翁考汉，孙考魏，严考唐，王考蜀，丁考北宋，彭考国朝，加以顾、杭考其源流，冯历补翁、孙、严诸家，附以阮氏专校《仪礼》。清人考《石经》书

备矣。所遗者，一、二未通行之小种耳。

《经义考补正》十二卷 翁方纲　粤雅堂本

零碎举原书条目，助成者丁小雅。

《东塾读诗录》一卷 陈澧　《中国学报》《古学汇刊》

专摘《毛诗》精语，间加说识一二句。篇首有精语常常读之六字。兰甫治经主于涵泳正文，于此可见。《古学汇刊》亦有此，题曰：《东塾读诗日录》。此所载其孙《跋》语，彼作冒广生跋。字句稍有异同，彼出在前。

《先儒论语注比观录》易本烺　同上

取宋儒说过高过深者，以古注比之，末有古注说仁字义。大义谓古注似浅陋，实矜慎。

《学记笺证》卷 王树楠　未完　同上

笺则训诂，证则引西人教育法以附会。训诂多改易古说，盖为附会计也。多专辄穿凿，致失本旨。

《白虎通义补释》一卷、《阙文补订》一卷 刘师培　《粹报》

考字句为多。

《孙氏遗著》一卷 孙诒让　同

皆考订经义之作，密栗是其所长。

《东之文抄》陈潮　未完　同

皆写经跋。申叔谓其染常州刘氏之习，是也。

《用我法斋经说》一卷 江慎中

篇段法明慎平允，非苟为恆饤者比。

《论孔子无改制之事》一篇、《汉古文学辨诬》一篇 刘师培

为驳廖而作。论改制举，甚细而坚。

《诗书古训》十卷 阮元　粤雅堂本

专录诸经及古书中释《诗》《书》之说。经及经师书低正文一格。子家传记低二格。极可备参稽。盖所著《十三经经郛》之二种，惜但抄纂，如《诗》说，不能别白其断章本义耳。

《十三经札记》廿一卷 朱芹 原刻本

芹，上虞人。改名亦栋，号碧山。竹汀弟子。所举多琐屑。谭复堂曰：好以切音求古言，亦是有见。惜读书不少而违别择、昧源流耳。碧山为晓徵弟子，恐未为高足。

《一镫精舍甲部稿》 五卷 何秋涛 淮南局本

一为《易爻辰申郑》，二为《尚书班义述》，皆已单提入《续经解》。复堂曰：祁大夫字说，数行可了，蔓衍以炫俗目。孟子编年，细密过臧镛堂。爻辰亦足申郑，述《禹贡》郑《注》，与陈兰甫相出入，以徇巨公，可取者多。

《朱氏行素草堂经学丛书》 原刻本

朱记荣刻。此其初集，以后竟未刊出。有王葵园《序》。其所刻皆学海堂所未收，惟《九经古义》阮所已收。此用《贷园丛书》本。翻其书，除《诗辨说》《皷经笔记》外，余皆经王葵园刻入《续经解》矣。

《九经古义》 惠栋 行素草堂本

朱鼎父曰：撷拾前人弃置不用之说。其所推衍亦罕精要。

《十三经诂答问》 六卷 冯登府 同上

用稿本雕。冯氏虽专训诂，而说颇矜慎。虽好搜古谊，而能平心别择。郑氏《南献遗征》云十四经，似此当未全。

《驳经笔记》一卷 陈倬　同上

倬为硕父弟子。

《诗纬集证》四卷 陈乔枞　闽刊八种本

专释《诗纬》，盖明齐诗五际六始之说也。证甚详备，陈说亦明。

《古文尚书正词》卅三卷 吴光耀　自刻

历攻梅、吴、阎、段诸家之说，亦不取西河，可谓勇力。虽博辨繁引，未为纯洁，要是言人所不敢言，不意近世有此书也。痛快处甚惬心，已阅过加批。又谓《家语》、《孔丛》、马融《忠经》皆非伪。

《春秋经传日月考》一卷 邹伯奇　两湖书院刻

甚精密，本在学计一得中。

《夏小正文法今释》宋育仁

借《小正》以释句法。谓《小正》为古之小学教科书，以明农为先。举例一篇甚善。而注用王壬父，间自下己说，不尽确。句读亦从壬父，未能细加校订也。

《尚书学》一卷 朱骏声　《国故月刊》

采诸儒说为简明训诂。训诂例极明白。分别本义、引申、假借，详慎不支。用集注法，不著出处，颇便初学。惜未印完。

《春秋夏正》三卷 胡天游　《式训堂二集》

《大戴记正误》一卷 汪中

容甫及朱幕诸人，今校中有章实斋、孙渊如诸人。说多精当。已全收入王氏校正中。

《曾子注释》四卷<sub>阮元</sub>

体例善，解释慎而发明尚少，要足自立。

《仪礼释官》九卷<sub>胡匡衷</sub>

《礼经释例》十三卷<sub>凌廷堪</sub>

《凫氏为钟图说补义》一卷<sub>郑珍图说 陈矩补义</sub>

《仪礼图》六卷<sub>张惠言</sub>

《礼记章句》十卷<sub>任启运</sub>

《四库存目·提要》语甚当，然亦极便学者贯穿综合，不嫌割裂也。

《仪礼私笺》八卷<sub>郑珍 唐氏刻</sub>

《白虎通疏证》十三卷<sub>陈立</sub>

征引详备，便于学者。通义简括，必赖此《疏》。

《礼经旧说考略》<sub>未完 刘师培 《国故月刊》</sub>

《礼记篇目考》一卷<sub>王仁俊 同</sub>

会诸说，简要而不尽确，有评。

《夏小正句例举隅》<sub>俞士镇 同</sub>

《孟子正义》卅卷 焦循

《论语骈枝》一卷 刘台拱
　　　端临本宋学,意本拾朱之遗。此书颇有名,以少见珍,亦无多大义。复堂曰:粹言不少,学有心得者也。

《经义知新记》一卷 汪中
　　　随笔札记。

《通介堂经说》十二卷 徐灏
　　　全用高邮王氏法,可取者多。

《论语后案》廿卷 黄式三　浙局本
　　　黄氏父子经学沉实,而不专标汉帜。自序意推朱子,而拾古注及近说以补之。意取不分汉、宋以求是。备录何氏《集解》、朱氏《集注》而加案语。又有一本,则无何、朱注,名《管窥》。人多以此书为调和之标,然实考订训诂为多。间推义理,义亦多申古注,驳朱注。要之博矣,尽善犹未也。

# 小 学 类

《小学钩沉》十九卷<sub>任大椿</sub> 成都龙氏刻

辑古小学书为一编，始于任氏。共卅六种。盖其考《字林》之余力也。

《小学考》谢启琨 石印本

继《经义考》而作，分训诂、文字、声韵、音义四类。惟未别标字书之类。

《正名隅论》一卷、《小学发微补》二卷<sub>刘师培</sub> 均未完《粹报》

大都发明义生于声之谊。

《仓颉篇辑》三卷<sub>孙星衍</sub>、补二卷<sub>陶方琦</sub>、续一卷<sub>诸可寳</sub>、《字林考逸》八卷<sub>任大椿</sub>、补一卷<sub>陶方琦</sub>、附录一卷<sub>任大椿</sub>、补一卷<sub>诸可寳</sub> 苏局合刻本

孙、任二书，脍炙人口已久。辑小学书，必推二家为祖，以其体例明审也。陶、诸二人，同居黄子寿、苏布政幕中，为续采后出者为补。《字林考逸》江郑堂谓窃丁小雅书，李审言尝辨之。

又一本《孙任陶诸外仓颉补续》一卷、《字林陶补校误》一卷、《附录》一卷、《说郛附录》一卷，成都龚道

耕重刊。所加据后出古书陶、诸未见者为补，并正二家之误。

**《古音复字》五卷、《古音骈字》**明杨慎

抄撮偶成，较《骈雅》《重言》诸书，觉太陋矣。

**《康熙字典考证》卅六卷**

道光校补此书，实王文简主其事。然此考证，只校错误而已，盖于义例不敢有所更定也。惜哉不得展其志。

**《文字蒙求》**王筠

是书直堪千古，而张孝达列之低格，何也？岂以其不尽遵《说文》耶？近谈《说文》者首辟此书，好胜而已。

**《急就篇直音》一卷**王氏天壤阁刊

王莲塘守成都时，属钱铁江保塘补音。

**《六书原始》十五卷**贺崧龄

更定《说文》部目，而以太极图卦推之，亦多精义，惜不免附会耳。

**《急就章考异》**孙星衍　抄本

与明高氏翼庄同订一册，末记铁岭王继义，殆汉军人也。同、光间抄，尚工整。

**《小学丛残三种》**汪黎庆　《粹报》

盖继任氏《钩沉》而作，惜未完。后来辑小学书，大都采《一切经音义》为多。后出希麟《续一切经音义》，为乾、嘉诸人所未见，尽有可采。予曾见一高丽印本，纸版极精雅，以价昂未购，置案头数日而去，今犹惜之。盖在壬子、癸丑间时，初知求书也。

《说文解字》孙渊如刻

孙星衍刻宋本,讹字悉仍元本。惟序中略发其意。后来言《说文》皆推此本,较胜于朱刻。

《说文系传》

小徐之于许书,较其兄功深。虽校订未精,而贯穿体例,多关大义,亦颇可贵。久无完本行世。此本乃祁文端刻宋本,抄本并合。附《校勘记》三卷。张氏《书目答问》称苗先麓校,而《跋》则出承受亶培元一人之手。受亶乃李申耆弟子,曾著《说文引经例证》,于《说文》甚深,而此校则未善。王贯山曾与文端书痛斥其非。见云鹣阁刻《篆友臆说》。贯山所校最精,惜未见。

复堂曰:通论诸篇,渊雅可诵,不失六朝人家法,乃兄不能为也。

《说文篆韵谱》

亦小徐本。此本出李氏函海本,不善,而无他本。

《说文解字》朱竹君刻

朱刻此毛氏汲古本,世间乃竞讲《说文》矣。其本经毛氏屡刓不善,而椎轮之功不可没。段茂堂注《说文》,即先订此本之讹,成书二卷。末附《检字》,毛谟编,亦诂经生。

《说文解字注》卅卷、《部目分韵》一卷,附《六书音韵表》七卷

段氏以一生精力,辟此书途径。先为《读》,后乃成《注》。征引博发例精,说引申假借,以本义贯俗义尤详,又牵连经义,故为汉学家宗祖。虽不免武断,来钮树玉、

徐承庆诸家之订，然开山之功伟矣。言《说文》者后来益密，至王贯山而集成。然贯山之精，半为茂堂所已引端，愈足见茂堂之大。贯山书专明义例，深入而不旁出，于引申假借未详，则茂堂书转足为初学之导。然贯山不旁引经义，又无茂堂附会牵强之病也。《部目分韵》，陈硕父夋编，时方从学于茂堂也。

《说文段注订》八卷、《说文新附考》六卷、《续考》一卷 均钮树玉　金氏刻本

订段处多琐屑，往往不知段意，惟善以《玉篇》校许书耳。至驳段以十七部古韵注《说文》，则甚是。《新附考》亦粗辟途径。《续考》专订改正俗书。　字刊本残阙，金兰临补之。

《说文释例》廿卷、《补正》廿卷 王筠　成都罗颜二氏御风楼刊、又《句读》卅卷、《补正》卅卷 同上　成都局刊

贯山先生毕生精力聚于此书。卅年札记积累而成《释例》。既又撰《句读》，晚又为之补正，至终犹然。金声玉振，集大成矣。复堂曰：平实周密，集小学之大成。又曰：宅心和厚，举例宽博，可为读书著书法。又称为自有许书以来第一。

《说文引经考》二卷 吴玉搢

山夫此编，亦创辟者也。末附仪征程赞咏补举《说文》引经数十条，为吴所漏而未考者。

《说文引经例证》廿四卷 承培元　广雅书局刊

受宣为李申耆弟子。此书依经编次，分别证字证音证义，明假借诸例颇细，加考订亦密，多可取，不仅为考引经也。

《说文管见》三卷胡秉虔　汉州张子馥刊

　　所举多大按。

《说文答问疏证》六卷薛传均疏　御风楼刊

　　钱竹汀《潜研堂集答问》一篇，举经字不见《说文》者，证为《说文》某字，子韵取而疏证之。子韵精假借，所著书大都明假借，首有包慎翁撰碑，刘孟瞻撰墓志。

《说文声读表》七卷苗夔　福山王氏天壤阁刻

　　苗氏专治韵学。此书仿姚氏声系，以《说文》声母贯众字，分为七部，甚宽而通，少镣镣。

《说文逸字》二卷郑珍、《附录》一卷其子知同

　　逸字子尹始考，然未尽可据也。伯更附录，专考众书引《说文》而非《说文》所有者。复堂云尚未可尽信，又云颇有金汤之固。然唐人往往以《字林》为《说文》，不能不别白。

《说文外编》十五卷雷浚、《补遗》一卷，附《刘氏碎金》一卷刘禧延　自刊本

　　深之此编，专考经字及篇韵俗字之未见《说文》者，证其本字本义，甚便初学。刘乃其友，亦讲韵学，论韵文数篇，雷为刻之，曰《碎金》。

《说文提要》一卷陈建侯

　　取《说文》部首，录说解而加以今义。漏略粗疏。观其《自序》，亦粗知偏旁者耳，然甚便初学。

《说文提要》一卷黎永椿　鄂局本

　　依《说文》部次分十四篇为二十八卷。以字画多少次其每部之字。首卷检部首，末卷检难检字。体例甚善。

本附陈刻一行一篆本，后其所记每部字一二三四亦用陈本，乃易检。鄂局抽翻单行。

《说文校议》卅卷 严可均、姚文田 姚氏咫径斋刻本

题两人，实铁桥一人撰也。专以群书校订字画及说解讹脱，甚备而精，不旁证一字，亦甚谨严。其体条举而加以校语，或当删，或当补，皆曰议，无专辄蔓衍之病。王贯山极取之，于诸家中独称其不欺。

《说文辨字正俗》八卷 李富孙　校经庼刊本

以正俗为名，条举引申假借之义而辨之。香子著此书时未见段著，而说多同于段。后乃见段书，采附条。入《曝书记》。

《说文字原韵表》二卷 胡重　金氏原刻

取部首依韵列表，亦简核。其中表金□□为刊之。字体遵《说文》，刻颇精。小题曰：菊圃十种之一，其九种未见也。入《曝书记》。

《说文通训定声》十八卷、《柬均》一卷、《说雅》十九篇、《古今韵准》一卷、《行状》一卷 朱骏声　苏州原刻

允倩为竹汀弟子，专解假借、转注。其所谓转注，即引申也，说本未确，而此书则甚善。所谓定声者，依韵部编《说文》字以声为系。所谓通训者，历采古书训诂而条理之，由本义而假借而转注，间亦加考订。其通训必以定声者，以假借皆同部，取相近易寻也。其意重于说义，古今义一贯，极便于初学。据古通今，字书莫善于此，视字典字汇迥出矣。凡例序甚详，首有声母千文一篇，与近人章氏《部首韵语》一形一声，均可为蒙

诵。又《六书爻列》一篇，举六书例以《说文》字配入之。《古今韵准》以古韵正今韵字，标其当在他部者，使今韵不与古戾，亦极便初学。《说雅》以《说文》说解，依《尔雅》条理贯之，亦极便初学。许书据形系联，姚氏声系、苗氏声读表以声系联，《说雅》以义事系联。小学条理略备矣。

复堂言：陈硕父颇不喜此书。

**《说文通训定声补遗》** 一卷朱骏声 家刻临啸阁群书本

皆补条件之遗，分条位在元书某篆。

**《说文染指》** 二卷吴楚

多出新意，间反许书。

**《说文部首确诂录》** 四卷、**《小学达诂录》** 十一卷今人罗时宪

承其师彭吕氏调阳之说，好出新意以更许书，诡异难信。

**《文字存真》** 二种、**《六书例说》** 一卷、**《说文部首订》** 十四卷今人饶炯、**《说文古籀补》** 十四卷、**《附录》** 一卷吴大澂 湖南思贤书局本

清卿讲金文最精博，此依《说文》部目采金文补之，间正许误。悉出亲见，不据传本，甚谨严。以金文订许，实始此书。然订许恐未可尽信。特其收采之功甚笃，较《汗简》《四声韵》超多矣。此本出手摹，说解亦手写，甚精。《附录》乃前人已释，而吴疑不敢质者，足知其谨。

王廉生《翠墨园语》中有黄仲弢跋此书一篇，纠其十四失。

《说文五翼》八卷 王煦 原刻本、《证音》二卷、《诂义》二卷、《拾遗》一卷、《去佪》一卷、《检字》二卷

　　刺取其读《说文》所说分编,颇多精论。《检字》则偏旁之歧出者。

《说文新附考》六卷 郑珍 成都傅氏刻

　　较钮书精确。复堂云有确见,足以摧廓钮书。

　　江叔海《吴门销夏记》论此一条极善。

《说文经字考》一卷 陈寿祺 同上

　　实文一篇,类举经字之见《说文》者,与钱竹汀《答问》略同。特彼专释《说文》本字,此则并及异文耳。

《说文浅说》郑知同

　　复堂曰:平易近人,未及胡氏《管见》之确挚。

《说文解字》附《校字记》一卷 黎永椿、《通检》卅卷 同

　　陈昌治用孙刻改为一行一篆,极便检。校字者,校宋本之原误也。

《说文部首韵语》近人章绛

《说文辨证》陈衍　只四卷未完　《中国学报》

　　条举多辨段、朱诸家之误。

《说文声系》十四卷 姚文田　粤雅堂本

　　依《说文》原卷数,改为一声系联。

《说文引经例辨》三卷 雷浚　自刻本

　　专为攻陈氏瑑《引经考证》而作。陈不识例,此三卷分别证字、证假借、证义诸例而备举之,与承氏书同而逊其详。

《尔雅注》附《释义》三卷、《校刊记》一卷<sub>山东尚志堂本</sub>

《尔雅音图》四卷<sub>石印本</sub>

  曾燠所藏定为元人本。先列经文加直音，次为图。钱警石谓元影宋抄，图为姚处士之麟摹绘。

《尔雅补郭》二卷<sub>翟灏　成都傅氏刊</sub>

  补郭所未详者。

《尔雅义疏》廿六卷①<sub>郝懿行　荣县蜀南阁刊</sub>

  昔人谓胜于邵氏《正义》。盖《正义》仅疏郭《注》，兼采古注。此则大畅声段引申之理，证说尤博。其释草、木、鸟、兽、虫、鱼，大都目验，不为虚说。难得之物，亦必购求验之。《曝书记》载《研六室文抄》，述郝氏作《疏》之旨甚详。

《尔雅郭注佚存补订》廿卷<sub>王树楠　令资阳时自刻</sub>

  专采群书所引郭《注》佚文，并证今本讹字。据《释文》及宋吴氏本、元雪窗本。

《方言注》十三卷<sub>卢文弨、丁杰校</sub>、《校正补遗》一卷

  卢、丁同校，《补遗》乃采戴氏《疏证》之说。

《释名》八卷<sub>吴志忠校</sub>

  志忠校此书，问于顾涧蘋。涧蘋为作《略例》一篇冠首，极精晰。读《释名》者必读。

《方言疏正》十三卷<sub>戴震　叙府汗青簃本</sub>

《续方言拾遗》二卷<sub>刻本</sub>，又《新校补》二卷<sub>均今人张慎仪　排本</sub>

---

① 当为二十卷。

先成《拾遗》，拾杭、程之遗，后又广之为《校补》，兼录杭、程二本而正其误。程际盛《续方言补正》在《艺海珠尘》中

《骈雅训纂》十六卷，每卷附《补遗》，首一卷 明朱谋㙔 魏茂林《训纂》 渝雅斋本

明朱郁仪撰《骈雅》至该洽，已著录《四库》，涤生复为《训纂》补音，以群书证之，兼引清时考据家说。李爱伯曰：虽未淹博，亦称精慎。其卷首辨正《提要》之误及识语一卷，尤为邃密。《越缦堂笔记》。按其书序例，征引书目，并旁考朱所著书及逸事，至为详细，采掇亦不为不广。其说双声叠韵，大抵取近人，亦甚精，不特于小学有裨，亦词赋家所必取资也。校订者多当时大官，爱伯致叹于乾、嘉间朝士类能读书，信然。其所征引书必列其版本，大都近人校刻善本也。

《广释名》二卷 张金吾

月霄，即爱日精庐主人也。体例同《续方言》。

《比雅》十九卷 洪亮吉

取骈字之相对为义者，依《尔雅》类次，胜王氏连文释义远矣。伍氏用稿本刻，故有脱字。

《小尔雅疏证》四卷 葛其仁、《佚文疏证》一卷 王寀仁辑 葛疏

王乃葛之友婿，有阮《序》，称较宋氏《训纂》精审，恐未足过胡氏《义证》也。

俞理初考十五斤为一秤，起于五代，因谓此书有秤二，谓之钩，乃宋人附入。

《经籍纂诂》一百零六卷，每卷附《补遗》 阮元，附《检韵》一卷 石印局编 石印本

石印有数本，惟此有《检韵》。依《康熙字典》部首，甚便。

罗研生有《跋》，惜其无折衷。并谓古训多假借引申，亦有穿凿，所说亦不无是处。然古训繁多，折衷非易，阮公之意，荟粹而已，以折衷听之各人也。若使研生以一人之见，为之折衷，遂能使诸字训皆源流粲然乎？研生之说字，吾见之矣，徒为大言耳。

《广雅疏证》廿卷，附《博雅音》十卷<sub>王念孙子引之　淮南局本</sub>

疏证宏博精确，集训诂之成。张氏广采异诂，王又广证通假，训诂之渊薮也。附曹氏元本，亦校过王本。后卷为伯申笔。

《广雅补疏》四卷<sub>王树楠　自刊</sub>

补王氏父子之遗。

《小尔雅约注》一卷<sub>朱骏声　家本</sub>

甚简略，盖家塾讲授本也。

《字说》一卷<sub>吴大澂　思贤局本</sub>

共□□篇，皆据金文以求本义，为古所未说者。亦其手写，与《说文古籀补》同行。

《儿笘录》四卷<sub>俞樾</sub>

读《说文》之札记也。考形考义，好出新意以反许。

《蜀语》一卷<sub>明李实　局本</sub>

《函海》本。掇方言而证以古义，甚略。

《文始》九卷<sub>今人章绛</sub>

依孔氏分韵部对转为九类。以声母字之义，引申假借，若网在纲。说多创通，专明古义，与朱氏《通训》

异体。盖欲以声统字，明其转变之由，以求声之义始，故曰《文始》。

《新方言》十一卷，附《岭外三州语》一卷<sub>同上</sub>

广搜今方言，而以声转证其古字。分编略依《尔雅》。其业甚精，为用甚大。又一本乃初稿，载《国粹报》中。

《小学答问》一卷<sub>同上</sub>

论《说文》本义与今异者，通假之义所由起。

《尔雅古义》二卷，附《夏小正补义》一卷<sub>胡承珙</sub>　《国粹学报》

版刻旋毁。条举而说之，校文广证皆有。《夏小正》乃复洪杉堂论疏义而补举其未及。

《尔雅虫名今释》<sub>刘师培　未完　同上</sub>

论得名之原，通其异名，释以今名。

《篆诀辨释》一卷

七言句，辨点画之易混者。艺术家数，不得为小学。序为明人撰，称宋王氏。

《转注古义考》一卷<sub>曹仁虎</sub>

历辨元、明诸家之说而衷于《说文》。复堂云：语无归宿。

《六书说》一卷<sub>江声</sub>

论转注，以分部为说，未足据。

《字学举隅增补》三卷、《续字学举隅》二卷

《举隅》乃龙翰臣元本，《增补》出□□□□手，续则汪叙畴。大要订俗字俗音，辨似正讹，为干禄之用，

未尽衷于古。

《六书旧义》六卷<sub>今人廖平</sub>

专据班氏，以形声事意为重，而不取许说，分配多异于前人。

《薛氏钟鼎款识》廿卷<sub>江西翻阮刻</sub>

阮校宋写本。徐子晋云：阮得旧抄本，令陈仲鱼、赵次闲作篆，高爽泉书释文。千种一律，远不及积古斋。后见朱谋垔刻本，始大悔。

《积古斋钟鼎款识》十卷<sub>阮元</sub>

金器书此为最多，校释亦慎，洗宋人之陋。然以吾观之，犹未免附会。书全出朱菽堂手，此翻本，雕摹未精。

《隶辨》

徐子晋谓是书千碑一律，不及《隶篇》远甚。

《正字略》二卷<sub>王筠</sub>

甚简明，多据古，不似他正俗字书之依违，又经何蝯叟订正。

字学三种：《干禄字书》一卷<sub>唐颜元孙</sub>、《俗书证误》一卷<sub>唐颜愍楚</sub>、《字书证误》一卷<sub>宋王雱　傅氏刊初印本</sub>

德清傅云龙校刊，甚精。后二种未见《四库》著录。

《筠清馆金文》五卷<sub>吴荣光　原刻</sub>

雕摹极精。本名《金石文录补》，阮氏款识，王氏萃编之遗。石文未出，此录器极多，与阮上下。其校释出龚定庵手，后以事绝交<sub>见《定庵集》</sub>，乃以属黄虎痴成之。定庵释，昔人谓多穿凿。

《复古编》二卷<sub>宋张有</sub> <sub>石印本</sub>

  云间张心庵藏景宋抄本篆文，系摹张氏真迹。原抄无跋，记雍正七年，字颇瘦劲。后有光绪沈铦《跋》，称抄有脱讹，无从校补。今淮南刻脱讹尤多。

《汗简》七卷<sub>汪氏一隅草堂原刻本</sub>

《佩觹》三卷<sub>张氏泽存堂原刻本</sub>

《佩文诗韵释要》五卷<sub>成都局本</sub>

  吴树棻督学吾蜀时刻，称为周莲塘撰，盖周兆基也。辨同字异部之义甚简明。

《音学五书》<sub>湖南思贤局本</sub>

《音学五书》<sub>四明观稼楼仿刻元本　至精</sub>

《古今韵考》四卷<sub>李因笃</sub>、《附记》一卷<sub>杨传第　福山王氏刻</sub>

  李天生参校顾氏《五书》撮要为此，以授子弟。一为汉、魏、六朝、唐人通用韵，二为入声汇录，分为四部，三为集唐人古诗通用韵，四为唐韵选。初盛诸公近体尝用之韵。甚简明。原附刻所作《汉诗音注》后，盖为诗赋计，然实足为初学讲韵部者之先导。汉阳叶润臣刻其抄本，杨汀鹭校之，正其疏误，为《附记》，王莲塘又重刻。

《古韵标准》<sub>李氏《贷园丛书》本</sub>

  戴东原、罗台山参校，皆有识语。

《声韵考》四卷<sub>戴震　同上</sub>

通论大略，说《广韵》以下部目分合极详。

《六书音韵表》五卷附《段注说文》后

以《说文》声母系字，分为十七部。又以诗韵、经韵证之。体段尤密。

《汉魏音》四卷洪亮吉

依《说文》部，摘汉、魏各书注之音类，录以明古读若之法断自魏者，明反切起而读若亡也。

《古韵通说》廿一卷龙启瑞　成都局本

分廿一部，折衷自来诸家。其证韵取段，其系字以《说文》"声"母取张、苗而加以己意，自称集大成，不诬也。复堂亦称集众家之成。

《诗韵检字》一卷黄本骥

依字典部目汇韵字，殊简略。

《韵辨附文》五卷沈兆霖

亦录官韵而辨其异同字之义。

《韵字略》十二卷毛谟

与黄书同用而加详，便检。

《唐人写唐韵残本》国光社石印

吴县蒋斧购得，只二卷。

《音学辨微》一卷江永　国光社石印原稿本

此书专辨卅六母审别之法。未刻，此乃手写稿本也。

《广韵》五卷宋本、《札记》一卷黎庶昌　商务印书馆石印《古逸丛书》本

《札记》但标与张刻不同处。

除提要戴说外，《纪文达集》有明本、张本两本书后

五则。

## 《匡谬正俗》

复堂曰：颜监未成之书，扬庭不无补缀。正字差有原本，正音多泥四声。

## 《别雅》

李宋言《窳记》曰：引书多无条理，乖舛时见，丁颐伯手校本钩乙满纸，惜仅及首卷，其精当处山夫不及。

## 《古籀遗失》三卷、《宋政和礼器文字考》一卷 孙诒让 石印原刻

订薛、阮、吴三家之误各数十条，甚精审。专考宋礼器文字，辑见他书者，疏释极详。二书为近世释金文之杰。而郑叔进谓其间据宋、明摹本，未足尽据。盖其驳阮、吴，多取他书旁证，未据拓本也。写刻极雅。

## 《广释亲》一卷 张慎仪 排本

梁学昌曜北子欲为此书而未成，略见《庭立纪闻》。张氏因其例而辑之，采掇颇广，惜无考订。末附其弟骧举世俗称谓见赵耘松、翟晴江、钱竹汀诸书者辑附。

## 《读朱就正录》一卷 张锡嵘

编临学宗朱子而不苟同，此乃疑《孝经》刊误之说也。分条。

## 《明内府本广韵》

沈子惇《枕碧楼偶存稿》谓此本确从重修本删成。驳《提要》认为宋前之误甚详明。

## 《埤雅》

俞理初谓于《诗》名物叠咏解释并工妙。

《毛郑诗考正》

  作诗时世表多误，张介侯贻钱衎石书纠之。

《经字异同》四十八卷 张维屏

  采掇不陋，亦便初学，惜无辨证，南山经学本浅也。

《经典文字考异》三卷 钱大昕 《古学汇刊》

  大要以《说文》说本谊，以群书证假借而未备，未成之故也。

《蜀石经校记》一卷 缪荃孙 同

  考石经者，惟缺蜀耳，得此而备。

《河图纬》六种 黄奭辑 《汉学堂丛书》残本

《名原》二卷 孙诒让

  释金文主于搜采古文，用分篇法。义例详密，不苟附会，又胜《古籀拾遗》。言金文者，以此为最有体段。

  多取龟甲。

《说文揭原》二卷 张行孚

  说部首亦主推义例，意启初学。

《说文句读识语》王轩 未完 《国故月刊》

  慎密。用贯山法补贯山之缺。

《说文解字六书疏证》马叙伦 未完 同

  欲撰一简明字书，事体大矣，未易就也。

《尔雅释例》陈玉树 未完 同

  详密。

《广雅释言补疏》朱师辙 未完 同

  掇拾附会，不尽确当。

《广韵逸字》黄侃　未完　同

《求进步斋音论》张煊　未完　同

《切韵考》六卷、《外篇》三卷陈澧

　　　　专讲陆韵。

《李舟切韵》四卷黄奭辑　《汉学堂丛书》本

《切韵指掌图》司马光

《说文双声叠韵谱》一卷邓廷桢

　　　　有方植之、林月亭两《序》，皆雅。

《方言笺疏》十二卷钱泽

　　　　因其弟同人之稿，取卢、戴之校，又加详焉。

《小尔雅疏》八卷王煦

　　　　校诸疏为详博。未采宋胡、钱之说，恐不及胡精。

《钓台遗书》四卷

　　　　彭信刊本《宫室考》一卷附图，《四库》录作十三卷，中分十三门。此本少辟雍一门。汪志伊谓此本当是初稿。然门类具同，不至多出十三卷，每类只一条，惟注多耳。疑馆臣妄分十三门为十三卷耳。

《十三经注疏校勘记识语》汪文台

　　　　多纠正。

《诗谱考正》一卷丁晏

　　　　据笺疏以正欧误。

《春秋世族谱》一卷陈厚耀

　　　　徐干刻。《跋》谓其引《新唐书》年表有弊，虽词微而意是。要之此与顾表皆不为完美，咸氏作此尚拾遗，亦不过略有纠补。详批于本书。

## 《春秋左传贾服注辑述》廿卷 李贻德

张香涛称为有所发明。大旨主考证，不详义例，引证甚广，间亦匡正，不为苟同。

## 《汉印分韵及续集》各五卷 谢景卿

此原刻本，摹印极精，非剖劂氏所能，必编者所自刊也。

## 《说文辨疑》顾广圻

举旧说而条辨之，旧说盖段说也。纠驳皆精于他书，引《说文》之例尤详，可为读书细心之导。末附条记，则自为说及驳严氏者也。或记某月日读，盖随笔之本。

## 《释谷》四卷 刘宝楠

解释最详。

## 《方言别录》四卷、《蜀方言》二卷 张慎仪

《别录》采唐以后散见群书之方言，厥功甚勤，然似未能尽也。《蜀方言》则有考订之功，但或不免误附。

## 《求古录礼说》十六卷、《补遗》一卷 金鹗

书皆单篇，考证详密。潘刻陆刻均不全，此最足。凡所著考证文皆附入。吴县孙欢伯意所刻，属其门人王士骏校编，附《校勘记》二卷。

## 《夏小正附校录》黄丕烈、《集解》顾凤藻

潘明袁刻单行傅崧卿本。《集解》尚慎密而未皆精当。

## 《经字异同》张维屏

亦便检。

《经典文字考异》钱大昕

未成之书。

《读骚论世》二卷 曹耀湘

第一卷《屈子编年》《屈子后纪》《屈原列传辨证》《诸家叙赞辨证》。第二卷《天问疏证》，立义甚正大。

# 编 后 记

刘咸炘作为民国时期四川地区一位著述近千万字的学者，在其去世后的近百年时间里，对其著作、思想的整理与研究却一直被学术界所忽视。直到近年来，对刘咸炘学术著作的整理和学术思想的研究才逐渐展开。其巨著《推十书》也已经于2010年整理出版问世，大大方便了学者们对刘咸炘的研究。

而在校雠目录学的研究上，刘咸炘也颇有创见，不但提出了很多不同于既往陈说的新观点，还对整个中国目录学史的发展、衍变及其中具有代表性的多种作品都做了细密的分梳和研究，具有极高的学术价值。因此，上海科学技术文献出版社于2008年从刘氏关于校雠目录学的作品中，单独辑出《目录学》《历史目录学》两种，再辅以《校雠述林》和《内景楼检书记》两种著作的节选，编成《刘咸炘论目录学》一书。遗憾的是，该书的选目出现了一些重复、失收的现象，也存在一些标点、整理的错误。为此，生活·读书·新知三联书店拟在李学勤先生主编的《大家学术》丛书中重新编辑、整理、出版关于刘咸炘论校雠目录学的选本，以期为读者们提供一部更全面、更能代表刘咸炘校雠目录学研究水准的辑本。蒙杨柳青编辑不弃，特邀我担任此书的选目、编纂、整理工作。在前人工作的基础上，我最终选定《目录学》《续校雠通义》《旧书录》《旧书附录》和《内景楼检书记》中的《序论》《经类》《小学类》三篇，重新编订成了《部次流别 以道统学——刘咸炘目录学论集》一书，即广大读者现在看到的这本选集。本书的编纂和整理有几大优势：

一、选目更加合理。《目录学》一书是刘咸炘在四川教授目录学课程时的讲义，具有很高的学术价值。但原书节选的《校雠述林》中的内容，与《目录学》中的部分章节几乎完全重合，属于重复；而选取的《历史目录学》的内容分为两部分，一部分是刘咸炘大段抄录《隋书·经籍志》中的内容，与此书刘咸炘论目录学的主题有些偏差；另一部分则是摘录了刘咸炘另一部著作《续校雠通义》的一小部分内容，虽然这一小部分内容很有学术价值，但《续校雠通义》是刘氏关于校雠目录学的代表性作品，原编者也表示"至为重要""皆未录入，不免有遗珠之恨"。为此，本书删除了原书中重复收录的《校雠述林》《历史目录学》等内容，另选入其未收录的刘咸炘重要著作《续校雠通义》，使得本书可以更全面地代表刘氏的校雠目录学研究；又将刘氏的另两部著作《旧书录》《旧书附录》选入，从理论论述之外，增添了刘氏在目录学实践工作中的成果，大大丰富了本书的多样性。

二、校对更加精审。编者本人在本书从拟定选目到最终定稿的过程中，对全文做了多次校读、审定，并对书中的每一处人名、书名、篇名和引文都做了详细的核查和校对。不但改正了《目录学》《内景楼检书记》等原有篇目中的错误，在新选入的篇目中，也完成了多遍校勘、核对工作，以确保本书全部内容的严谨性。

三、体例更加规范。编者对文中所出现的有争议或者容易引起误解的地方做了必要的校勘，并在脚注中予以必要的说明；统一了全书的体例、文字和各类标点符号的使用，使得广大读者的阅读更为便利。

众所周知，文献的点校、整理、校对、核查是一项费心费力又难以获得认可的工作，但无论是在学术研究还是传统文化的宣传、普及中，又都是最为不可缺少的工作。由于此项工作耗费大量精力，因此如今的学者们大多避之唯恐不及，以至于市面上出现了大量未经校勘、粗制滥造的所谓国学读物，这对传统文化的普及只会起到负面作用。因此，我近年来在自己的研究之余，也做了许多文献整理的工作，以期为学术界提供一些更方便学者们研究的版本，也为广大读者提供一个可以更方便与前人进行对话的平台以及获取国学知识的渠道。本书能够最终付梓，要竭力感谢生活·读书·新知三联书店的不弃和杨柳青编辑的辛勤工作。虽然已经在本书的整理中投入了大量的时间精力，但本人学力不足，水平有限，因此各类错误也难以避免，还请广大读者赐教。

陈　岘<br>丁酉八月于长沙岳麓书院胜利斋